U0113682

离乱弦歌

我们的西南联大

·生活卷·

闻立雕 等著

中国文史出版社
CHINA CULTURAL AND HISTORICAL PRESS

图书在版编目（CIP）数据

我们的西南联大 . 生活卷 / 闻立雕等著 . -- 北京：
中国文史出版社，2022.9
（离乱弦歌）
ISBN 978-7-5205-3563-2

Ⅰ . ①我… Ⅱ . ①闻… Ⅲ . ①西南联合大学—纪念文
集 Ⅳ . ① G649.287.41-53

中国版本图书馆 CIP 数据核字（2022）第 108634 号

责任编辑：张春霞

出版发行：中国文史出版社

社　　址：北京市海淀区西八里庄路 69 号院　　邮编：100142

电　　话：010-81136606　81136602　81136603（发行部）

传　　真：010-81136655

印　　装：廊坊市海涛印刷有限公司

经　　销：全国新华书店

开　　本：787 毫米 × 1092 毫米　1/16

印　　张：18.25

字　　数：204 千字

版　　次：2023 年 5 月北京第 1 版

印　　次：2023 年 5 月第 1 次印刷

定　　价：58.00 元

代序

肯定历史，放眼未来

陈岱孙

　　提到西南联大的历史，大家都习惯于说"联大八年"。实际上，这与历史时间不尽吻合。因为自 1937 年 7 月底平津沦陷后，北大、清华、南开三校就奉教育部颁发的抗战期间设立临时大学的指示，筹组临时大学第一区（地点确定于长沙。此外尚有第二区、第三区，分设于西安等地）。8 月下旬，教育部正式任命张伯苓、梅贻琦、蒋梦麟为长沙临时大学筹备委员会常务委员，杨振声为临时大学筹委会秘书主任。至此，长沙临时大学正式宣告成立。长沙临时大学是昆明西南联合大学前身，二者密不可分。因之西南联大的历史应自 1937 年 8 月长沙临时大学成立开始计算。

　　西南联大的结束日期，一般都认为是 1946 年 5 月，这也不尽确切。5 月 4 日学生结业，5 月 10 日联大开始向平津迁移，但直至 7 月 31 日，梅贻琦常委主持西南联大最后一次常务委员会，才宣布西南联合大学至此结束。因此，自 1937 年 8 月底至 1946 年 7 月底，西南联大先后整整存在了 8 年零 11 个月，以学年来计算，应该是整整的九学年。

　　一般说"联大八年"，一种可能是因为我们习惯于说抗战八年，联大既然是与抗战相始终，因此也随之而称联大八年。另一种可能是因为大家都未曾仔细核算过，认为大概是八年零几个月，或顶多是八年半，取整抹零，便笼统称为八年。这是大家相沿的习惯，也没有什么不可以。但如果我们要写西南联合大学的校史，还是应注意历史实际与习惯上的矛盾，不能顺从习惯，忽视历史实际。

我们联大师生是否常有这种遗憾：西南联大只有八年（或者只有八年半），可惜，联大的实体已不复存在，前无古人，后无来者。对此感到颇有些遗憾。其实，这种遗憾可以不必有。

西南联大，是否只有历史成绩而没有实体呢？西南联大是某种特殊历史条件下的产物。联大存在八年多，为我国培养了很多人才。这个成绩是客观的存在，但是这个成绩也已属于历史的过去。过去是不可追的，时间是不会倒流的。所以我们不必觉得有什么遗憾。历史造就了一个前无古人、后无来者的西南联大。我们就站在这个地方，也就是西南联大的实体。

我们有的时候是否有些把西南联大的历史神话化了？说西南联大"后无来者"，从某方面来讲，是否多少意味着认为继西南联大以后的高等学校，其成绩都赶不上西南联大？当然，我们不会这样想。

社会是发展的、不断进步的，我们的国家、中国的教育事业也是发展的、不断进步的。作为特殊历史条件下的特殊历史产物，西南联大这样屹立于民族国家危亡中的流亡大学，历史也绝不允许它后有来者。但从历史发展的客观规律来说，像西南联大这样有成绩的高等学校，应该是有无数的后来者。祖国的教育事业是与日俱增的。联大在当时的历史条件下做出了成绩，我们更希望联大以后的学校不断发展，长江后浪推前浪，百尺竿头更进一步。

我们衷心希望，在联大之后的其他各校，包括北大、清华、南开、云南师大所培养出来的学生，比我们联大培养得更好。中国教育事业的成果如何，决定着我们国家的命运如何。我们都有这种宏量与愿望，希望继西南联大以后的各高等院校超过西南联大。希望永远寄托于未来。

目 录

第一辑　西南联大，我们的家院

第二辑　生活特写：泡茶馆、跑警报

第三辑　生活拾零：也紧张、也松懈

第四辑　读书之外无生活

第一辑

西南联大，我们的家院

在联大工学院的天地里

贺连奎

每届新生入学一两个月后，工学院院长和各系系主任都要到新宿舍同工学院的新生见见面，讲讲话。

我是 1943 年考入航空系的。记得那一年的见面会，院长施嘉炀、机械系主任李辑祥和电机系主任章名涛、土木系主任陶葆楷等几位先生都来了，航空系由助教吴孝达先生代表，地点是昆中北院高台上的大教室、昆北北食堂。

各系介绍情况时，系主任自然也要为本系"宣传"一番。我还记得机械系主任讲到该系毕业生出路时，提到电工器材厂。其后，电机系主任在讲话中反驳了几句。同学们为之粲然。这就是联大教授间的民主。

工学院的老师们讲话自然热情洋溢，新生们听了也很兴奋。但兴奋之余又怎样？等到逐渐明白了工学院的严格要求以及了解到升入二年级的前提条件之后，不免觉得迤西会馆的大门有些森严了。不过，青年人有青年人的朝气，知难而进；同时也明白，要拿工学院的毕业文凭，只有用功，别无他途。其实，又何止工学院，联大的各学院、各学系统统如此，都是马虎不得的。

从一年级开始，便要适应课堂英语。先生讲课用汉语，但中间常夹着英语单词、短句。物理、微积分不用说了，经济学简要也是如此。我记得萧魁嘉先生直接说、直接写 demand curve，而不说"需求曲线"。黑板上呢，也大多是英文。我的物理学受教于郑华炽教授，微积分则是钟开莱先生和许宝騄先生教的。他们的板书全是英文。

中学毕业进入联大突然换了一种听课习惯，自然难免紧张。课本呢，物理尚有萨本栋先生所著《普通物理学》，其他课程则谈不上中文本了。在抗战时期的艰苦条件下，即使英文本也缺少，因此要靠课堂笔记。先生讲课是"中西合璧"，学生记笔记也是"中英并举"。后来，到高年级时，英文水平有了提高，笔记也就"全盘西化"了。

堂上须能听懂、记下，课后要能阅读原文课本。可以想象，这须在英语上下多少功夫。大一英文这门课也帮了不少忙。因为那时还没有所谓"专业英语"，大一英文又自成体系，全校统一教材。一个大学有那么多系，也实在无法针对各系的特殊需要来什么专业英文。

刚开头的确有点慌，但反复听听也逐渐听懂了，再一看书，书上的字好像有声先生讲课时的声音。碰上生词，不觉提高了水平。到了高年级，不但听讲记笔记不算什么，自己也能说几句简单英语了。

……

顺利地通过一年级的考试，暑假期间把少得可怜的行李搬到拓东路，换了一个天地。宿舍的大门向南开，进门向左 5 米左右是一个小院子，石板铺地，面积约 100—150 平方米，四周都是两层楼，木结构，瓦顶，比新校舍的土坯墙、茅草顶的宿舍确实好多了。只是小院子被四周的楼房包围，成了"天井"，没有新校舍那种宽舒之感。

北楼楼下是宽宽的通道，摆上几张桌子，就是小饭厅，没有凳子，只好站着吃饭。穿过这通道向北，就到第二进院子。

东楼从前院延伸到后院。它的南部一角，有一个学生服务处，是基督教青年会办的，里面有书报供阅览；冬天在那里还有棉大衣出借，我冬衣缺少，就曾借过两冬。当时主持这个服务处的是机械系的学生吕彦斌，后来他成了第一汽车制造厂的名设计师。东楼饭厅的东西墙，则是贴壁报的地方，各种海报也贴在这里。

后院之东有跨院，伙房、水井、厕所在这里。井旁的盥洗台，后来在西边一点搭了个小棚，装了大桶、喷头，提一桶冷水，爬上梯子倒进木桶，可以冲一个冷水澡。不过我好像没有用过。我愿意有空的时候步行到大观楼，在草海里游泳、洗澡，前望苍郁的西山，仰观蓝天白云，可以松散一下。

前院之东也有一个跨院，南面是几间平房，院内有简单的双杠。

东楼向东延伸，二楼住人，楼下却是空荡荡的一大间，摆上桌子，又是一个饭厅。为什么是空空的一间？当年没有想过。到了 20 世纪 60 年代回忆往事，找出一种解释：这所房子原来是盐行所有，联大把它租借过来改作宿舍。既是盐行，自会有驮盐的马匹到来，这里大概是原来的马厩吧！——这饭厅又是工学院学生开全体大会的会场，主持人就站在饭桌上。再有，几张饭桌拼起来又是一个简陋的小舞台。我还清楚地记得，1945 年底在这样的台上演过活报剧，主角由机械系三年级的郑哲敏扮演。他是一个活泼的人，下来后说："今天耍了我的活宝！"现在，他是中国科学院的学部委员了。

学生们住得和新校舍一样拥挤，双层床组成一个小隔间。前院是天井，后院四周两层的楼房，小小的院子也是一个天井，加上木结构的房子盖得紧凑，这里的确像鸽子笼。在那烽火连天的日子里，小鸽子们从四面八方飞到这里，各人有各人的志愿，各人有各人的抱负，但总的目标是一个："千秋耻，终当雪；中兴业，须人杰。"大家为此而努力读书。

青年人对时事是特别敏感的，在那动荡的年代，各人想法不同也是极自然的。为此，在口头上争论，在壁报上各抒己见，乃至采取不同的行动。为了信仰，有人献出了生命，我的高中同班、航空系的同窗于焯民就是其中之一。

在鸽子笼里住了几年，这些鸽子又飞向四方，飞向广阔的天地。但不论飞到祖国的何处，飞到世界的何方，他们都成了有用的人，有的还成了知名的人。

在中国的历史上，知识分子似乎同贫困有缘，但中华的文化在世界上也是灿烂的。

贫困当然不是好事，但也能激励人，使人长志气。

二年级学工程基础课，各系的共同必修课有微分方程、工程力学、机件学、材料力学、工程测量等。

航空系学测量干什么？我当时不明白，到高年级时稍有些醒悟。飞机总装时，机翼、尾翼等大部件的定位是否需要经纬仪？我毕业后没有从事过飞机的总装，但在别的方面却用过经纬仪、水平仪。我在测量课上主要学会了如何定向、测距。对一个工程师来说，这也是重要的基本功。

二年级的工程力学对各系学生都是关隘性的课程。因为联大实行学分制，不及格就拿不到这门课的学分；联大又规定不及格不能补考，只有重读。这种严厉的"连锁关系"使一部分人4年不能毕业，而工程力学正是这个锁链上紧要的一环。

在工程力学里，"Take free body"（隔离体法）是一个重要的概念，也是一个重要的方法，使用它，容易看出作用力和作用效果间的关系，容易建立计算的方程。"Take free body"时，必须画出物体的受力图，而这类通过简单图形表达工程参量关系的方法，也是工程师必需的基本功。

这些并不难，但在课堂上不注意示范性的解题，课后自己不做大量的练习，便掌握不好、运用不快。准确、迅速是联大工学院的要求之一，因而工程力学也是训练学生这种能力的一门基础课。

在 1943 年秋季以前，这门课由机械系的孟广喆教授来开。孟先生讲课既高明，要求又严格，因此由他来把守工学院的这第一关。1984 年 10 月，我到天津大学拜访孟先生时提到工学院当时的考试。孟先生说，他和刘仙洲先生的机件学同一学期开课。这个星期天工程力学小考，下个星期日机件小考，每两周轮流考一次。学生们星期六晚上不用想松心。不过考试从早上 8 点开始，考完了还是可以去玩的。刘教授是我国机械工程学的老前辈，孟教授也是名师，他们这样要求是出于督促子弟早日成材之心，学生们自然不好说什么了。

当时工学院考试打分相当严，工程力学尤为突出。对此，学生们有情绪，曾在壁报上刊出讽刺漫画。孟先生至今还清楚地记得画的是什么。1987 年 10 月，白家祉先生讲了一个关于孟先生打分严而引出的小插曲。当时昆明正上映一部电影《If I Were King（我若为王）》。有个学生说："If I were king, I would kill Meng！"那时白先生是孟先生的助教，听到了，转告给孟先生，孟一笑置之。当然，那个学生也不过说说罢了。

对教学有不同看法是自然的事，白先生对孟先生的打分标准不甚同意，也向孟先生提出过。孟先生是清华大学工学院第一班的毕业生，白先生则是清华入学，联大毕业的。助教敢于向教授提意见，也说明了联大教师间的民主。就是这种教学民主，使联大在那种艰苦条件下能够生气勃勃。

当时教授上课，助教要坐在后排听课。孟先生严谨而又高超的授课法就这样传给下一代的青年教师。等我学工程力学时，这门课已由白先生和杨式德先生开了。授课老师虽然换了人，但精心讲授、严格要求的传统却建立起来了。

然而学生毕竟是活泼的。上课时聚精会神，课间休息时又凑到一起笑语喧哗。大家来自四面八方，南腔北调，沦陷区来的同学思念自己的家乡，更容易凑到一起说家乡的方言。这样，无形中往往形成几个语区。我们这些北方来的，自然要讲"国语"，江浙一带来的以上海话为"标准语言"，而两广的同学则讲粤语，有时他们也跑到上海话圈里讲些生硬的"吴侬软语"，或到普通话圈里练练广东味的北京话。这在无形中形成了全国的语言交流。

爱说爱动是青年人的特点，但有时也会惹出麻烦来。1944年春天，航空系的何东昌和机械系的傅曾佑弄来一个地雷。他们平安地取出了其中的炸药，要做做试验。二人把炸药往一个铜笔帽里填装，这时笔帽爆炸了。他们都被炸伤，急送惠滇医院。医生未及细问嵌进肉里的是什么破片，便用磁铁去吸。何东昌急忙告诉他："铜笔帽的破片，磁铁是吸不出来的。"

迤西会馆大门是工学院教学区的入口。进门是一个砖铺的大院子，北面大殿中的佛像用板壁挡起后做了教室。靠西墙是黑板，教桌前放若干张扶手椅。所谓"扶手"是在椅旁撑起一块约30厘米×40厘米的木板，笔记本可摊在上面，学生借此"take notes"。

东西两廊是两层，各呈"门"形，环抱着院子。"门"的上面一横是长条的绘画室兼教室。装有几盏瓦数不大的电灯，晚上可以在昏黄的灯光下做功课。那时昆明的发电能力不过三四千瓦，用电又常超过，电压达不到220伏。"门"的北面那一竖则是一间小教室，这样北面得出两间教室；"门"的南面那一竖通向一个大教室，它正好位于迤西会馆大门的楼上。比我班高的同学讲，物理系的王竹溪教授在那里给他们上过空气动力学，这是工学院学生公认的"天书"，但何东昌却屡考 100 分。

两廊的楼上，一面是墙，一面只有柱子和栏杆，连窗棂都没有。估计从前在大殿前唱戏，这两廊都是看台。小教室和绘图室是相通的。记得我在三年级时，任之恭教授在东廊北端的小教室里给电机系四年级讲电波概论。出于好奇，我曾坐在绘图室的北端听过一次，下午上课，学生不足 10 人，满黑板数字，很难听懂。任先生那时是清华无线电研究所所长，今天是国际知名的学者。

西南联合大学是综合性大学，理学院、工学院的一年级学生很多主课是共同的，大家住在一起，上课也在一起。二年级起虽然分开，但两学院的师生仍有往来，学风和课程内容相近，理学院转工科或工学院转理科的学生，每年都有。最突出的要算工学院的两位教员了。一位是电机系的洪朝生。他考上清华留美的物理名额，改行学了物理。另一位是土木系的张燮。他考取留美名额，到美国后想改学数学，只因考的是土木工程的名额，没能获准改行，极为遗憾。

东两廊的楼下则是各系的办公室，每间的面积不过 10 平方米左右，小得很。

大殿有多扇上有窗格的门，门楣的上方正中悬挂一个大挂钟。从东两廊的中部以南都能看到。那时的大学生没有几个有手表或怀表的，在东两廊考试时看看这个挂钟，可以有些时间观念。

云南籍的校工老魏就是看着这个钟按上下课时间摇铃的。他从这个院子向后院边走边摇铃，一直摇到东跨院。今天，我还能想象出他那不高的身影和经常带笑的面容。工程师摇篮时代的种种，给人的印象实在太深了。

迤西会馆的后院不大。北面，两层楼的殿宇改作图书馆，西厢两间是注册组。记得院子里有两棵大树，绿莹莹的可爱。东廊则是公布成绩的地方，每门课程的成绩单不写姓名，只写学号及相应的分数。每考完一门，只要教师批完试卷把分数送去，就及时公布一门。在这里最容易观察学生们的表情。另外，助教批改完毕的作业或报告，也放在这里的多格架上，由学生自取。

图书馆西边的一个小院里面住着女助教和女同学。那时工学院里女性很少。我在拓东路时期，女助教只有土木系的莘耘尊先生，女生只有化工系的汪仲兰和电机系的王芸华，后来王转系走了，只剩下汪仲兰一人。此外，这里还住着一位外籍的老太太。这个院子我没有进去过，听说有两层的小楼，估计是图书馆那个殿宇的西耳楼。

图书馆的东面也是一个小院。东耳楼两层，很小。国立北平图书馆（今北京图书馆）在此设有办事处，接收外国寄来的书刊，但不外借。主持者是湖北籍的孙闻真女士，我常去翻阅新到的航空方面的杂志，与孙女士也熟了。

东小院之东则是东跨院，望苍楼在这里。苍者，点苍山也。苍山、洱海是云南西部令人神往的名胜，迤西会馆是滇西同乡的会馆，故该楼命名"望苍"。这是坐北朝南的两层楼房，五开间，楼上住单身教授。其格局是：中间一间做饭厅，东西各两间又各自一分为二，共得 8 间。楼下的 5 间打通，作为大教室。楼前是一个小花园，花木扶疏，颇有情趣，记得院中还有一架藤萝呢！

院的西厢是平房 4 间，章名涛、马大猷、陈国符教授各住一间，另外一间则住 3 位教员：颜道岸、白家祉、杨式德，这是 1944—1945 年的情况。陈国符博士留学德国，是化工系教授，1946 年复员之后他到了南开大学，院系调整后到了天津大学。陈先生对道教的历史造诣很深。我 1987 年 9 月听人说，他对古代的炼丹术进行科学研究，成就很大。

小花园之南有一门，进去则是望苍楼前院，平房两进，住着二三十位助教，也设有自己的膳团。

在跨院之东则是全蜀会馆了，原来也为工学院借用，后来主人收回，办了峨岷小学。高班同学回忆，那里原有教师宿舍、学生宿舍和大教室。孟广喆先生回忆，他和刘仙洲先生在全蜀会馆的宿舍同住一层，他们住的楼房名"锦春楼"。（全蜀会馆收回去之后，孟、刘二位才搬到望苍楼居住的。）为什么叫锦春楼呢？我猜想可能来自杜甫的诗句："锦江春色来天地，玉垒浮云变古今。"锦江流经成都，玉垒关在灌县城北。这样命名也是蜀人思乡之情的反映。

从迤西会馆东小院出北门，经过图书馆的后身西行，便是江西会馆。这里主要是工学院的实习区。

先是一个小院，锻铸实习在这里，铸工的木模也在这里制作。机械系主任李辑祥先生的女儿李娟那时还很小，用制作木模剩下的木块在这里玩积木。这就是抗战时期大学教授的孩子的玩具。物质生活虽然这样贫乏，但李夫人对她女儿的教育却抓得很紧。高班同学说起，有一次听见李夫人问李娟："'羡慕'这两个字是什么意思？"李娟回答说："就是心里觉得你好。"逗得同学们哈哈大笑。同学们很喜欢这个小女孩，叫她"白雪公主"。

从小院再西行，便是江西会馆的殿宇。有一间做大教室，主要上电工学。另外，电机实验室、热工实验室也在这里。再南面则是金工实习工厂，机械加工在北，钳工在南。更南面则是清华服务社的木器车间，主要做家具。

江西会馆的后进则做了土木系的材料实验室。三年级有各系共同必修课工程材料，吴柳生教授在迤西会馆上课，学生在这里做实验。

最北的院子是江西会馆原来的小花园。航空系的简单风洞、发动机实验室设在这里。印象中还有土木系的水工实验设施。院子的东北角盖了一间简易的绘图室，董树屏先生在这里教过我们机械制图。

无课时这院子很安静。星期天我有时来这里做功课，累了就把凳子拼起来，躺下休息一会儿。同学们曾在这里开过音乐舞会，唱片则是从美军那里借来的。

在那战争年代，联大工学院的实验、实习设备自然是不充分的，有的还很简陋。回忆起来，我们那时理性知识学得多些、深些，而感性知识则相对浅薄。然而，也就是那种在严格要求的情况下所学到的基础知识，和通过学习所得到的科学思维训练，使我们这些学生在日后多少年中，都能随着科学技术的发展工作下去。

感谢您，母校西南联大！

联大生活琐记

——叙永和昆明

吴铭绩

一、从昆明到叙永

1940 年联大的 Freshmen 要到四川叙永去上课，我们 1944 级的莘莘学子只得负笈登程。要想完成这 800 公里的行程，谈何容易。幸有训导长查良钊先生跟西南运输处联系，取得一张搭乘便车的免费车证。我先到停车场，打听到明日有哪几辆车开往叙永，记下车号，第二天起个早扛着行李到停车场去；找到这天要开的车子，有一辆卡车的司机来了，我迎上去，要求搭车，但司机说，他们车子经常抛锚，劝我乘别的车子。我信以为真，也知道今天还有两辆车要开叙永，便去找另一辆车子。一会儿司机来了，不料他跟第一辆车的司机一样，拒绝我上车。我领会到这不过是托词，一再要求上车，可他还是坚决不同意，无奈，我只得走向第三辆车，一面寻思着若司机也不让我上车怎么办。我决意要搭上这辆车，否则只好不走了。于是在司机到来前先把行李放上车，做好决不下车的准备。等了一会儿，司机来了，还有一个麻脸上校押运员，我提出搭车要求，他们一口拒绝，这原在意料之中，但我不管他们说什么，赖在车上不下来，他们也只得让我搭上了车。车子开出不远，沿途就有好几个人上车，我这才知道他们不让我搭车的原因。原来我占了个位置，他们就少拿一个乘客的车钱，当时这种中途上车的乘客被叫作"黄鱼"，他们得向司机交纳一笔不小的车费，这当然是司机的外快。

晚上车到曲靖，第二天他们说车不开了，要修理。我疑心他们想甩掉我，所以一直等在车旁，但他们果真不开了，等了两天也无开车迹象。我有些急了，去找站长商量，站长也没有办法，我只得抱着走一程算一程的态度，搭上驶向宣威的短途车。

在宣威打听到有一辆卡车驶往叙永，但押运员不让我上车。苦求无效，去找站长，站长也无能为力。车上有个年轻的机修员很同情我，但他无权过问。发车时间到了，但车子启动不了，我呆呆地站在旁边，押运员对我说："你看见了吧，这种老爷车随时都会抛锚，我们什么车都可以搭乘，你怎么办？"我只得说："顾不得这么多，走一程算一程。"他摇摇头，叹了口气。司机说车坏了，要调一辆，要把原来车上的货搬过去。司机和机修员就上车搬货，机修员向我使了个眼色，我明白他的意思，就上车帮着搬货，搬到最后，连我的行李也一起搬过去了。押运员大概看见我搬货卖力，就不好再说什么，总算又出发了。

车过了威宁，尤其是川黔边界的营盘山、赤水河一段，险峻无比，号称"72个拐"。汽车沿着之字形狭窄不平的公路爬上陡峭的山峰。运输处的车子都是超龄服役的老爷车，有些陡坡吃上一挡喘着粗气也上不去，我们便下车，拿了三角形的木块（这是车上准备好的）追车。车子一停赶快把三角木块塞到后车轮下，以防倒滑下去，好容易爬到峰巅，又得沿着同样危险的公路飞驰下山。公路一边是万丈深渊，另一边是陡峭的石壁，路旁经常出现以骷髅和交叉股骨为标记的路牌，警告驾驶员谨慎驾驶，山坳里四轮朝天的汽车也时有所见，真是惊心动魄。我系的刘育伦学长不是翻了下去吗？虽然逃得性命，却付出了半只耳朵。

"黄鱼"得在站前一二里处下车，在将到赤水河时，一条没有经验的"黄鱼"在车未停妥时便背了包裹跳下车去，站立不稳摔了一跤，而车子已经加速，后轮就在这"黄鱼"的大腿上滚过，痛得他哇哇乱叫，车上的人们都看到这一景象，也听到他的嚎叫，然而大家都不作声，驾驶员只顾开足马力，急驶而去，转了几个弯，驾驶员才说："你们下车小心些，轧坏了只好自己负责。"我想着这条轧了腿的"黄鱼"，还背了包裹，躺在荒无人烟的公路上，怎么办呢？我不禁寒战起来。

傍晚到了叙永，总算到达目的地了，心情轻松了下来。这位年轻的广东籍机修员真是个好人，我跟他无亲无故，仅在车上相识几天，连姓名都没有请教过，下车后他一定要帮我提行李，还建议先去吃顿晚饭。我想，一路上承他关照，我也应该请他吃顿饭，就一起走进一家小饭铺。他吃得很快，没等我吃完，他就去付钱，我急忙放下饭碗去阻拦，他一边付钱，一边推我回去吃饭，等我吃完了，他又提着行李送我到学校。路上碰到学友竹淑贞和许冀闽（都是1944级的），她们说："天天到车站等你，谁知你直到今天才来。"我想起了那位请我吃饭的机修员，但他放下行李，已经不知去向。

二、叙永生活点滴

抗日战争时期，叙永这小地方没有电灯，我们在晚上看书、做作业，甚至机械制图，就靠一盏菜油灯照明，一只小碟子，一根灯草，这种千百年前的照明工具，现代青年恐怕已不会认识，但当时在我们广大农村里大多用的就是这种菜油灯，真正是一灯如豆，一年下来，我的视力并未因此衰退，不知道别人如何，反正当时并没有发生因照明差而造成视力衰退的问题。如今学校里都是荧光灯，比我们叙永的照明不知强多少倍，然而学生视力衰退的问题却一直无法解决，真是令人费解。

我们生活和学习在庙宇里，没有像样的厕所，男同学常到外面登厕。并不是说外面的厕所高级，而是东城公园中有一高厕，傍山邻壑，厕所就架在山壑之上，粪便在空中大约要经历2秒多钟才落入人迹不到的深谷之中，曾有"落迟"之美誉。上高厕可免臭气熏人，这是最大优点，梁家佑学长曾嘱托，务必记住厕高坑深这一条，避免沧桑之恨。

叙永有一条弯弯曲曲的小河。水流湍急，河中也有小船往来，下水顺流飞棹，上水需纤夫奋力，有时久旱水小，船夫只得下水推船前进。暑天我们常常下河冲凉，有一次大雨初晴，河水急，夹泥带沙，我们都在河边洗澡，一位同学十分"勇敢"往中间走，谁知才三四步就站不住脚，被水卷去，连救命都喊不出，梁家佑和蒋大宗两位学友舍命去救，水流太急，两个人架住他，轮流抬起吸气，好不容易把他带到岸边，已被冲到下游300米处了。"救人一命，胜造七级浮屠"，后来老梁大难得以不死，想是积此阴德之故，但不知这位被救同窗姓甚名谁，近况可好。

三、我们的老师

我们的老师，大多是学识渊博的长者，深为同学们所尊敬。马大猷老师是我们电机系的主科老师，电工原理、电磁学、电路网络等都是马老师主讲的，据说马老师是专攻声学的。我曾在《科学画报》上看到一篇介绍北京人民大会堂的声学设计，设计师就是马大猷教授。赵访熊老师教我们微分方程和高等微积分，当时的系主任任之恭教授介绍说："赵访熊老师是学电机的，由他担任电机系的数学教学，可以切合电机工程方面的数学要求。"赵老师不但教学教得好，对学生也十分关怀。有一次上课，天气炎热，有位同学在窗前打盹，赵老师看见了，让旁边的同志小声叫醒他，莫叫着了凉，师生之亲宛若父子。陈荫谷老师教我们直流电机，上课从不点名，但考试以后却能将试卷直接送到你面前，我们都很惊奇，全班30多人，他能通过什么方法一一记清呢？虽然我们没有窥见他的奥妙，但陈老师的记忆力超人是可以肯定的。

刘仙洲老师是机械系教授，也教我们机械原理和热机学。刘老师在20世纪40年代已经头发斑白，每天清晨手持一杖，到田野里散步一周，是一位慈祥的长者。有一次在庙堂里上课，突然幔内传出初生婴儿的啼哭之声，先生不但不烦，反而含笑说"声音真洪亮"，于是先生继续读讲，婴儿继续啼哭。我们也高高兴兴地从小儿哭声中滤出先生的声音，采记在笔记本上。

我们也听到过许多教授的讲演。冯友兰教授讲话十分风趣，他说："现在的算命先生都挂上中国哲学家的牌子，使得我们不敢自称哲学家了。"雷海宗教授分析国内政治，讲到激动处便一抖长袍说："我只此蓝布长袍一件，不怕逮捕，该讲的还是要讲。"华罗庚教授给我们讲"mathematical induction"，举了几个浅显生动而又有趣的例子，使我至今印象不灭。张清常老师给我们介绍舒伯特名曲《鳟鱼》，他说《鳟鱼》的主旋律重复三遍，第一遍中速抒情，悠闲甜美，描写鳟鱼在水中无忧无虑，游乐戏水；第二遍速度较快而短促，渔夫来到水旁，描写鳟鱼惊恐急避，慌乱无主的情状；第三遍慢速，一副嗟叹惋惜的情调，渔夫把鳟鱼捉走了。然后他放唱片，我们听得趣味倍增。我后来也喜欢听听音乐，兴趣就是这时候培养起来的。

四、食堂趣事

工学院的食堂，有同学说，吃饭时心中都有个小算盘，就是第一碗少盛些，快些吃完，就可提前去盛一满碗。其实那仅是矛盾尚未尖锐的情况，尚有趣闻待我补叙。由于饭不够吃，采用先少盛些的办法自然解决不了，聪明人便想出许多新办法来。有的用大碗盛，盛一碗就解决问题，但已经有了小碗再去买大碗，经济上不胜负担，有的就用大号漱口杯，有的因漱口杯还不够大，盛饭时便用力挤压，以至杯中的饭颗粒不分。

有位同学的漱口杯底下有一小洞，平时漱口，用手指按住小孔尚可勉强使用，但用以盛饭，就无须按住小洞，不料上面一挤，下面便如面条一般挂下一段来。昆明市上有两种大众化的吃食：一种叫饵块，犹如江南年糕；另一种叫米线，犹如粉条。同学们互相取笑："你今天压饵块？""不！我制米线。"然而不论用什么新办法，都无法解决不够吃的矛盾，争夺日趋激烈。开饭时，饭桶刚抬出来，就被团团围住，里面的盛了饭出不来，外面的也挤不进去。有些人看到盛饭无望，干脆把菜吃掉，盛到饭的人好不容易挤出重围，回到桌旁一看已经四大皆空。女同学没本事，只得远远站在一旁，用木勺轻轻敲击饭碗，徒唤奈何！我系的朱绍仁学长，一次盛了饭挤出重围时，发现眼镜上少了一块玻璃，遍寻无着，只好站在饭桌上高呼："同学们，谁饭碗里吃到眼镜片，请交还给我。"但无人送来，幸好后来在自己的饭碗里找到了。我1984年到西安探亲访友，蒋大宗学长设宴招待我，朱绍仁学长是蒋大宗学长的亲家也一起欢叙，尚有级友鞠惠远学长，席间谈起当年此事，大家捧腹大笑不已。

我住在新校舍
——衣食住行及其他

走幸田

"新校舍"是联大文、理、法三院所在地。所谓"新"是民国二十八年落成的时候，比较工学院及其他校舍而言。

偶尔遇见一位从前念过联大先修班，后来在浙大毕业的同学，同他说到两校的情形。他说"联大究竟是一个'大'大学"，我那时刚来联大，一时摸不着头绪，实在不懂这"大"字的意思，他大概也知道我不太懂他的话，拍拍我的肩膀，向我说："你多住住，自然就会体验出来的。"这是三年前的事了。

在联大的时日里，我老忘不了这位同学的话。最初，无论如何我想不出这"大"的道理。说到人数，最近一次统计，除掉休学的同学外，师院、工院一齐计算在内，不过 1793 人。比起有些已经有"万人计划"的学校来，实在显得渺小。就校舍来说，不仅说不上伟大堂皇，容这一千多同学都成问题。排教室是课程股最伤脑筋的一件事，原因是大小教室都不敷分配。教授的人数吧，三校刚合起来的时候，也许每一系的"实力"都还雄厚，经过这许多年的折磨，改行的改行、出国的出国，应付课程有时都有困难，当然更谈不上"大"了。然而这"大"究竟在什么地方呢？

住了三年，果然慢慢有了些发现。现在不妨先从一日三餐讲起。

昆明在抗战期中，一直是全国物价最高的城市。联大同学的伙食当然更比旁的学校坏得更胜一筹。在别的学校，贷金或是公费总可以勉强维持伙食，交了贷金条就可以高枕无忧。然而在联大，不成，除了公费，你总还得自己再去筹措一笔伙食费。两宗伙食费加在一起，经过厨工的剥削（大学生哪有时间去监视厨采员），还只能供给两餐饭。

停战以前，我们是吃公米，提到公米，每个曾在大后方当过公务员或是学生的，大概不会忘记那永远煮不熟的黑米（原因是早有人"发"过水），加上十分之一的谷子、稗子、沙子、泥巴的"八宝饭"。菜当然不用说，有盐无油已经是比较好的时候，就怕吃饭的时候膳友们质问菜里面为什么连盐都不放。"牙祭"和"加餐"是大后方人们最感兴趣的字眼，然而我们联大除了五四或是旧历年节由学校津贴钱给伙食团加菜而外，经年是提不上这两个字的，我们的伙食也有一段黄金时代，那是在胜利初来时，大家都以为以后会有一个安定的局面，物价狂跌，而贷金和公费却并没有跌。这时，我们六样菜中至少有四碗非肉即蛋，不少附近中学的同学都赶到联大来包伙食。然而这只是昙花一现，内战再起的时候，我们就又恢复旧观了。

然而在这里，事情就是如此：在学校后面铁路旁边茅棚里住的贫民，每餐饭还带了他们仅有的洋铁罐，来搜索我们的残余。看了这种情形，同学除了自己要硬哽下几碗"八宝饭"外，还要花脑筋想想："中国的问题在哪里！"

除了伙食坏，我们还要忍受厨房的脏，有些女同学强调地说联大厨房是全世界最脏的地方，这话当然太夸张；然而说联大的厨房是世界上最脏的厨房之一，大概一点也不过火。学校里没有给厨工睡的地方，厨子就都睡在厨房里，四个人合睡一架双人床。经年不洗的被盖，灰尘加上油类就在被面和被里都"镀"上了一层有几分厚的黑色胶状物。有时买回来的菜没有地方放，也就放在上面。厨房里的桌子，大概自从建厨房以来也就不曾洗过。灰尘泥渣，弄得个满池污秽，白天里耗子就出没无常，而昆明的苍蝇，因为每年冬天都不太冷的缘故，一到初夏也就多得特别。这样一来，饭里、菜里吃出苍蝇、老鼠屎、跳蚤、臭虫，甚至长串的头发来，就是很平常的事了。"见惯不惊"，好在人类有这种天性，如今我们还活在人世，真不能不说是托天之福。

坐着凳子吃饭，在我们早成了历史，自从（民国）三十三年学校把食堂之一改成了"会堂"之后，站着吃饭都要肩靠肩、背靠背了。盛饭的时候，不时要说上几声"对不起"或是"Sorry"。

在饭堂里我们报销了两顿饭之后，早点还要自己想办法。从前也有些热心的同学举办稀饭膳团，另外收费。然而读到大学的学生，多少都有了点"学生老爷"的脾气，谁也不高兴六点钟就起床吃稀饭，于是稀饭膳团慢慢冷落，后来也就倒闭了。学生服务处为同学办的豆浆馒头，倒比稀饭便利得多，最高的价钱不过卖到每半月六百元，而吃的时间从早上六点到十点都听便，一直到联大结束时还拥有八百人的顾主。

上面说的是食的"黑暗面"，"光明面"却也有的。

拿两餐饭来说吧，文林街有的是小馆子，而包饭又是最"时麾"的事。在外面住的同学，当然宁愿出三倍的价钱，懒得每餐饭跋涉到学校，又可以有几片肉点缀点缀，一举几得，当然不愿再到学校来吃"八宝饭"了。而早点呢？学校门口有一排颇惬人意的早点摊，鸡蛋饼、牛奶、面、包子或是豆浆，蛋都随你的意。每天虽然至少要花二百元，比起在学生服务处人多的时候要排队等馒头，就不知道"高级"若干倍了。这种"阶级"在联大也并不太少。至于有些在外面兼差的同学，无论是做家庭教师也好，在店子里当"师爷"也好，常常可以在老板那里找到"归宿"。昆明有名的酒馆饭店，联大同学经常出入其间的也并不乏人。

从"食"的方面看，假若"大"字可作"复杂"解，你是否觉得联大"大"呢？

传说中的昆明是"四季如春"，这话也许是不错的，因为昆明绝没有热得透不过气来，或是需要烧暖炉的时候。可是昆明有时一天下雨出太阳可以轮上十来次，以致气候的变化，一天之中，四季都可能齐全。你不信吗，联大就可以供给你例证，有时当有些男同学还穿着棉大衣的时候，女同学的春装业已上市；而有时当女同学正穿着"海勃绒"的时候，"夏威夷"就出现了。

当我初来联大时，英国细毛呢的西装或是重庆呢的中山装，穿的同学不在少数，多数的同学却都是一件蓝布大褂或是一件Jacket，质料是布、皮都有。在（民国）三十三年度寒假，有些沦陷区的同学，钱的接济完全断绝了，苦苦地兼一点差。因为门径不通，多半是贱价出卖自己的劳力，所得的报酬除出必需的零花之外，哪里还能有余钱制衣服。于是一件衣服补了又补，缝了又缝。有时一双袜子最后几乎露不出一块原来的颜色。而坐在太阳里等衣服干了再穿上身的同学，也不在少数。

（民国）三十四年（1945）以后，美国人到昆明的多了，他们多的是吃的、穿的。招待所的侍役往外面偷，他们自己也常常因为没有酒钱或是赌输了而出卖衣服，于是G.I.给予联大同学穿的方面一个大的补给。美国人的G.I.穿的要比吃的质地好得多。虽及不上美国人的Civilian，比起中国人的普通服装，就不知道要好多少倍；既经穿，又神气，还加上便宜。于是G.I.慢慢在联大普遍起来，胜利以后，物价大跌，而G.I.又因为政府一时禁穿，价格更是一泻千里。加上翻译和在印度从军的同学都回到昆明，带回大批 G.I.，G.I. 就更充斥联大，每个人多少总是少不了有一两件。昆明学生救济处又代红十字会及供应局发给昆明大中学生一批衣物，这一来，联大同学的衣着问题总算得到部分的解决。

正如大家都知道的，昆明有一段雨季，雨季大约是从阳春 6 月到 8 月底。在这期间，也不是天天下雨，间隔三四天可以有两三天的晴天，然而在这三四天之中你就别想见一点太阳。下雨不打紧，可苦煞了我们这批穷学生。学校就是在坟场中开辟的，泥土当然松，每一下雨，到处都是乱泥，从寝室到教室，饭堂或者图书馆总要经过几段污泥不堪的路，其间大小水塘，不计其数，一双皮鞋，穿过一个雨季，就差不多"脚踏实地"了。这里又该感谢美国兵了，他们的鞋经过有效办法制造，任何泥土和水都能够"克服"。而他们大都是穿到半新的程度，就不屑于再穿，于是同学们接着穿。这样一双旧鞋，至少可以维持一年以上，比土制的新皮鞋要经久得多，尤其适用于"雨季"，于是 G.I. 鞋在联大，又几乎是人脚一双了。

在联大，还没有像在四川的学校，有穿草鞋的习惯；脚上踏着从仰光或是加尔各答"飞来品"的，倒是屡见不鲜。我到联大很晚，没有眼福看见坐着自己的汽车到学校来上课的盛事，然而崭新的 Motor-cycle 停在教室门口却是亲眼见过的。在这里大多数同学当然都是安步当车，骑单车驰骋于学校也有，而且有的是"三枪"或还是 Philip，当然这种情形毕竟是少数而又少数。

我们住的地方，比较抗战期中修建的银行大楼或是达官大贾们的官邸别墅，当然是望尘莫及，然而比起那些"来搜索我们的残余"的贫民在铁路旁边的住宅来，又要略胜一筹。

草顶，土墙，透明而又绝对通风的木格子窗，就在这种寝室里，我们每四个人两张双人床，可以有六尺（中国尺）见方的空间。一间寝室依照大小由六个或是四个上面所说的"四个人"用油布或是破被单把他分开成为小"组"（Group）。除了床而外，桌子、椅子一概自己设法。这就是同学们一天中大部分活动的天地。虽然墙上的白粉大都脱落，而天花板上全是灰尘蜘蛛网，同学们大都还在寝室里贴上两张罗斯福的肖像或是自己欣赏的明星和pin-up girl 来补偿这破烂于万一。而床上或是桌上照例是东一堆、西一堆，臭袜子和笔记本揉成一团，从没有过整齐清爽的时候。

学校对这茅草房，每年都要修补一次，因为经过风季一刮、雨季一淋，屋漏墙倒的总在所难免。在每年修补之前，一碰上倾盆大雨，半夜里床上就可能成为泽国，油布、脸盆都成为防御工具，打伞睡觉的事，也并不稀奇。而图书馆和饭堂里一逢到下雨，门窗所在处，当然不能站立；就是屋子的正中央，雨点滴在桌子上，滴滴托托也形成了四面楚歌。这是我们这里雨季的"风致"。雨季一过，等不上一两月就是风季了，这段时日里，从早上九点一直到太阳落山，整天是呼呼的大风，地上的草根都有被它拔起来的模样。风季来了，城里的人还可以欣赏"轻风徐来"的滋味，我们城外的人便又遭了殃。教室、寝室、图书馆，桌子上、被盖上，到处都是一层黄土，即使费了天大的气力打扫干净，不过十分钟，准又再蒙上一层；桌子上的纸张、小本子一不小心没有捡好，过几分钟回来，就会连"尸体"都找不到。

初夏一来，跳蚤臭虫就都在你身上找出路。有的人据说是有"福气"，虽然在几面围攻之下，仍然可以长睡不醒。我却实在没有那本领，而住在我上床的刘君，就更不堪其苦，一夜里他要爬起来好几次，拿着电筒四面搜寻红黑道的吃血者。而白天，跳蚤好像专门跟他作对，一下跳在他的鞋尖里，一下又出没在他的大腿上，四处都是痒嗖嗖的，捉又捉不到，打也打不得，于是弄得一天到晚跟跳蚤打交道。天天向着我说：该死的臭虫跳蚤，白天黑夜都让他得不到安宁，他说这是他工作的最大妨碍。

这两年来，同学们对培植花卉和种蔬菜，倒颇有兴趣。前者，想来梅贻琦先生的话："我们不求美观，但也不必一定弄得太'恶观'，有空的时候不妨在寝室四周栽点花。"也许有些影响。后者，则是有些同学想在这方面也可以收到兼差的效果。学校里于是常常可以看见同学自己挑水抬粪，有的甚至一天到晚拿着书本守在菜园、花园旁边，念念书，再翻翻土或是看看有没有病虫，这样一来，倒是为学校增加了不少美观。

有钱的同学，当然不必一定要受四个人六尺见方的拥挤，学校附近，文林街、文化巷、先生坡、钱局街有的是房子出租，花钱每月一万至两万，就可以单独有一间既清静又舒服的住室。漏雨塌墙之类的事，就更用不着焦虑了。而且，住在外面的人多半能预备一辆单车，那就更两全其美了，这样的同学在联大并不太少，这只要看附近的民房有哪一幢没有联大同学在租住，就可以明白。

"贫富有别"，金钱又划分了我们的生活。

八年来联大没有沐浴室，从前还有一间地上积满污水的空房子，让同学自己在井里取了水去"淋浴"。自从（民国）三十四年三月，自治会把它改作了辅食部，就连这样一间淋浴的沐浴室也没有了。至于在学校里用热水洗脸或是洗澡，当然就更不用提了。

学生老爷们就有这样的脾气，有了钱宁可吃光。从没有人提起大家共同来解决"洗澡问题"。

即便是有"淋浴室"的时候，每天有人在里面"冲"已经是不容易的事。大家多是到云大学生服务处或是青年会去洗，所以取消之后，影响也不太大。然而两个地方加起来还不能完全解决问题，还是要同学们自己各寻途径：有的人当然可以每星期花上一两千元上澡堂去舒服舒服，余下的大多数是在天气刚热起来的时候，在我们的井边，穿一条短裤，拿一盆水，从头到脚往下冲。天气不太热的时候，他们也有办法：在球场上找几位朋友，玩玩篮球，出一身汗，到有足够的热气抵挡那透凉的井水的时候，再去冲。还有一个解决的途径：平时连路都不敢多走，为的是怕出汗弄脏了身体，这样好好"保养"，一个月洗一次澡也就不太"恐慌"。

我们的饮水是和洗澡同样地伤脑筋。学校里的茶炉室，每天上午起床和下午两点钟时，供给两次开水，由工友挑着水桶四处分送，同学自备瓶罐储水。一桶水要管上几个寝室，而工友是直接用你的盛水器具往桶里兜，本来已经很浑的开水，就弄得更加不堪了。有的同学成年经月看不见热水，有时就趁着开水来了，弄点来洗洗脚或是擦擦身子。这样，同学们就很少吃学校里又浑又黄满是灰渣的开水了，文林街茶馆里生意的隆盛，这总不能不算一个原因。

昆明在风季刚完、雨季未到的时候，中间又有一段"干季"。这时，井旁的储水桶常常是空的，井里面则常常是只剩下一点积在井底的黄泥浆。只有晚上九点钟以后或是早上五点钟之前可能得到一点干净水。这时井边无工人又无水桶，于是同学们差不多都自备了小水桶，这类小水桶又是英军的空罐头改装而成。译员们回来之后，用钢盔打水的也大有人在。

物价跳了几年，到现在来，要洗一件衬衫或学生服就得花上一百元法币，拿到后面的浆洗房去烫一烫，就要二百元了。这种情形下，很多同学都学会了自己洗衣服。肥皂、洗衣服的粗刷子成了大家常备的用品。每天吃完饭，你就可以看见井旁边的洗脸架上，有一排人在那儿列队洗衣服。这样也许每月又可以省下两三千元的洗衣费。

泡茶馆也成了我们生活的一部分。在平时,因为寝室不能念书,而图书馆又显得那样严肃阴森,于是有一部分同学在茶馆里念书。到了考试时,图书馆经常要很早就去占位子,后来者就每每向隅,茶馆里的生意自然就更兴隆了。

同学当中,近几年来玩桥牌是最普通的娱乐,这就只有茶馆里最适宜了。一张方桌,四把椅子,泡上几杯茶,一包花生米,任你高兴的时候吵闹,牌坏的时候叫倒霉,都没有人来管你。有客人来要招待或是几个熟朋友要聊聊天,也只有在茶馆里。上至国家大事下至教授们的怪脾气,学校里前几年的逸闻琐事,某个女同学又如何,你都能在茶馆里不劳而获。

说到女同学,我很自然地想起了男同学中普遍谈话的资料。我不知道女同学当男同学不在场时,是否也常谈到男同学。男同学互相碰在一起,常常是要谈论到女同学或是女人的。说来很奇怪,也许就是所谓人的本性,谈别的问题,假若是几个人在一起,其中有几个人特别感兴趣,也许会有几个人觉得索然寡味;而一谈到女人,大家就一致兴味盎然。战时几年大部分的青年学生都离开了家庭,政治环境给予青年无端的苦闷,在女人身上找出路,就成为很自然的事了。

除了玩桥牌之外,电影也是联大同学最普通的娱乐。因为物价的高涨,音乐活动在这里,仅限于唱唱歌,或是到美领事馆及附近的学生服务处、文林堂听听唱片音乐;而运动方面,打打球还要考虑到鞋子的"损耗",其他就更不必道了。这是电影在联大同学中还能够赢得人心的道理。

拉杂地写下如此多无聊的东西,我不知道你是否对那"大"字有了点了解?假如没有的话,我不妨举几个实例:

联大同学在"一二·一"运动中，总可以说是一个主力，然而组织"反罢课委员会"的也有联大同学。在前一次闹东北问题中，吆喝各同业"工会"抬着旗子到联大来开会的，也是联大同学。

在昆明街头张贴壁报主张立即实行政协决议，东北应无条件停战后，再谋求政治解决的，是联大同学。

这一次赔偿罢课期间的公私损失，我们的查训导长就惊奇为什么我们联大同学如此富有：损失的钢笔不是 Parker 就是 Sheaffer。而事实上也有些同学兢兢业业拿着墨水瓶插着钢笔杆，上讲堂抄笔记。

在联大，有些人可以一天到晚躲在寝室里 show hand；也有人整天往附近的中学跑，为昆明学联联络，帮助中学同学开座谈会、出壁报，也有人可以抱了书跑到大观楼带了烧饼去读一天。

在联大，一件事的意见，赞成的和反对的常是这样的不一致，几小时内，"论战"就可以贴满一墙。云大同学就常常向我们说：你们联大的环境太复杂了。

在联大，白天的时候，男女同学双双带笑带说地挽手而过，并没有人会看他们一眼觉得奇怪。

……

现在，你对于这"大"字，又是否多有了一点点模糊的概念了呢？

盐行琐碎记

——工院生活

韦 人

吃完了晚饭，如果是暮春天气，或者是夏初的黄昏，有些工学院的同学是喜欢散步的，沿着塘子巷那边的马路，或者在平静的麦田里，吸一口清新空气，看一看天边常在变幻的浮丽的云彩。终日的紧张，难得有这一刻悠闲。我们是不会作诗的，当教堂七点的钟声，在暮色中响起来的时候，别忘了明天还有一大堆习题要交。

盐行的房子是两层楼，前后有两个院落，四四方方的天井，这正是我们的运动场。下午四点左右，金工厂、电机实验室、水力实验室……的朋友都陆陆续续地回来了，还有一个钟头才吃饭呢，看点书吧，紧张了一整天，哪里还有那心情。于是前院天井的□板球，后院天井的排球，再加上乒乓球，有些刚做完实习回来，那双黑手和花脸还没有洗，就加入进去了，走廊边的观众不时叫出一声"好"，或"加油"，乐得打的人更起劲了。啊！告诉你，还有□坐呢，我们这个盐行俱乐部建造的，就和"依利沙白"时代的英国歌剧院很相像。可惜的是，观众和演员都是GENTLEMAN。

傍晚，提琴的声音夹着二胡，从这个院落传到那个院落，工学院的这几位琴师的确把空气缓和了不少，沉浸在黄昏时和谐的气氛，有人正对着窗子哼："那牵引我到这一个梦中，我却在……"，或是"在沙滩上，在暮色里，有一个散发的女郎……"，也有时隔壁宿舍雄壮的合唱声会压倒所有这一切。

一到星期六的早晨，天刚亮，东边楼上的人差不多都爬起来了，如果是冬天，冷风吹得你发抖，像拉了紧急警报一样，赶快抓了算尺，一边走、一边扣衣裳，迤西会馆的钟，比这边还快哟！赶到绘图室，卷子已经发了，坐下就是两点钟的力学考试。

星期六的下午，盐行里几乎是鸦雀无声，南屏和大光明会吸引去一大批人，一星期的重担，暂时放下歇一口气。不过如果星期天有考试的，连这一两个小时的"解放"都不可能。

你如果有空的话，不妨在盐行的楼上楼下跑一趟，这里，每一个寝室都像新舍一样隔开来，不过，并不整齐，一组是一个小天地，每个人床头至少有电灯一盏，多半是"长明"。房间布置均因时因地制宜，明星照片特多，尤其是外国的。大的收音机虽不能说每个房间都有，但是用耳机的却所在皆是。不信你看看前院天井里的铁条多得比蜘蛛网还密呢。

工学院的哥儿们，不少活宝，高兴起来，有时，楼上楼下大嚷大叫，要是新舍的斯文人看了，定会骇一大跳。"咯哩，咯哩，咕哝，咕哝！嚇啪！……"这是我们得意时的呼号。

南院，我们的家

马 英

南院，这块地方 6 年来迎接、抚慰了多少个从各地流亡来的女孩子，又把她们先后送到远方。她成了她们的母亲，她们的家。的确，你可以随时听到她们在说："回家去。""街上真烦死了，只有南院舒服。"这话一点都不假，南院做了这么多女孩子的家，为她们解决了生活问题。

但是，你不要把南院想象成一个富丽堂皇的地方，像清华园、北大，或者至少也该像华西坝：有石砖砌成的洋房，玻璃瓦，玻璃门窗，油漆得又细又整齐的地板……这样想就错了，就提高了或者说是贬低了它的身价。

南院的得名，不来自联大。早在十多年前就有了这个称呼，那时是昆华中学的宿舍，为了与对面的北院区别而叫作南院。房子是一所大庙改修成的，当然就存留有古庙的严肃与古旧。里面还有"菩萨"和白石栏杆，可惜都被炸坏了。（敌机曾经对这地方做过好几次的轰炸。）大殿上的关公殿只剩下了一个周仓的头。有时在栏杆旁边念书，不小心会给那个圆瞪瞪的眼睛吓你一跳。

宿舍当然也是古旧的，墙壁上沾满了灰尘、蛛网。扫过后过不了几天便又恢复原状。楼板上是斑驳的雨迹。楼下是凹凸不平的土地，又有湿气，所以有地板已经算是很幸福了。楼上在走路，尘土直往楼下掉，桌上没有一个时候是干净的，刚抹过，一转身就又铺上一层灰。住房间按年级来分，年级低的当然吃亏些，三、四年级比较占便宜，所谓便宜也不过是住个小房间，少几个人，睡单人床而已。而房间本身，还是一样的破旧可怜，有时落雨还得撑伞睡觉。

南院对于男宾是一块禁地，正因为禁，就更增加了它的神秘性。他们会幻想里面是天堂，是乐园。在几次校庆纪念日，都有人提出过"开放南院，欢迎参观"。结果是被女同学大会否决了。但是当他们有机会进去（看朋友的病或是因为特别事情），低着头进了一扇贴着"男宾止步"的门以后，他们也许会失望的，因为这块"禁地"，原来和新舍——男同学的地区，差不了多少，而且还及不上新舍的宽阔和开朗。

南院的伙食是全昆明最便宜的。伙食费平均总比新舍要少四分之一，据说是因为女同学饭量少，又说是女同学有钱，不大在学校吃饭而喜欢上馆子，但这不过是少数，的确有些娇嫩漂亮的小姐，一走进饭厅就皱眉头，细喉咙咽不下粗菜饭，拣了几粒就走了，不多一会儿却可以看见她们出现在文林街"米线大王"的店里，"一两碗卤面，一碗卤饵块……"地吃起来。可是最大多数却是按铃声进饭厅的，吃饱了出来，有说有笑。（据说在北平中上人家的饮食也不过如此！）

说到饭厅，也许又会使人想到一个清洁整齐的大厅，有着红漆的桌椅、瓷碗、乌木筷、汤匙……舒舒服服地坐着吃，吃累了还可以靠在椅背上休息。可惜这只是想象而已，在附中没有搬来以前，倒名副其实地有一个饭厅，虽然是破旧而且肮脏，但这供着泥菩萨的屋子，总算宽敞。自从南院大部分划给附中和教职员宿舍以后，饭厅也就被"紧缩"了，现在所谓的饭厅，也是把以前的寝室腾出两间来，加上一袭走廊而已。桌子剥蚀了，歪了腿，缺了角，有的还得围上十六个人，挤得颇为热闹。怕一下雨，还得打伞吃饭，打伞睡觉和吃饭该是最大的特色了。老鼠是成群结队地出来抢食，大得可怕。你若赶它，它反而瞪着眼睛，奇不奇怪？

女同学全体大会就是在饭厅举行的。有了事情，女同学会主席就在吃饭时报告，讨论表决，因为再也没有别的时间能有这么多人集合在一起。

几年来流浪的生活，同学们都在锻炼着自己；吃着不够营养的食物，做着繁重的工作，念书以外，多少琐碎的事情还要自己动手：洗衣服，大褂破了改小褂，袜子补了又补；以前不要的衣服全从箱子底上捡起来"翻新"，又再穿上身，还博得别人的羡慕："是新做的？"接着还要挨三下冤枉打。

兼差几乎是普遍的现象。她们大多是做家庭教师，时间则多半安排在晚上。白天上课，吃过夜饭就忙着去教书，晚上拖着疲乏的身子，摸着黑路回来，下雨天还带上一身泥浆。有时男朋友们常常在黑夜里去接她们，但是大部分还是自己回来的，偶尔碰到无聊的人盯梢，更吓得你心惊肉跳。三、四年级的功课比较少，可以在附近学校里找个兼差或是专任教员当当，就比家庭教师优越多了。每个月辛苦一番，拿到薪水，还可以舒服舒服，买点肉烧起菜来，于是满院子里都充满了肉香味，邀几个穷朋友吃一顿，然后看两次电影，调剂一下机械的生活。

在功课方面，女同学一般要比男同学认真，一门功课考坏了有时竟会大哭几场。她们很少缺课，但是由于生活圈子小，见识比男同学差，所有的知识，几乎就限制在书本和课堂里。课外的书籍除了小说和指定的参考书外，很少自动去找书读。

每天，当院子里的尤加利树染上了金色阳光，天空还是浅蓝色的时候，寝室门就一扇扇打开了。拿着脸盆，带着睡容，有的还卷着满头的发夹，互相地说着"早"。那个已经工作了六年的老婆子，佝偻着身体在打扫院子，小心地捡起地上的树枝树叶，好带回家去做柴烧，凭着她那衰老的记忆，不时向小姐们打着招呼。当一阵灰尘扬起而又慢慢地落下后，在树下，就可以看到念书的同学。

有早课的忙着吃稀饭，起得稍微迟一点的，就只有匆忙地洗过脸，连头发都来不及梳好，就抱着书跑了。也许刚走到文林街，就听到新校舍的钟声响起来。下午是南院最安静的时候，有课的上课；没课的就待在屋里念书，或是缝补衣服、织毛线、写信、睡午觉，院子里只有阳光映着树影和飘动着的晒在绳子上的五色旗：颜色不同的衣服、被单……

黄昏带给人柔和的感觉，当天空渐渐褪去了彩霞，南院热闹了。有的聚在院子里谈笑、唱歌，寝室里也在尽情高声嚷叫。但是教书的却要在这时忙着去工作，她们连这点享受都失去了。外面院子里也够瞧的，男士先生们站了一大排，工友们穿梭不停地忙碌着，打着高嗓子在叫：

"×××小姐，有人找。"

"……"

回答的总是这样的话：

"来了，让他等等……"

于是有的忙着打扮一下，有的就匆匆地走了。目的地是茶馆、大街，或电影院，整个晚上便消磨过去了。

随着黑夜的到来，南院又落在安静里。寝室里全都在静悄悄地埋头念书。

六年多了，南院的人们就是这样地生活下去，很少变动。当有一个大潮流、大变动卷来的时候，也一样地会被卷了进去，热烈地从事工作。但这多半是被动的。

　　六年多，来了多少，走了多少，在这个母亲的怀抱里学习，过着刻苦的生活。只有少数是例外的：她们有优越地位的父母朋友，她们把大学当作一块好招牌，把文凭当作身份证，她们少上课，多恋爱，少读书，多擦脂粉、多跳舞，考试不是忙着抄别人的就是带夹带。这样的人在南院出现，只有当大考临近时为笔记和"联络感情"而奔走。但是这时她还忘不了自己的身份，好像这些住在南院的别的同学总要比她们"低级"，有供给她们役使的义务。

　　战争教育了人民，女孩子们在战争中也锻炼了自己。她们知道如何在艰苦中坚定自己，如何克服生活上的困难。自然当中国到了幸福康乐的时候，她们也会知道怎样去享乐的，但是现在路还远着呢。

师院生活

永　年

联大师范学院是民国二十八年十二月二十五日成立的。院址位于昆明大西门外龙翔街，离联大新校舍约半里之遥。

我们师范学院一百多个同学，除了很少几人住在外面，大都是住在院内的。人数既然少，食宿又都在一块儿，互相接触的机会便自然多起来，同学之间的感情也就容易建立，绝不像新校舍，有些同学虽同住一宿舍，同睡一张床，上下声息相闻，却老死不相往来。

战时一般的伙食都很坏，像我们这样不能生产的学生更不能例外了。师院伙食既坏，而又不像新舍，每到开饭时，在膳堂外面摆满了煮豆腐、煮鸡蛋、炒香肠……的小摊子，只要衣袋里有几文，就可以给你肠胃加点油；到辅食部去弄碗牛肉来营养一番，也是很方便的事，花钱既不多，一桌人吃起来倒还蛮有风味。我们师院呢？就没有这许多花样，厨房里拿出什么就吃什么。假如要想到附近街上的菜馆里炒一盘菜，至少得花六七百元，穷学生是很少能办到的。于是每天两餐就只有拿出嘴来和糙米饭"战斗"了。

自从政府取消公米后，伙食费加到一万元。膳食才稍有改进，每天算是有了和荤菜见面的机缘。到每届半月的伙食结束时还能加一两次菜，不至于像以前，三月不知肉味了。

师院同学的经济情形，一般说来都比较坏，因之表现的生活，也是简朴而勤奋。同学们穿的衣服，大都是粗衣棉布、蓝袍大褂之类，虽有二三特殊阶级，能够西服笔挺，在师院也是绝无仅有。在星期日或平时饭后，盥洗处便会有许多同学，男的、女的，围满了一大堆，都忙碌地在洗着自己的衣服，这种苦干的精神，有人美其名曰"劳动英雄"。

此外师院同学有洗热水的特权，这大概是新舍同学享受不到的。起初是学校当局因为住在师院的女同学很多，因此设有专人每晨给她们烧热水，作为洗脸之用，在门上贴了"本校女生用水，禁止外人取用"的大纸条。由字面上推敲，所谓"外人"也者，大概是指男同学而言，不然学校里面何来外人。学校对于女同学这种特殊待遇，平常男同学们也不大计较，但到了冬天，天气渐渐冷起来，早晨洗脸的时候，看见女同学们一个个捧着热水，自己呢，却依旧要忍受着刺骨的冷水，不觉有些羡慕，于是首先有一部分男同学去偷取热水，不几天，同学都知道了这种秘密，大家都去取用，就这样因此成习，直到现在天气虽然渐渐地热起来，同学们还多数在洗着热水，同时"本校女生用水，禁止外人取用"的大纸条，还是安然无恙地好好贴在那里。

使我们深以为憾的是师院没有运动场，同学们藏在这样的环境里，性子变得非常沉静，从来没有一个体育团体的组织，也从来没有看见师院同学与别的团体有任何球赛；相反地，同学坐图书室的功夫倒培养出来了。有的同学除上课吃饭睡觉而外，几乎整天坐在图书室里，以至图书室很少有空闲的座位，尤其是到晚上，更是席无虚设。这种绝对沉静的生活，虽然对于少年老成的修养颇有帮助，对健康却太有妨害，现在不是战时了，是否应该有补救的办法？

令人难忘的叙永生活

周明道

抗战时期，西南联合大学始终处于惊涛骇浪之中，而我们班所遭遇的风浪更大。但可喜的是毕业人数却最多。如今虽已时过境迁，但每每回忆往事，当初的一切情景却历历在目。

报考和旅程

1940年的大学统一招考是在后方各大城市举行的。我当时正好在昆明，于是自然而然地报考了西南联大。记得当时的考试是在7月中旬，昆华中学南院、北院都是考场。一连几天考下来，大家莫不筋疲力尽。考完以后，大家纷纷找路子打听分数，等候发榜。此刻，日本侵略军已进兵越南。海防、河内相续失守，河口、老街一些桥被破坏，我国失去一个通往外洋的港口。以前，昆明虽常有警报，但都有惊无险。现在却不同了，重磅炸弹震撼了这座后方的古城。大东门一带，血肉横飞，地上、墙上溅满了鲜血，惨不忍睹。联大、云大也没有逃过这一劫难。

时局如此紧张，把人的神经拉得紧紧的。大概到了10月才发榜。看到了自己的名字，才算放下心。学校为了应付时局，决定把招来的新生迁到四川去，通知明年元月中旬到叙永报到上课。

于是新同学们纷纷各自设法找门路，拉交情，搭西南运输处的汽车前往。有的取道重庆转泸州到叙永，有的直接到叙永。我在昆明整整耽搁了两个月，只好成天泡在车站。总算老天不负有心人，阳历年一过，便碰上一辆由仰光运钢筋到泸州去的商车。经司机垂怜，我付钱后搭上了这辆车。经过几天艰难险阻且心惊肉跳的奔波，终于平安地抵达叙永。

分校的生活

叙永有东西二城，中间隔一条河，依山傍水，景色秀丽。河上有两座桥，以通东西二城。"双桥观月"为叙永八景之一。联大的校舍也分布在东西二城，正式的名称为国立西南联合大学叙永分校，当地人简称为西南大学。

在西城有条忠义路，路边有座春秋祠，据说是由几个陕西籍的盐商集资建造的，规模相当大，檐牙高啄，雕梁画栋，建筑极为讲究。大殿前面有戏台，左右厢房都是木造二层的。楼下好像由文学院和师范学院的同学住，法商学院的住楼上，理学院的住大殿，助教住后进，工学院的住隔壁的南华宫，女同学住东城的帝主宫。我们这期 600 多人便这样分头住下了。南华宫房子比较破旧，除了作为工学院的宿舍外，还有一间可供 200 来人上课的大教室。因为大一新生的功课以必修课为主，这间教室被利用的时间也最多。帝主宫因是女生宿舍，被列为禁地，男士不能随便进入。教授们则住在春秋祠对街的一所大院落里。

学校的重心在东城的文庙，房子比较宽敞。办公室、教室都在那里。院子里有座无线电台，用的是手摇发电机，由物理系的一位女助教司话务，可以与昆明通话。所以学校虽然分为二部，但在行政及指挥方面尚可统一。

西城有两座城隍庙，其一在川滇公路旁，人称府城隍庙，破烂不堪。另一座在忠义路尽头到东城去的拐角上，是一所有地下室的建筑。学校修葺一番后，作为我们的膳堂，比府城隍庙漂亮得多。每当下课以后，学生们便成群结队由春秋祠和南华宫而来，手里捧着碗筷或漱口杯，走一路叮当响一路。开学未久，我被选为伙食委员，负责领米、买菜、监厨、管账，向同学催讨伙食钱，忙得不亦乐乎。

大队人马开到叙永后，办好入学手续，尚未开课。适逢春节，不免要庆祝一番。当地有位相当有声望的老先生，送来几十坛黄酒和两只半猪，慰劳我们这批后学之辈。这下全校大打"牙祭"，有酒有肉，足足忙了三天。

因开学迟了几个月，必须迎头赶上。功课一堂接一堂，同学们也奔波于文庙和南华宫之间。4月一次期末大考后，休息了一个星期，算是"寒假"。接着第二学期开始，到8月15日考完了最后一门功课，算是读完了大一。

当时在叙永分校任教的几位老师有：分校主任杨振声先生，杨先生的衣冠最为整齐，身上永远找不到一条皱纹，走路也是那么从容不迫，有外交家风度。教务长樊际昌（逵羽）老师，负责文法学院，也是叙永分校的创设人。生物系有李继侗先生，地质系有袁复礼先生，数学系有曾远荣先生，工学院有褚士荃先生，教微积分的是赵淞副教授，政治学是龚祥瑞教授，化学系唐助教，地质系助教为苏良赫，体育是黄中孚先生，数学系助教是刘诉年，外文系有杨周翰、王佐良、王还、查良铮，还有张振先夫妇。

开学后一个多月，蒋、梅二位常委莅校，这是二位在我们面前正式以校长身份出现的第一次。当时日寇步步进逼滇境，昆明受到威胁，甚至有人觉得叙永也靠不住。所以梅校长在训话中说："有的人说这里不安全，我想要求安全，那大概也许只好搬到喜马拉雅山上去，可是我们还不敢一定这样……"为政不在多言，一年内校长训话只此一次。

叙永的西城因有公路通过，所以变成了商业区，较大的商店都在那里。东城比较安静，是住家的好地方。那里的商店性质和西城不同，卖纸的、刻书的、印佛像的都在那儿。但无论东城西城，生活用水全仗人力由水井或河里去挑。没有电灯，同学们每人都有一盏桐油灯，点起来直冒黑烟，味道也不好受，热度高而亮度低。近视眼的同学往往把灯放在书本和眼睛之间，常把头发烧焦。

东西城各有一个公园。西城公园实际上是一所嘈杂喧闹的露天茶馆；东城公园位于城墙边一座小山上，内有个小茶馆，去的人不多。每到星期天，几个人往往在那里泡上一天，一来贪图它的清静，二来可以欣赏四周的景色，三来徐徐而来的清风吹在身上，格外舒服。那里的厕所很有特色，它是由山顶上凌空架出去的，粪缸却在山腰。两者相距至少在 30 尺以上，所以没有臭味。

四川素称天府之国，叙永这块地方也算相当富庶。我们刚到那里的时候，刚好是橘子收成的季节，通红的橘子又大又甜，水分又多，吃在嘴里十分过瘾。

东城外有座山，远看遍体通红，所以叫红岩。放"寒假"期间，我们曾结队远足爬红岩。山上都是大块的砂岩，石缝里长出少量树木花草。苏良赫先生乘此机会向大家解释什么叫风化，怎样是侵蚀，比课堂里讲更为明白。山顶上长的都是不知名的草，高 2 尺许，只有羊肠小道可通。山顶上积水很多，泥泞不堪，爬上去的同学没有不挨摔的，爬得起来至少是半个泥人。

抗战期间大后方的物价波动很大。我们刚到叙永时，学校里的伙食似乎只要 15 元 1 个月。不久，物价飞跃高升，伙食费也逐月上涨。那时，我们正是食量最大的时候，无余米可剩，不若女同学饭量小，可以剩米换菜。当菜碗里出现少许带些肥肉的肉皮时，便是数天一遇的加菜了。

不久，重庆发起了献金运动，各地纷纷响应，联大也开始捐款，只可惜为数太少。于是平津一带来的同学自告奋勇公演平剧，以售票所得捐款，七拼八凑地共募集了七八千元钱。这次演出，连场面都是硬凑的，有的同学还是第一次登台，但毕竟在叙永曾轰动过一阵呢！

叙永的那条河流到西城时拐了个大弯，傍山处有座小小的龙王庙，高不到3尺，宽2尺左右。河水有深有浅，水流很急，清澈见底，可以游泳。一入夏季，男女同学纷纷前往西城外去游泳。

有一年夏天，天气奇热无比。好长一段时间，天天晴空万里，入夜星光灿烂，丝毫没有下雨的意思。中午，室外阳光下的温度据说超过华氏120度，居民纷纷把水泼到屋顶上以减低室内温度，不到午夜休想上床。当地人开始求雨，先由县太爷下令停屠三天，接着又是一个三天。停屠对本校同学来讲，简直是痛痒无关。另由居民用草扎成一条长龙，其形式和迎神赛会中的龙一样，由十来个男子光着上身，抬着游街。街上居民事先到河里挑了几担水放在门口，等草龙来到门前，便用水勺舀水使劲泼到抬龙者身上去。虽然如此，老天爷仍未下雨。于是当地人便说全是因西南大学这些女生在河里洗澡，冲犯了龙王。还在庙里晒了一大堆裤子，亵渎了神明。所以上苍震怒，停止下雨以示薄惩。有一天下午，帝主宫传来消息说，有一位菲律宾来的女侨生因为天太热中暑死了，大家不禁愕然。说也奇怪，这位女同学一死，当天晚上便下了雨。

四川多茶馆，叙永也不例外。茶馆即"摆龙门阵"之所在，同时也是戏院和新闻交换所。同学们既无处可去，校舍内亦无开水可喝，唯一的办法是上茶馆；何况尚可省油钱，汽灯的光亦较桐油灯为亮，一举数得，何乐不为？茶博士们的技术，可说是炉火纯青，2 尺开外处，居高临下将茶水冲下来，居然一滴也不漏到碗外，此非数十年苦练不为功。有时泡上一整天，还可把茶碗交给茶博士寄存，下课再来。吃饭时再寄存，饭后再拿出来。几次三番地，早已无一丝茶味了，可是茶博士们绝无不豫之色，服务态度着实令人钦佩。

叙永分校由头到尾仅 8 个月。时间虽短，但就联大来说，其功绩也是不可磨灭的。它培养教育了我们这一班 600 多人。对同学们来说，这一段生活也是令人难忘的。

山城话旧

张博云

　　1943 级航空工程系同学是全国大专院校第二届（1939 年）统一招生录取的，共 80 余位，其中半数以上来自上海考区。报到后，男生一律住在昆明大西门外新建的校舍。新校舍被环城马路一分为二，北面是校本部所在，南区则是理学院所在；新校舍后面依山（丘陵），东边是图书馆和教室，西边是宿舍，都是平房。教室是铁皮顶的，每幢教室可容六七十人。有的则用墙隔成两半，教室有十多幢。英文、物理和微积分都在这里上课。其他各课有的在城内（原昆华中学）北院的"乾坤正气"，大教室上课，相隔约五分钟到十分钟路程。宿舍也是一幢一幢分开的，构造和教室相仿，但屋顶是茅草的。每幢住 40 人，上下铺，除床铺以外别无设备，每四人一组，各用布幔分开。有前后门，各走较近的门，所以同宿舍的很多只是"似曾相识"而已。因为没有桌子，所以买肥皂箱做桌子便盛行一时，但是从前门到后门只有几盏暗淡的电灯，晚上只有靠灯近的几位勉强可看书。盥洗室的房子和宿舍一样，有两排木板条漱洗台，兼作餐桌。当时昆明的物价是后方最高的。沦陷区来的同学每人每月领贷金法币 14 元，伙食费也是 14 元。6 人一组，4 小碗盐水煮蔬菜。米是越南来的，掺有白色细沙，只好细嚼慢咽。因为菜少油少，所以人们的饭量都很大，每餐总是菜碗和饭桶一齐朝天，倒菜汁和刮饭桶的大有人在。有的同学在领到家庭教师薪水或是把旧衣物在寄卖行成交以后，便约二三知己上街叫几碗焖鸡米线或卤饵块大解其馋。穿的大多是一件蓝布大褂，破了补，鞋子、袜子不破的更少。

晚上，宿舍里灯光暗淡，只能聊天和休息，读书的最好去处是图书馆。那里有几盏煤气灯，可容四五百人。当时新校舍住了1000多人，文林街南院女生宿舍有几百人，还有文理法商和师范学院二年级以上的同学共2000多人，晚饭后大多排队等图书馆开门。图书馆的门是屡坏屡修，占不到位子的只好挟着书上茶馆。

那里客人一进门，"幺师"便大嚷，问你要什么；送茶、倒茶也都要嚷；还有卖花生瓜子的，租竹烟筒的，卖零食的也叫喊不停。在那微弱的电灯或菜油灯下，非有"心远地自偏"的修养不可，否则是无法读书的。文林街一带茶馆挤满了，便得走两三里路到城中区的茶馆去。有时找不到读书的地方便索性去南屏街再欣赏一遍《翠堤春晓》之类的电影了。

昆明是群山环峙，又有滇池调节气温，真是山明水秀、四季如春，气候比江南好，比台湾中部也还略胜一筹。消闲的去处，近的是云南大学校园和翠湖公园，较远的是滇池和西山。假日雇一辆马车去大观楼，租条小船在湖上朝着落日余晖的西山闲荡到夜幕低垂，真是快事。

第二年暑假进入东门外拓东路迤西会馆工学院的有40多位，其余的除少数转院、转系者外，大多不知去向。级友们对我国航空工业前途的展望是一片美好的远景。对国家和个人的前途也充满信心。在毕业前的最后一次航空工程学会上曾相约于10年后在北平清华园携眷重聚。现在忽忽毕业已40余年，河山依旧，级友星散。10年之约未竟，而在烽火中弦诵未辍的新校舍和湖光山色气候宜人的西南山城，则使人怀念不已，不知别来无恙否？

望苍前院的生活

徐华舫

望苍前院是联大工学院各系助教的集体宿舍，年轻的助教多住在这里。另外还有一个小据点在盐行宿舍（学生宿舍）的东侧小跨院里，那里也住着一些教师，但为数不多。联大工学院租用的是三个一字排开、彼此相连的会馆：迤西会馆居中，江西会馆在西边，全蜀会馆在东边。主要的教室、各系的办公室及图书馆都在迤西会馆。进出也都走迤西会馆的正门。从迤西会馆的后院转入全蜀会馆，首先遇到的是一幢木结构的二层楼。当时楼上是刘仙洲和孟广喆等教授们的宿舍，楼下是一间大教室。这楼的前面有一个庭院，庭院的南边和望苍楼相对的是一座木结构的方形二层环状民房。四面居室的中间有一个小小的方形天井。所谓望苍前院指的就是这幢民房。楼上有 8 间屋子，都住人，每室面积12 平方米至 16 平方米，各住两个人。楼下除去进出的过道和作为饭厅用的一大间外，能住人的只有 6 间较小的屋子。住在这里的教师总数约有 30 人。开饭却是 4 桌，因为住在盐行宿舍那边的教师也在这里入伙，还有住在外面因路远不便回去的教师也在这里入伙。伙食完全是"民办"的，所雇的 1 个厨师和 1 个勤杂工的工资和饭食全由入伙人所交的饭费中支付。管理由选举出来的两三个伙委负责，伙委任期1个月。米粮是锁在小仓库里的，每餐由伙委开门让厨师打米。买菜，伙委有时也跟去菜市，了解情况。那时物价不断上涨，助教拿到工资，交完饭费就没有多少剩余了。伙食办得不错，顿顿都有荤菜。入伙人可以招待朋友吃客饭，不必当时交钱，只在登记本上签个字，月底结账。每届伙委都精打细算，总要留点钱在月底移交的时候，打一次牙祭，那就能加两个荤菜，油水也特别足，吃得皆大欢喜。伙食团所雇的那位勤杂工是昆明人，40多岁，很能干，是帮厨的好手。淘米、择菜全靠他。开饭时，他负责上菜，一手能端4个菜。饭后自然也是他收拾。给人印象最深的是他的记忆力。当时三四十人就餐，每人都有自己的碗筷和汤匙，形状各异。每次开饭，他能按各人平常坐的位置，把你的碗筷放在你的位置上，从未发生过差错。

这样的生活条件，实在谈不上好，但对单身汉来说也算过得去了。吃得可以，没有营养不良现象；住处虽不宽敞，床也只是两条长凳架两块铺板搭成的，但每人都有1张两屉桌和1个板凳，读书的条件是有的。

助教的工作主要是做同学的辅导工作、准备实验和上实验课。辅导的内容是改习题本和改考卷，但不设习题课，也没有规定的教室答疑时间。批改作业和考卷都是很严肃认真的。一些重点课，如力学、材料力学、热力学的习题，批改后发还，并公布正确的解法。考卷也是发还给本人的。每个助教一般管一两门课，或一门课加上一门实验。当时学生人数不算多。工学院五个系：土木、电机、机械、航空、化工。4个年级的学生总共500人左右，每个系各个年级的学生最多不过二三十人。这样，教师对于每个学生的学习情况是比较了解的。同时教师本人也有相当多的自由支配时间。多数人把大部分业余时间用于读书，充实和提高自己。尽管当时这些知识分子的生活很艰难，社会上风气也很不好，可是弃学经商的助教却极少，绝大多数人都安于清苦的读书生活。他们都是教授的接班人，都很自觉地为这个前程而努力。不是为了高报酬（当时教授的报酬也不高），而是为了学术地位。那时有教育部办的庚款留英考试和清华办的庚款留美考试，虽因受战争影响，不能按期每年举行一次，却仍在不定期地举行。名额不多，每个专业（分得较细）往往只取1名。但为追求这些留学机会，考出去的人仍不少，这些人大都是助教。

学生时代会玩，当了助教后仍都会玩。西山、海埂、阳宗海仍是他们假日或暑假中常去的地方。对音乐颇有研究的林慰梓常组织古典音乐的欣赏会。地点在望苍楼下教室。贝多芬的交响曲、舒伯特的未完成交响曲、莫扎特的小夜曲……都给同事们以美的享受，也陶冶了情操。基督教女青年会帮忙借音乐唱片，还组织舞会。再有一项主要的文娱活动是看电影。昆明原有一家电影院叫大众电影院，在城里，规模很小，只容得两三百人。上演外国电影时，有一个拿着水烟袋坐在银幕前的做即时的口头翻译。那翻译是随意为之、信口开河的。有一次剧中在一家咖啡店里，侍者对来客说了两句什么，翻译便译为："要哪样？要饵块？还是要米线？"国外哪会有这两样食品？就是在中国，也只有在云南有。后来新建的电影院——南屏大戏院，离工学院很近，走一刻钟便到。《翠堤春晓》《蝴蝶梦》《魂归离恨天》《寒夜琴挑》等外国影片都是在那个时期上演的，十分脍炙人口。望苍前院的人在工作之余，经常光顾南屏大戏院。

这个望苍前院出了许多名教授、学者，如中国科学院工程热物理所所长吴仲华，其夫人是力学研究员李敏华，北京航空学院院长沈元和继任院长曹传钧，清华大学名教授钟士模、杨式德，西南交通大学校长曹建猷，航天工业部的火箭专家杨南生、杨家墀，核电站专家连孟雄等都是。

望苍前院至今仍使我怀念。

长沙临时大学生活点滴

汤衍瑞

记得当年西南联大有个口号，也可说是副对联：上联是"前无古人"，下联是"后无来者"，横匾是"集天下英豪于一堂"。这是多么豪放的口吻，而事实也是如此，并没有一点夸张。西南联大前后八年多，确实为国家培育了大量的人才。我是西南联大第一届毕业生，也许若干后来入学的同学对于母校的前身——长沙临时大学感觉陌生，我不揣冒昧以老大哥自居，就记忆中留有深刻印象者，写出一段，供各位同学回味回味。

由于日本军阀不讲信义，横行霸道，得寸进尺，先在1937年7月7日发生卢沟桥事变，接着于8月13日相继发生淞沪之战，我政府在忍无可忍之情形下对日抵抗，于是出现了中日战争。华北平津一带首当其冲。政府为维护青年学子能继续安心求学，分别在陕西汉中及湖南长沙成立两所临时大学，在陕西汉中的临时大学后改称西北联合大学，其成员为北平师范大学及北平大学、北洋工学院等；长沙临时大学由北京大学、清华大学及南开大学组成，仅仅为时半年即迁至云南改称西南联合大学。在校务行政方面以上三大学校长组成常务委员会，并由青岛大学校长杨振声先生担任秘书长。我记得当时各学院院长是：文学院为冯友兰，理学院为吴有训，法商学院为陈序经，工学院为顾毓琇。

长沙临时大学的校本部借用长沙韭菜园圣经书院，这是全长沙、全湖南最讲究的建筑。其主要建筑是一座钢筋水泥雄伟的四层大厦，楼下是学校的办公室，底层作为防空避难所，二、三、四层是理学院和法商学院的教室。大厦是坐南向北，在大厦的两侧东西相对各为三层建筑的楼房，供北平图书馆办公及作教职员宿舍。在这三座楼的前面是一个非常广阔的四方形院子，铺着整齐碧绿的草皮，草坪四周种植很繁茂的树木，每逢晴天，男女同学们课余都喜欢在草坪上或坐或卧享受阳光。

在学生宿舍方面，男同学是由湖南省政府拨借的一座营房——四十九标。这所营房占地虽然很大，但房屋非常破旧，光线暗淡。学校当局于接收后即积极加以整修，并增添同学盥洗的设备，无非是面盆架及盛水木桶以及烧水的大锅炉等。由于人数较多，所以同学们洗脸甚至洗澡大多在屋檐下或露天院子里，但天气转凉，大家只好到外面的公共澡堂去洗澡了。

湖南秋冬季阴雨的时候较多。我们的宿舍几乎都是二层。楼下光线欠佳，且比较潮湿，非有床不可。楼上光线较好而且干燥些，所以同学们就睡在地板上。但楼上的缺点是外面下雨屋内很多地方也下小雨。好在长沙出产的菲菲伞（油纸竹骨做的，面上画有各种不同花朵或图案的非常美丽的小雨伞）和油布非常有名。遇到雨天，同学们为防雨起见，在睡觉以前先在被窝上盖好油布，再在枕头上张开一把菲菲伞，倒也高枕无忧，一觉睡到大天亮。

最初食堂里只有桌子没有凳子，大家都是站着吃饭。湖南人的习惯三餐都是干饭，同学们最初不习惯。因为实施军事管理，吃饭也要听口令"开动"才能吃，吃完了要听到"解散"的口令才能离去。这种生活方式大多数同学尚能勉强适应，但是少数同学不免有点吃不消，于是由医生开证明有病，经学校核准后，到外面租房子住，可以过着自由自在的生活。当时长沙物价远较平津、上海便宜，找医生开证明要交法币一元，租房子月租也不过二三元。后来因为称"病"的同学不断增加，训导长潘光旦要严格核实，必须由公立医院证明，所以不时与同学发生争执。至于女同学宿舍是借用圣经书院隔壁涵德女校的宿舍，上下课既不需要走许多路，而且环境设备也比男生宿舍好。

在男同学住进四十九标宿舍不久，有一天上午三位常务委员——北大校长蒋梦麟、清华校长梅贻琦、南开校长张伯苓，由杨振声秘书长陪同前来宿舍实地巡视。巡视完毕蒋常委认为宿舍过于破旧，设备简陋，影响同学身心，不宜居住。张常委则认为际此大敌当前，国难方殷，政府在极度困难中，仍能顾及青年学子的学业，实属难能可贵。何况青年们正应接受锻炼，现在能有这样完善的宿舍应当满意了。梅常委则因为从前是南开中学毕业的学生，是张常委的学生晚辈，所以不便表示意见。蒋常委听了张常委的意见后便接着说："假若是我的孩子，我就不要他住在这宿舍里。"张常委很不高兴地说："倘若是我的孩子，我一定要他住在这宿舍里。"这段谈话到此结束。自此以后，张常委对于学校的事很少过问，专心办理在四川重庆沙坪坝的南渝中学（后改称南开中学）了。这段经过恐怕同学中知道的不多。现在事隔数十年，当年这两位有不同意见的闻名国际的伟大教育家、我们的老校长，都已先后谢世。我以学生后辈的身份大胆地记述，供各位对母校亲切的回忆。

第二辑

生活特写：泡茶馆、跑警报

难忘父亲深夜刻印的背影和刻刀声

闻立雕

　　抗战中后期，国民党统治区物价暴涨，货币严重贬值，广大人民群众饥寒交迫，食不果腹，昼夜在水深火热的死亡线上挣扎。公教人员的情况虽然略胜于工农劳动大众，但绝大多数也是捉襟见肘，朝不保夕，度日如年。

　　我们家大大小小共有八口之多，开支大、负担重，是联大圈子里人所共知的困难户之一。父亲每月领回的薪金，半月左右就花得所剩无几了。最严重的时候，吃了上一顿，愁下一顿，过了今天过不去明天。在那些日子里，我们家吃的是最便宜的难以下咽的红糙米和最最简单的大众菜，总的讲就是煮的多，炒的少；素的多，荤的少；不过年、过节，很难见到一点肉腥、油花儿。母亲和保姆赵妈做的腌咸菜、五香萝卜干、豆腐乳以及农家喂猪的豆腐渣等都是我们家主要的常见菜。本来，晒干了的红辣椒切碎后油炸一下，很香，也很下饭。但是，父亲为了省油，常常只是用火烤一下，蘸上盐巴，就一口饭一口辣椒地对付着吃。"豆腐"是饭桌上的上上品佳肴，父亲常向我们讲豆腐营养价值如何如何丰富，并且美其名曰"白肉"，鼓励我们多吃。我们有时说："爸，妈，你们也吃嘛！"父亲就解释说："爸妈的身体已经长成形了，多一点营养少一点营养都没关系，你们正在长身体，要多吃一点啊！"几块豆腐一家人让来让去，这情景令人不胜感慨！

父母亲为了让一家八口能够熬下去，除了省吃俭用，极力压低生活水准，减少开支外，曾经想了许多办法，例如：寅吃卯粮，透支下月薪金；向朋友借债；多付出些辛苦，加班写文章，作学术演讲，以多挣点稿费、车马费；到中学去兼任语文教师；等等。最后，在万般无奈的情况下就变卖书籍、衣物。父亲把他最珍贵的书卖了后，又痛心又惋惜地对母亲说："咳！教书人把书卖了……"难过得一顿饭都没吃好。衣服卖到最后实在是再没什么可卖了，父亲就从身上脱下皮大衣拿去寄售。当时正是十冬腊月，天寒地冻的季节，结果冻得感冒发了烧。

然而，所有这些办法都只能救一时之急，不能解决根本问题。父母亲愁得睡不着觉，我们家那些好心的朋友们也都十分关心，纷纷为我们分忧，出主意想办法。罗隆基正在做茶叶生意，知道父亲长于美术，就请父亲为他画广告，尽可能从优付稿酬；许维通、陈梦家等先生则有求必应，我们家什么时候亮起了红灯，他们就什么时候借钱给我们，而且总是无限期，从不催还；许先生的一位专门做内外贸生意的姓郭的朋友，出于对父亲品学之钦佩，愿资助一笔干股，长期参加分红。父母亲觉得再困难也不能无偿地使用别人的钱，怀着无限感激的心情谢绝了；这位郭先生真是好人，他是真心诚意地要帮助我们家，又提出无条件承担我哥哥闻立鹤的学费和生活费，直至他大学毕业找到工作，经济独立为止。这件事让我的父母亲深受感动，但是自己的孩子让别人出钱养活，不管怎么说，心理上都很难接受，最后又婉言谢绝了。

那时，我们家住在昆明东郊龙泉镇司家营的清华文科研究所里，正当大家都在为如何帮助我们家走出困境而犯难时，所里有人忽然想起闻先生擅长篆刻、深谙金石之术，当年曾为人刻过不少图章，现在何不挂牌治印呢？这个想法一提出来，大家都觉得很好，都说先生学富五车，精通古文字，早年又专门学过美术，重操铁笔慕名求印者必定会络绎不绝。这样既不失风雅，又能略增收入，缓解生活压力，实实在在是此时此刻可供选择的最佳方案！果然，在众友人的怂恿之下，父亲欣然同意了。

于是，大家热心地帮助父亲进行筹备工作，朱自清先生献出珍藏多年的上海印油，许维遇先生拿来几把刻刀，何善周先生帮助联系挂牌代收店，浦江清先生写了骈文简介（润格），由梅贻琦、蒋梦麟、熊庆来、冯友兰、杨振声、姜寅清、唐兰、陈雪屏、朱自清、潘光旦、沈从文、罗常培等 12 位大名鼎鼎的学者和社会知名人士联合署名。

浦先生的骈文润格写得非常精彩，父亲甚为欣赏，全文如下：

> 秦玺汉印，攻金切玉之流长；殷契周铭，古文奇字之源远。是非博雅君子，难率尔以操觚；倘有稽古宏才，偶点画以成趣。浠水闻一多教授，文坛先进，经学名家，辨文字于毫芒，几人知已；谈风雅之原始，海内推崇。斫轮老手，积习未除；占毕余闲，游心佳冻。惟是温麐古泽，仅激赏于知交；何当琬琰名章，共榷扬于艺苑。黄济叔之长髯飘洒，今见其人；程瑶田之铁笔恬愉，世尊其学。爰缀短言为引，公定薄润于后。

从此，父亲跨进了教授兼"手工业者"的行列（他自称是"手工业者"），我们一家总算逐渐走出了生活的最低谷。

事后，父亲在信中告诉我们的叔父和伯父："前二三年，书籍衣物变卖殆尽，生活殊窘，今年来开始兼课，益以治印所得，差可糊口。"（1944 年 9 月 25 日致闻亦博弟）"两年前时在断炊之威胁中度日，乃开始在中学兼课，犹复不敷，经友人怂恿，乃挂牌刻图章以资弥补。最近三分之二收入，端赖此道（润格，石章每字一千二百元，牙章每字二千）……"（1460 年 2 月 22 日致闻家骆兄）

这两封信就是父亲当年被迫挂牌治印的真实写照。当时通货膨胀，物价飞涨，信中所注的润格是很低的报酬。

从此，父亲更忙、更辛苦了，在百忙之中还要见缝插针挤时间刻图章，白天时间不够夜晚加班，觉睡得少了，眼睛熬红了，臂膀酸疼了，右手中指磨出豌豆大的硬茧，还要像老黄牛一样，不停地刻啊！刻啊！……家里人有时半夜醒来，还能看见他在孤灯下伏案刻印的背影，听见他的刻刀在石章或象牙章上运作的刀声。

至今一提起"闻一多挂牌治印"，我的脑子里总会又显现出父亲深夜刻印的背影，耳旁仿佛又能听见父亲那"咯嘣、咯嘣……"的刀声。

爸爸呀，我们永远不会忘记您为我们的成长付出了多少心血！

2007 年 7 月 12 日于莲花池寓所

泡茶馆

汪曾祺

　　"泡茶馆"是联大学生特有的语言。本地原来似无此说法，本地人只说"坐茶馆"，"泡"是北京话。其含义很难准确地解释清楚。勉强解释，只能说是持续长久地沉浸其中，像泡泡菜似的泡在里面。"泡蘑菇""穷泡"，都有长久的意思。北京的学生把北京的"泡"字带到了昆明，和现实生活结合起来，便创造出一个新的语汇。"泡茶馆"，即长时间地在茶馆里坐着。本地的"坐茶馆"也含有时间较长的意思。到茶馆里去，首先是坐，其次才是喝茶（云南叫吃茶）。不过联大的学生在茶馆里坐的时间往往比本地人长，长得多，故谓之"泡"。

　　有一个姓陆的同学，是一怪人，曾经徒步旅行半个中国。这人真是一个泡茶馆的冠军。他有一个时期，整天在一家熟识的茶馆里泡着。他的盥洗用具就放在这家茶馆里。一起来就到茶馆里去洗脸刷牙，然后坐下来，泡一碗茶，吃两个烧饼，看书。一直到中午，起身出去吃午饭。吃了饭，又是一碗茶，直到吃晚饭。晚饭后，又是一碗，直到街上灯火阑珊，才夹着一本很厚的书回宿舍睡觉。

　　昆明的茶馆共分几类，我不知道。大别起来，只能分为两类，一类是大茶馆，一类是小茶馆。

正义路原先有一家很大的茶馆，楼上楼下，有几十张桌子。都是荸荠紫漆的八仙桌，很鲜亮。因为在热闹地区，座客常满，人声嘈杂。所有的柱子上都贴着一张很醒目的字条："莫谈国事。"时常进来一个看相的术士，一手捧一个六寸来高的硬纸片，上书该术士的大名（只能叫作大名，因为往往不带姓，不能叫"姓名"；又不能叫"法名""艺名"，因为他并未出家，也不唱戏），一只手捏着一根纸媒子，在茶桌间绕来绕去，嘴里念说着"送看手相不要钱"！"送看手相不要钱"——他手里这根媒子即是看手相时用来指示手纹的。

这种大茶馆有时唱围鼓。围鼓即由演员或票友清唱。我很喜欢"围鼓"这个词。唱围鼓的演员、票友好像是不取报酬的。只是一群有同好的闲人聚拢来唱着玩。但茶馆却可借来招揽顾客，所以茶馆便于闹市张贴告条："某月日围鼓。"到这样的茶馆里来一边听围鼓，一边吃茶，也就叫作"吃围鼓茶"。"围鼓"这个词大概是从四川来的，但昆明的围鼓似多唱滇剧。我在昆明7年，对滇剧始终没有入门。只记得不知什么戏里有一句唱词"孤王头上长青苔"。孤王的头上如何会长青苔呢？这个设想实在是奇，因此一听就永不能忘。

我要说的不是那种"大茶馆"。这类大茶馆我很少涉足，而且有些大茶馆，包括正义路那家兴隆鼎盛的大茶馆，后来大都陆续停闭了。我所说的是联大附近的茶馆。

从西南联大新校舍出来，有两条街，凤翥街和文林街，都不长。这两条街上至少有不下十家茶馆。

从联大新校舍，往西，折向南，进一座砖砌的小牌楼式的街门，便是凤翥街。街角右手第一家便是一家茶馆。这是一家小茶馆，只有三张茶桌，而且大小不等、形状不一的茶具也是比较粗糙的，随意画了几笔兰花的盖碗。除了卖茶，檐下挂着大串大串的草鞋和地瓜（即湖南人所谓的凉薯），这也是卖的。张罗茶座的是一个女人。这女人长得很强壮，皮色也颇白净。她生了好些孩子，身边常有两个孩子围着她转，手里还抱着一个孩子。她经常敞着怀，一边奶着那个早该断奶的孩子，一边为客人冲茶。她的丈夫，比她大得多，状如猿猴，而目光锐利如鹰。他什么事情也不管，但是每天下午却捧了一个大碗喝牛奶。这情况使我们颇为不解。这个白皙强壮的妇人，只凭一天卖几碗茶，卖一点草鞋、地瓜，怎么能喂饱了这么多张嘴，还能供应一个懒惰的丈夫每天喝牛奶呢？怪事！中国的妇女似乎有一种天授的惊人耐力，多大的负担也压不垮。

由这家往前走几步，斜对面曾经开过一家专门招徕大学生的新式茶馆。这家茶馆的桌椅都是新打的，涂了黑漆。堂倌系着白围裙。卖茶用细白瓷壶，不用盖碗（昆明茶馆卖茶一般都用盖碗）。除了清茶，还卖沱茶、香片、龙井。本地茶客从门外过，伸头看看这茶馆的局面，再看看里面坐得满满的大学生，就会挪步另走一家了。这家茶馆没有什么值得一记的事，而且开了不久就关了。联大学生至今还记得这家茶馆是因为隔壁有一家卖花生米的。这家似乎没有男人，站柜卖货是姑嫂两人，都还年轻，成天涂脂抹粉。尤其是那个小姑子，见人走过，辄作媚笑。联大学生叫她"花生西施"。这西施卖花生米是看人行事的。好看的来买，就给得多，难看的给得少。因此我们每次买花生米都推选一个挺拔英俊的"小生"去。

再往前几步，路东，是一个绍兴人开的茶馆。这位绍兴老板不知怎么会跑到昆明来，又不知为什么在这条小小的凤翥街上来开一爿茶馆。他至今乡音未改，大概他有一种独在异乡为异客的情绪，所以对待从外地来的联大学生异常亲热。他这茶馆里除了卖清茶，还卖一点芙蓉糕、沙琪玛、月饼、桃酥，都装在一个玻璃匣子里。我们有时觉得肚子里有点缺空而又不到吃饭的时候，便到他这里一边喝茶一边吃两块点心。有一个善于吹口琴的姓王的同学经常在绍兴人茶馆喝茶。他喝茶，可以欠账。不但喝茶可以欠账，我们有时想看电影而没有钱，就由这位口琴专家出面向绍兴老板借一点。绍兴老板每次都是欣然地打开钱柜，拿出我们需要的数目。我们于是欢欣鼓舞，兴高采烈，迈开大步，直奔南屏电影院。

再往前，走过十来家店铺，便是凤翥街口，路东、路西各有一家茶馆。

路东一家较小，很干净，茶桌不多。掌柜的是个瘦瘦的男人，有几个孩子。掌柜的事情多，为客人冲茶续水，大都由一个十三四岁的大儿子担任，我们称他这个儿子为"主任儿子"。街西那家又脏又乱，地面坑洼不平，一地的烟头、火柴棍、瓜子皮。茶桌也是七大八小、摇摇晃晃，但是生意却特别好。从早到晚，人坐得满满的。也许是因为风水好。这家茶馆正在凤翥街和龙翔街交接处，门面一边对着凤翥街，一边对着龙翔街，坐在茶馆，两条街上的热闹都看得见。到这家吃茶的全部是本地人，本街的闲人，赶马的"马锅头"、卖柴的、卖菜的，他们都抽叶子烟。要了茶以后，便从怀里掏出一个烟盒——圆形，皮制的，外面涂着一层黑漆，打开来，揭开覆盖着的菜叶，拿出剪好的金堂叶子，一支一支地卷起来。茶馆的墙壁上张贴、涂抹得乱七八糟。但我却于西墙上发现了一首诗，一首真正的诗：

> 记得旧时好，
> 跟随爹爹去吃茶。
> 门前磨螺壳，
> 巷口弄泥沙。

诗是用墨笔题写在墙上的。这使我大为惊异了，这是什么人写的呢？

每天下午，有一个盲人到这家茶馆来说唱。他打着扬琴，说唱着。照现在的说法，这应是一种曲艺，但这种曲艺该叫什么名称，我一直没有打听着。我问过"主任儿子"，他说是"唱扬琴的"，我想不是。他唱的是什么？我有一次特意站下来听了一会儿，是：

> ……
> 良田美地卖了，
> 高楼大厦拆了，
> 娇妻美妾跑了，
> 狐皮袍子当了
> ……

我想了想，哦，这是一首劝戒鸦片的歌，他唱的是鸦片烟之危害。这是什么时候传下来的呢？说不定是林则徐时代某一忧国之士的作品。但是这个盲人只管唱他的，茶客们似乎都没有在听，他们仍然在说话，各人想自己的心事。到了天黑，这个盲人背着扬琴，点着麻秆，踽踽地走回家去。我常常想：他今天能吃饱吗？

进大西门，是文林街，挨着城门口就是一家茶馆。这是一家最无趣味的茶馆。茶馆墙上的镜框里装的是美国电影明星的照片，蓓蒂·黛维丝、奥丽薇·德·哈弗兰、克拉克·盖博、泰伦宝……除了卖茶，还卖咖啡、可可。这家的特点是：进进出出的除了穿西服和麂皮夹克的比较有钱的男同学外，还有把头发卷成一根一根香肠似的女同学。有时到了星期六，还开舞会。茶馆的门关了，从里面传出《蓝色的多瑙河》和《风流寡妇》舞曲，里面正在"嘣嚓嚓"。

和这家斜对着的一家，跟这家截然不同。这家茶馆除了卖茶，还卖煎血肠。这种血肠是牦牛肠子灌的，煎起来一街都闻见一种极其强烈的气味，说不清是异香还是奇臭。这种西藏食品，那些把头发卷成香肠一样的女同学是绝对不敢问津的。

由这两家茶馆往东，不远几步，面南，便可折向钱局街。街上有一家老式的茶馆，楼上楼下，茶座不少。说这家茶馆是"老式"的，是因为茶馆备有烟筒，可以租用。一段青竹，旁安一个粗如小指半尺长的竹管，一头装一个带爪的莲蓬嘴，这便是"烟筒"。在莲蓬嘴里装了烟丝，点以纸媒，把整个嘴埋在筒口内，尽力猛吸，筒内的水咚咚作响，浓烟便直灌肺腑，顿时觉得浑身通泰。吸烟筒要有点功夫，不会吸的吸不出烟来。茶馆的烟筒比家用的粗得多，高齐桌面，吸完就靠在桌腿边，吸时尤需底气充足。这家茶馆门前，有一个小摊，卖酸角（不知什么树上结的，形状有点像皂荚而较短粗，极酸，入口使人攒眉）、拐枣（也是树上结的，应该算是果子，状如鸡爪，一疙瘩一疙瘩的，有的地方即叫作鸡脚爪，味道很怪，像红糖，又有点像甘草）和泡梨（糖梨泡在盐水里，梨味本是酸甜的，昆明人却偏于盐水内泡而食之。泡梨仍有梨香，而梨肉极脆嫩）。过了春节则有人于门前卖葛根。葛根是药，我过去只在中药铺见过，切成四方的棋子块儿，是已经经过加工的了，原物是什么样子，我是在昆明才见到的。这种东西可以当零食来吃，我也是在昆明才知道。一截葛根，粗如手臂，横放在一块板上，外包一块湿布。给很少的钱，卖葛根的便操起有点像北京切涮羊肉的肉片用的那种薄刃长刀，切下薄薄的几片给你。白的，嚼起来有点像干瓤的生白薯片，而有极重的药味，据说葛根能清火。联大的同学大概很少人吃过葛根。我是什么奇奇怪怪的东西都要买一点尝一尝的。

大学二年级那一年，我和两个外文系的同学经常一早就坐在这家茶馆靠窗的一张桌边，各自看自己的书，有时整整坐一上午，彼此不交语。我这时才开始写作，我的最初几篇小说，即是在这家茶馆里写的。茶馆离翠湖很近，从翠湖吹来的风里，时时带有水浮莲的气味。

回到文林街。文林街中，正对府甬道，后来新开了一家茶馆。这家茶馆的特点一是卖茶用玻璃杯，不用盖碗，也不用壶。不卖清茶，卖绿茶和红茶。红茶色如玫瑰，绿茶苦如猪胆。二是茶桌较少，且覆有玻璃桌面。在这样桌子上打桥牌实在是再适合不过了，因此到这家茶馆来喝茶的，大都是来打桥牌的，这茶馆实在是一个桥牌俱乐部，联大打桥牌之风很盛。有一个姓马的同学每天到这里打桥牌。新中国成立后，我才知道他是老地下党员，昆明学生运动的领导人之一。学生运动搞得那样热火朝天，他每天都只是很闲在、很热衷地在打桥牌，谁也看不出他和学生运动有什么关系。

文林街的东头，有一家茶馆，是一个广东人开的，字号就叫"广发茶社"——昆明的茶馆我记得字号的只有这一家，原因之一，是我后来住在民强巷，离广发很近，经常到这家去。原因之二是——经常聚在这家茶馆里的，有几个助教、研究生和高年级的学生。这些人多多少少有一点玩世不恭。那时联大同学常组织什么学会，我们对这些俨乎其然的学会微存嘲讽之意。有一天，广发的茶友之一说："咱们这也是一个学会——广发学会！"这本是一句茶余的笑话，不料广发的茶友之一，解放后，在一次运动中被整得不可开交，胡乱交代问题，说他曾参加过"广发学会"。这就惹下了麻烦。几次有人专程到北京来外调"广发学会"问题。被调查的人心里想笑，又笑不出来，因为来外调的政工人员态度非常严肃。广发茶馆代卖广东点心。所谓广东点心，其实只是包了不同味道的甜馅的小小的酥饼，面上却一律贴了几片香菜叶子，这大概是这一家饼师特有的手艺。我在别处吃过广东点心，就没有见过面上贴有香菜叶子的——至少不是每一块都贴。

或问：泡茶馆对联大学生有些什么影响？答曰：第一，可以养其浩然之气。联大的学生自然也是贤愚不等，但多数是比较正派的。那是一个污浊而混乱的时代，学生生活又穷困得近乎潦倒，但是很多人却能自许清高，鄙视庸俗，并能保持绿意葱茏的幽默感，用来对付恶浊和穷困，并不颓丧灰心，这跟泡茶馆是有些关系的。第二，茶馆出人才。联大学生上茶馆，并不是穷泡，除了瞎聊，大部分时间都是用来读书的。联大图书馆座位不多，宿舍里没有桌凳，看书多半在茶馆里。联大同学上茶馆很少不夹着一本乃至几本书的。不少人的论文、读书报告，都是在茶馆写的。有一年一位姓石的讲师的《哲学概论》期终考试，我就是把考卷拿到茶馆里去答好了再交上去的。联大八年，出了很多人才。研究联大校史，搞"人才学"，不能不了解了解联大附近的茶馆。第三，泡茶馆可以接触社会。我对各种各样的人、各种各样的生活都发生兴趣，都想了解了解，跟泡茶馆有一定关系。如果我现在还算一个写小说的人，那么我这个小说家是在昆明的茶馆里泡出来的。

跑警报

汪曾祺

　　我刚到昆明的头两年，1939 年、1940 年，三天两头有警报。有时每天都有，甚至一天有两次。昆明那时几乎说不上有空防力量，日本飞机想什么时候来就什么时候来。有时竟至在头一天广播：明天将有 27 架飞机来昆明轰炸。日本的空军指挥部还真言而有信，说来准来！

　　一有警报，别无他法，大家就都往郊外跑，叫作"跑警报"。"跑"和"警报"连在一起，构成一个词语，细想一下，是有些奇特的，因为所跑的并不是警报。这不像"跑马""跑生意"那样通顺。但是大家就这么叫了，谁都懂，而且觉得很合适。也有叫"逃警报"或"躲警报"的，都不如"跑警报"准确。"躲"，太消极，"逃"又太狼狈。唯有这个"跑"字于紧张中透出从容，最有风度，也最能表达丰富生动的内容。

　　有一个姓马的同学最善于跑警报。他早起看天，只要是万里无云，不管有无警报，他就背了一壶水，带点吃的，夹着一卷温飞卿或李商隐的诗，向郊外走去。这样的人不多。

　　警报有三种。如果在 40 多年前向人介绍警报有几种，会被认为有"神经病"，这是谁都知道的。然而对今天的青年，却是一项新的课题。一曰"预行警报"。

联大有一个姓侯的同学，原系航校学生，因为反应迟钝，被淘汰下来，读了联大的哲学心理系。此人对于航空旧情不忘，曾用黄色的"标语纸"贴出巨幅"广告"，举行学术报告，题曰《防空常识》。他不知道为什么对"警报"特别敏感。他正在听课，忽然跑了出去，站在"新校舍"的南北通道上，扯起嗓子大声喊叫："现在有预行警报，五华山挂了三个红球！"可不！抬头往南一看，五华山果然挂起了三个很大的红球。五华山是昆明的制高点，红球挂出，全市皆见。我们一直很奇怪：他在教室里，正在听讲，怎么会"感觉"到五华山挂了红球呢？——教室的门窗并不都正对五华山。

一有预行警报，市里的人就开始向郊外移动。住在翠湖迤北的，多半出北门或大西门，出大西门的似尤多。大西门外，越过联大新校舍门前的公路，有一条由南向北的用浑圆的石块铺成的宽可五六尺的小路。这条路据说是驿道，一直可以通到滇西。路在山沟里，平常走的人不多。常见的是驮着盐巴、碗糖或其他货物的马帮走过。赶马的马锅头侧身坐在木鞍上，从齿缝里咝咝地吹出口哨（马锅头吹口哨都是这种吹法，没有撮唇而吹的），或低声唱着呈贡"调子"：

　　　哥那个在至高山那个放呀放放牛，
　　　妹那个在至花园那个梳那个梳梳头。
　　　哥那个在至高山那个招呀招招手，
　　　妹那个在至花园点那个点点头。

这些走长道的马锅头有他们的特殊装束。他们的短褂外都套了一件白色的羊皮背心，脑后挂着漆布的凉帽，脚下是一双厚牛皮底的草鞋状凉鞋，鞋帮上大都绣了花，还钉着亮晶晶的"鬼眨眼"亮片。——这种鞋似只是马锅头穿，我没见从事别种行业的人穿过。马锅头押着马帮，从这条斜阳古道上走过，马项铃哗棱哗棱地响，很有点浪漫主义的味道，有时会引起远客的游子一点淡淡的乡愁……

有了预行警报，这条古驿道就热闹起来了。从不同方向来的人都涌向这里，形成了一条人河。走出一截，离市较远了，就分散到古道两旁的山野，各自寻找一个合适的地方待下来，心平气和地等着——空袭警报。

联大的学生见到预行警报，一般是不跑的，都要等听到空袭警报：汽笛声一短一长，才动身。新校舍北边围墙上有一个后门，出了门，过铁道（这条铁道不知起讫地点，从来也没见有火车通过），就是山野了。要走，完全来得及。——所以当只有预行警报时，联大师生一般都是照常上课的。

跑警报大都没有准地点，漫山遍野。但人也有习惯性，跑惯了哪里，愿意上哪里。大多是找一个坟头，这样可以靠靠。昆明的坟多有碑，碑上除了刻下坟主的名讳，还刻出"×山×向"，并开出坟茔的"四至"。这风俗我在别处还未见过，这大概也是一种古风。

说是漫山遍野，但也有几个比较集中的"点"。古驿道的一侧，靠近语言研究所资料馆不远，有一片马尾松林，就是一个点。这地方除了离学校近，有一片碧绿的马尾松，树下一层厚厚的干了的松毛，很软和，空气好——马尾松挥发出很重的松脂气味，晒着从松枝间漏下的阳光，或仰面看松树上面蓝得要滴下来的天空，都极舒适外，是因为这里还可以买到各种零吃。昆明做小买卖的，有了警报，就把担子挑到郊外来了。五味俱全，什么都有。最常见的是"丁丁糖"。"丁丁糖"即麦芽糖，也就是北京人祭灶用的关东糖，不过做成一个直径一尺多、厚可一寸许的大糖饼，放在四方的木盘上，有人掏钱要买，糖贩即用一个刨刃形的铁片揳入糖边，然后用一个小小的铁锤，一击铁片，丁的一声，一块糖就震裂下来了——所以叫作"丁丁糖"。其次是炒松子。昆明松子极多，个大皮薄仁饱，很香，也很便宜。我们有时能在松树下面捡到一个很大的成熟了的生的松球，就掰开鳞瓣，一颗一颗地吃起来。——那时候，我们的牙都很好，那么硬的松子壳，一嗑就开了！

另一集中点比较远，得沿古驿道走出四五里，驿道右侧较高的土山上有一横断的山沟（大概是哪一年地震造成的），沟深约三丈，沟口有二丈多宽，沟底也宽有六七尺。这是一个很好的天然防空沟，日本飞机若是投弹，只要不是直接命中，落在沟里，即便是在沟顶上爆炸，弹片也不易崩进来。机枪扫射也不要紧，沟的两壁是死角。这道沟可以容数百人。有人常到这里就利用闲空，在沟壁上修了一些私人专用的防空洞，大小不等、形式不一。这些防空洞不仅表面光洁，有的还用碎石子儿或碎瓷片嵌出图案，缀成对联。对联大都有新意。我至今记得两副，一副是：

人生几何
恋爱三角

一副是：

见机而作
入土为安

对联的嵌缀者的闲情逸致是很可叫人佩服的。前一副也许是有感而发，后一副却是纪实。

警报有三种。预行警报大概是表示日本飞机已经起飞。拉空袭警报大概是表示日本飞机进入云南省境了，但是进云南省不一定到昆明来。等到汽笛拉了紧急警报：连续短音，这才可以肯定是朝昆明来的。空袭警报到紧急警报之间，有时要间隔很长时间，所以到了这里的人都不忙下沟——沟里没有太阳，而且过早地像云冈石佛似的坐在洞里也很无聊——大都先在沟上看书、闲聊、打桥牌。很多人听到紧急警报还不动，因为紧急警报后日本飞机也不定准来，常常是折飞到别处去了。要一直等到看见飞机的影子了，这才一骨碌站起来，下沟、进洞。联大的学生，以及住在昆明的人，对跑警报太有经验了，从来不仓皇失措。

上举的前一副对联或许是一种泛泛的感慨，但也是有现实意义的。跑警报是谈恋爱的机会，联大同学跑警报时，成双作对的很多。空袭警报一响，男的就在新校舍的路边等着，有时还提着一袋点心吃食，宝珠梨、花生……他等的女同学来了，"嗨！"于是欣然并肩走出新校舍的后门。跑警报说不上是同生死、共患难，但隐隐约约有那么一点危险感，和看电影、遛翠湖时不同。这一点危险使两方的关系更加亲近了。女同学乐于有人伺候，男同学也正好殷勤照顾，表现一点骑士风度。正如孙悟空在高老庄所说："一来医得眼好，二来又照顾了郎中，这是凑四合六的买卖。"从这点来说，跑警报是颇为罗曼蒂克的。有恋爱，就有三角，有失恋。跑警报的"对儿"并非总是固定的，有时一方被另一方"甩"了，两人"吹"了，"对儿"就要重新组合。写（姑且叫作"写"吧）那副对联的，大概就是一位被"甩"的男同学。不过，也不一定。

警报时间有时很长，长达两三个小时，也很"腻歪"。紧急警报后，日本飞机轰炸已毕，人们就轻松下来。不一会儿，"解除警报"响了：汽笛拉长音，大家就起身拍拍尘土，络绎不绝地返回市里。也有时不等解除警报，很多人就往回走：天上起了乌云，要下雨了。一下雨，日本飞机不会来。在野地里被雨淋湿，可不是事！一有雨，我们有一个同学一定是一马当先往回奔，就是前面所说那位报告预行警报的姓侯的。他奔回新校舍，到各个宿舍搜罗了很多雨伞，放在新校舍的后门外，见有女同学来，就递过一把，他怕这些女同学挨淋。这位侯同学长得五大三粗，却有一副贾宝玉的心肠。大概是上了吴雨僧先生的《红楼梦》的课，受了影响。侯兄送伞，已成定例。警报下雨，一次不落。闻名全校，贵在有恒。——这些伞，等雨住后他还会到南院女生宿舍去收回来，再归还原主的。

跑警报，大都要把一点值钱的东西带在身边。最方便的是金子——金戒指。有一位哲学系的研究生曾经作了这样的逻辑推理：有人带金子，必有人会丢掉金子，有人丢金子，就会有人捡到金子，我是人，故我可以捡到金子。因此，跑警报时，特别是解除警报以后，他每次都很留心地巡视路面。他当真两次捡到过金戒指！逻辑推理有此妙用，大概是教逻辑学的金岳霖先生所未料到的。

联大师生跑警报时没有什么可带，因为身无长物，一般大都是带两本书或一册论文的草稿。有一位研究印度哲学的金先生每次跑警报总要提了一只很小的手提箱。箱子里不是什么别的东西，是一个女朋友写给他的信——情书。他把这些情书视如性命，有时也会拿出一两封来给别人看。没有什么不能看的，因为没有卿卿我我的肉麻话，只是一个聪明女人对生活的感受，文字很俏皮，充满了英国式的机智，是一些很漂亮的 essay，字也很秀气。这些信实在是可以拿来出版的。金先生辛辛苦苦地保存了多年，现在大概也不知去向了，可惜。我看过这个女人的照片，人长得就像她写的那些信。

联大同学也有不跑警报的，据我所知，就有两人。一个是女同学，姓罗，一有警报，她就洗头。别人都走了，锅炉房的热水没人用，她可以敞开来洗，要多少水有多少水！

另一个是一位广东同学，姓郑，他爱吃莲子。一有警报，他就用一个大漱口缸到锅炉火口上去煮莲子。警报解除了，他的莲子也烂了。有一次日本飞机炸了联大，昆中北院、南院，都落了炸弹，这位老兄听着炸弹乒乒乓乓在不远的地方爆炸，依然在新校舍大图书馆旁的锅炉上神色不动地搅和他的冰糖莲子。

抗战期间，昆明有过多少次警报，日本飞机来过多少次，无法统计。自然也死了一些人，毁了一些房屋。就我的记忆，大东门外，有一次日本飞机机枪扫射，田地里死的人较多。大西门外小树林里曾炸死了好几匹驮木柴的马。此外似无较大伤亡。警报、轰炸，并没有使人产生血肉横飞、一片焦土的印象。

日本人派飞机来轰炸昆明，其实没有什么实际的军事意义，用意不过是吓唬吓唬昆明人，施加威胁，使人产生恐惧。他们不知道中国人的心理是有很大的弹性的，不那么容易被吓得魂不附体。我们这个民族，长期以来，生于忧患，已经很"皮实"了，对于任何猝然而来的灾难，都用一种"儒道互补"的精神对待之。这种"儒道互补"的真髓，即"不在乎"。这种"不在乎"精神，是永远征不服的。

为了反映"不在乎"，作《跑警报》。

疏散
——教授生活之一章

费孝通

　　跑警报已经成了日常的课程。经验丰富之后，很能从容应付。警报密的时候，天天有；偶然也隔几天来一次，我在这些日子，把翻译《人文类型》排成早课。因为翻译不需要有系统的思索，断续随意，很适合于警报频繁时期的工作。大概说来，十点左右是最可能放警报的。一跑可能有三四个钟头，要下午一二点钟才能回来。所以，一吃过早点，我太太就煮饭，警报来时，饭也熟了，闷在锅里，跑警报回来，一热就可以吃。

　　我们住在文化巷，房子靠近街头，而且是出城门凹口必经之路，一有预行警报，街上行人的声音嘈杂起来，我们一听就知道。我的习惯是一听这种声音，随手把译稿叠好，到隔壁面包房里去买面包，预备在疏散时充饥的，我太太则到厨房里把火灭了，把重要的东西放入"警报袋"，十分钟以内我们都准备好了，等空袭警报一响，立刻就可以开拔。

　　我们疏散的路线也是一定的。文化巷底是通联大的城墙缺口。向北，绕过联大校舍和英国花园时有起伏的小山岗。那时因为我太太不太舒服，不愿走得太远，时常就在山后的空地上坐下来，等紧急警报发出后才躲到沟里去。

这路上的人，大多是联大和云大的熟人。跑警报也成了朋友们聚谈的机会，日子久了，各人都有了一定的所在地。而且，疏散时，大家都觉得逃过工作是应当的，反正在旷野里也没有工作可做。有时我还带书在身上，可是心里终究有点异样，念书也念不下去。最好的消遣是找朋友闲谈。警报帮助了不少情侣，的确是事实，我想实在讨厌这种跑警报的人并不会太多。昆明深秋和初冬的太阳又是格外可爱。风也温暖。有警报的日子天气也必然是特别晴朗。在这种气候里，谁不愿意在郊外走走！

昆明跑警报，在跑得起的人，即便不说是一种享受，也绝不能说是受罪。比不得重庆。我在重庆又热又闷的山洞坐过几天之后，更觉得昆明的跑警报是另一回事了。昆明虽则常有警报，真正轰炸的次数并不多，而且又不常以市区作目标的。除了有一次投燃烧弹外。破坏的程度也见轻得很。要不是疏散，郊外虽有它自身不太讨厌的引力，我想绝不会有这样多人，一听到警报就这样起劲地向城外跑的。

现在想来，这种躲避轰炸的方法，实在是相当危险的。你想，成千成万的人暴露在山头山脚，至多不过在深不及三四尺的土沟里蒙着个头，不正是一个最好的扫射目标吗？有一次我在飞机里偷偷撩开窗帷，望着昆明附近的景致时，我才明白地面上的人物是这样清楚。我到现在还不知道为什么日本鬼子那时不向我们开个玩笑，低飞扫射一下。

昆明这种跑警报除了心理上的安慰外，我是不相信有什么效用的。这一点，大概很多人也感觉到的，所以当时有很多传说，敌人来轰炸昆明是练习性质，航空员到昆明来飞了一圈跑回去就可以拿文凭，是毕业仪式的一部分，所以谁也不认真；又说，东京广播里会提到为什么不扫射暴露在山顶上群众的原因，"你们这些在郊外野餐的青年男女们连一点遮蔽也没有，破坏你们的豪兴，似乎太不幽默"。这些传说显然是昆明人自己编出来的，但也够说明跑警报时的空气了。

当时在郊外闲散的人唯一的遗憾是看不到空战。若是加上了这幕生动的表演，人头也一定会暴露得更清楚。

1940 年 9 月里，我们就这样过去的，到 10 月初还是这样。到后来敌机哪天要来，连轰炸的目标，事先都会知道，而且又不常错的。行动上的习惯化和心理上的有准备，把警报的惊人作用大大地减小了。

13 日那天，我们又照例在山脚底下闲谈。可是那天有传说是要炸大学区了。我们的家就在两大学之间，所以我太太有一点担心。一点多钟，27 架银灰色的日机从东方出现了，向着我们飞来。我太太忙着要我把头用手蒙起来，可是我却被好奇心所支配，反而把头仰了起来。恐惧不知躲到哪里去了，有的是兴奋，像是在看电影。"下蛋了！"在阳光里，一闪一闪的，在那群飞机翼下，丢了一阵怪好看的小东西。随着轰轰的一片响声，响声相当沉重，比了以往听过的，好像着实得多，而且地都有一点震动，响过了，很多人就向山头上爬，我也在里面，想看看，究竟炸着了什么地方。

城外的联大新校舍，还是好好的，城里升起了一大堆尘烟，没有火光，在山头上望去，好像还远，在城中心似的。我跑回来，一口咬定我们的家一定没有事。这时周围的人争着在打赌，没有人懊丧或是惊慌。

解除警报那天放得特别迟。但是大多数人早就拥在城墙缺口等着了，而且因为城墙上着了几个弹，从缺口望进去也看得到云大校舍有几栋房子倒了，所以消息便很快地传到后方来说：大学区这次可真着了。这消息使我太太很焦急。于是同行的人中就派出了先遣队回去招呼。炸着了之后怎么办，那是出于我们经验以外的事。

当我们进城时一看，情形确是不妙。文化巷已经炸得不大认识了。我们踏着砖堆找到我们的房子，前后的房屋都倒了。推门进去，我感觉到有一点异样：四个钟头前还是整整齐齐一个院子，现在却成了一座破庙。没有了颜色，全屋都压在有一寸多厚的灰尘下。院子里堆满了飞来的断梁折椽，还有很多碎烂的书报。我房里的窗，玻璃全碎了，木框连了窗槛一起离了柱子，突出在院子里，可是房里的一切，除了那一层灰尘外，什么都没有变动。我刷去桌上的灰，一沓稿纸还是好好的，一张不缺。所损失的只是一个热水瓶。这是难以相信的。一切是这样唐突，这样不近于事先的想象，场面似乎不够动人。

"着了，着了。"我好像是个旁观者，一件似乎已等待很久的事居然等着了。心情反而轻松了一些，但是所等着又是这样一个不太好看的情景。我太太哭了，也不知为什么哭。我自己笑了，也不知有什么可笑的。

和我们同住的表哥，到厨房里端出了一锅饭菜来，还有一锅红烧肉。饭上也有一层灰，但是把灰夹走了，还是雪白的一锅饭，我们在院子里坐下来，吃了这顿饭。麻烦的是这一层罩住了一切的灰尘。要坐，要睡，先得除去这一层。这一层被炸弹所加上去的，似乎一拿走，就是原有的本色一般。可是这是幻觉，整个房屋已经动摇，每一个接缝都已经脱节，每一个人也多了这一层取不去的经验：一个常态的生活可以在一刹那间被破坏，被毁灭的。这是战争。歌颂战争就是在歌颂一件丑恶的事。

哭声从隔壁传来，前院住着一家五口，抽大烟的父亲跑不动，三个孩子、一个太太，伴着他，炸弹正落在他们头上，全死了。亲戚们来找他们，剩下一些零碎的尸体。在哭。更坏的一件一件传来。对面的丫头被反锁在门里，炸死了。没有人哭，是殉葬的奴隶。我鼓着胆子出门去看，几口棺材挡着去路，血迹满地。我打了一个恶心，想吐，连忙缩了回来。

天黑了。没有了电灯，点着一支洋蜡，月亮特别好，穿过了屋里的窟窿，射进来，我见了，身上发冷，赶急上床，可是老是不容易入睡，穿过屋顶看月亮。

这房子住不得了。房东来看过，说没有钱修理，实际上也不容易修理。谁也不知道这种毕业生考试性的轰炸会继续到什么候。虽说跑警报并不怎样讨人厌，但是对于我们也并不太喜欢，而且我太太又快要生孩子了，天天在郊外跑，也得有个限度，过了这限度，有许多麻烦的事可能发生，尤其是听说有在郊外疏散的野地里分娩的事，更使我有希望做父亲的人觉得非搬家到乡下去不可了。

疏散到四乡去是一种长期逃避轰炸的办法。昆明的四乡从来没有过炸弹。经了9月和10月初的疲劳轰炸，已有不少人这样下了乡。我们的房子既然被炸着，必须搬家，倒不如一劳永逸，搬下乡了。

14日一早把太太送到了呈贡的朋友家，趁便就在呈贡城附近的村子里找房子，呈贡那时也已成了疏散的地域，一则是因为交通还算方便，和昆明有火车可通，虽则车站和县城，有一小时的步行路程；二则因为清华普查所占领了文庙，常有人往来，在我们的圈子里，呈贡的名字很熟，冰心女士的三台山，华氏墓庐，沈从文先生的龙街，一时很有文化城的声望；三则陶云逵先生在古城魁阁住过，和当地人士相熟，容易找房子。因之，陶先生把我带到古城李保长家里。这是一家普通农村里的小康人家。房子倒还新，新得还没有盖完全。农村里的房子大多是慢慢地一部分一部分盖起来的，这家房子一直到我们住了五年离开之后方盖全的。正屋四开间楼房，已经有一半租给同济大学的周先生等三家人。我们去商量了半天，只能租一间厢房。厢房下面一半是房东的厨房，一半是他们的猪圈。楼板的材料并不算太坏，乡下人的东西是结实的，可是板与板之间的缝却没有法子拼得太紧密，所以，楼下的炊烟和猪圈里所免不了的气味也可以自上升到这间厢房里来。厢房靠院子的一半板缝还没有补，只用草帘挡着风。我们希望两件事：把猪圈搬开，把板壁起好。这两件事交涉了半天，只做到了半件：用竹编的篱笆糊上纸做板壁，我们更加上一层布幕，不但光线好，而且又很雅致。至于猪圈一事，那是无可商量的，他很不客气地说：猪的收入比全部房租大上好几倍。李保长为人顶爽气。在租金上从没有让人难堪过，因为他开头就说得很明白，出租房子是为了交情，而且带一些救济我们这些逃难难民的性质，并不等钱用。这是实情，尽管在这新的房屋里，历史开了倒车，我们的生活逐渐地下降，但是，我怎能不感激房东主人的好意？他给我这炸弹所不会到的房间，至少减轻了不少生命的威胁。城里的轰炸从那时起一直到飞虎队光临，足足有两年，着实凶恶了不少。在我们的院子里，最热闹的时候，除了房东，住了五家房客！连本来堆柴的小房间都腾了出来住人。我们这间在猪圈上的厢房还算是二等包厢。

深夜整考题

刘兆吉

　　1944 年暑假，西南联大在重庆招考新生，考试的一切准备，由南开中学负责。我联大毕业后在南开中学教书，也参加了这项工作。其中最繁重的要算印刷和分发考题了。因为西南联大是名牌大学，考生多，竞争激烈，试题的保密工作十分重要。当时学校印刷条件很简陋，但又不能委托印刷商承印，怕走漏考题，只好与一家小石印厂订了合同，三个印刷主人，自带石印机，以南开小学的一排教室作为临时印刷厂。这是周围没有邻居、没有树木的孤零零的四间平房。印刷工人自印题之日起，就关在这里工作，吃饭、睡觉，连大小便都不能出门，不能会客，也不能同家属见面，直到考试完毕才得"解放"。能出入这座房子的只有 5 人。我和南开大学经济研究所的一位秘书、另一位缮写考题的人员之外，便是联大派来主持重庆区招生工作的两位领导人员：一位是前南开大学名誉校长杨石先老师，当时他是西南联大的教务长和化学系教授，另一位是天津人民图书馆馆长黄钰生老师，他当时是联大师范学院院长、教育学心理学教授。他俩都曾是南开学校的学生，美国留学归来后，又长期在南开和联大任教。他们到重庆的时候，已接近考试日期。他们带来的只是各科考题的底稿，没有估计到印刷如此困难、任务如此艰巨。缮写、校对、印刷、分科、清点、按试场分配，都是非常细致的工作，稍有不慎就有漏题或引起试场混乱的可能，但这样繁重的工作，却不能发动群众，几个人在有限期间准备好是很困难的。正当我们万分焦虑的时候，杨教务长和黄院长主动参加了这场战斗。

在重庆度过七八月天气的人，都会承认重庆是长江的三大火炉之最，"暑如蒸"的成语也会无师自通。两位老教授，冒着酷暑参加了这项工作。工作环境和工作条件都十分艰苦，这所孤立的南开小学校舍，周围没有遮阴的树木，屋顶上盖的是薄薄的瓦片，没有天花板。白天，被盛夏的太阳烤得像火炉一样；晚上，不但余热未退，而且蚊虫成群袭人，痛痒难忍，没有电灯，在昏暗的煤油灯下，俯首弓背地在小学生的课桌上，进行校对、裁纸、分题、包糊等烦琐的工作，每个人都是汗流浃背。我记得杨石先老师的眼镜一会儿滑到鼻子尖，摇摇欲坠，推上去又滑下来。他那被汗水浸湿的头发垂在额前，从头发上不时滴下汗水；蚊子也趁机袭来，但没有时间扇扇子、打蚊子。从自己的感受，可以体会到两位老师的艰苦。由于考期逼近，有刻不容缓的任务，也不能劝阻他们。孔子说："有酒食，先生；有事弟子服其劳。"但我却连冷开水都没有准备好，这样繁重的工作也不能代劳，内心难忍。有一夜，几乎是通宵达旦，可是这两位老师不仅没有埋怨我们，还对我们和印刷工人表示关怀，更使我惭愧。当年张伯苓校长大力提倡，也为周总理所肯定的"南开精神为苦干、穷干和实干"（见1936年周恩来同志以《抗战建国与南开精神》为题的讲演），两位老师足以当之。

游泳趣事

李桂华

　　在叙永读书，虽然仅 8 个月，40 多年过去了，却仍留下许多美好的回忆。清澈的永宁河横穿过叙永，北流至泸州注入长江，不管是严冬还是盛夏，早上起来第一件事就是到河边去洗脸，天冷洗完脸时，如有钱买两个蒸红薯，既是美餐又可取暖。课室有的在河东，有的在河西。一天总要几次通过连接东西两城的河桥。晚上每人一盏小油灯在小竹桌上读书。口渴了就会听到一声声"炒米糖开水"的叫声。口袋里有钱，就会到庙门外（我们住在大庙内）光顾一碗，不为吃炒米糖，只为喝开水。

　　在叙永城南不远处，河身比较宽阔。形成小湖，湖西岸是沙滩。东岸则是小山的绝壁，水很深，是跳水的好地方。同学们大都到这小湖来游泳。西岸的沙滩就是我学游泳的启业地。热心的杨玄武是我的游泳导师，只是可惜不知他现在在哪里。

　　学游泳不久，我就发现人体比重的规律，人体比重在 1 左右。当你把肺中气体全部呼出时，比重就大于 1，就会沉于水下；当你肺中吸有一二升空气时，人体比重就小于 1，就会浮于水面，肺中多吸些空气，就可使整个脸部浮出水面。当时游泳老手朱湛不同意我的看法，他说人在不动时总是浮于水面的。要靠手足的划水力才能潜于水下，于是打赌，先由不靠手脚划力沉于水底，他潜泳下去观察我的情况。当他潜泳下去看见我两手抱胸安然坐在深水处湖底时，忍不住大笑，吃了两口水，马上游了上来。上来后大家一阵说笑。总算同意了我的观点。朱湛为了抗日牺牲于缅甸了，往事历历在目，至今难忘。

雨天：联大特写

萧望卿

　　雨下着，下着，一天老下着雨。檐溜好像再不会终止，使人忆起荒凉的深巷响着算命先生单调的小铜锣。

　　太阳刚露面不久，几声轻雷又让微风将细雨送来，偶然几朵黑云流过，便飞下一阵，有时雨实在抑不住豪兴，将水晶帘飘在淡黄的日光中，好像有意跟晴光争胜。

　　雨的滋味恐怕我们穷人比那些住洋房子、坐流线型汽车的同类知道得要多，感受得要深。它可不老是那样温和，脾气一来，灰黑而泛黄的天像一个大铁锅，狠命将人罩住，罩住，不留一丝缝隙，见不到半点云的影子。只是茫茫一片，重重地压下来，愈压愈低、愈紧，直压得你透不出一丝气。宛如立意要逃出这个沉闷的世界，终于遇着透不过气的铅块而折回。这时风声势已壮，再不见平时的温言悦色。它从云中像一阵黑烟卷下来，望着我们衰弱的茅屋直扫过去，稻草霉坏了，失去挣扎的气力，残云样卷入高空，飘挂树梢，沉落水边。

　　灰色的眼睛望着天空，发出哽在咽喉的叹息。

　　雷雨来了。哗啦，什么？是路边那株柏树倒下了，没有一点悲哀，斧子响了，菜刀响了，一群可怜的影子在分割它的残骸。

用自己的头发白骨给苍白的心生一点温热，得其所哉！

有几间宿舍土墙倒了一小片，被褥箱箧、破旧的书，怯生生地裸露出来。这些都是属于穷朋友的，虽然在阔人眼里是"嘘"！在他们是维持生命的至宝。但接连三天，天黑不久，许多尖锐的喊声叫着，急促的脚步从四面凝集，捉住了贼，一些精壮而聪明过分的家伙。半夜也惊动几次。心时时懔着，重沉沉的。没有灯的晚上，百来间房子冷清清的，沉在苍然夜色里，不见一星灯火。好多人枯守在床上，不敢离开，粗糙的闷黑四面压来。

围墙也有几处坍塌，红土一堆堆倒在小沟里，俨若一群马，疲乏了，到了终点，就倒下去。旷野新坟旧坟，绿如大海的巨浪，汹涌地滚进来。野狗、山兔、黄鼠狼，常从墙的破口进来，也有奇怪的人类闯进来，像一群豺狼，饥饿的眼睛老在搜索什么东西。夜间真的狼在坟上呜呜乱嚎，灰蓝里小绿点闪动，如同鬼火。这些平时不是没有，墙一倒，可怕的影子就一齐逼近身边了。

图书馆门顶塌下一小块，从此可以打起"修理"的幌子关起门来，安享太平一两个月，名正言顺。愿上帝赐福给这些苍白的影子。这些房子像小船漂在烟雨蒙蒙的湖上，冷风四面吹来，波涛乱雪样洒进来。沐浴室——我这样夸奖它，它自己怕也会捏一把汗，它只是一间窄小而快倒的房子，再没有什么，一片阴暗。墙崩了丈来宽，偏偏在路口，躲在屋角，用一盆清水擦擦身子，心不能很太平。紫罗兰带来娇娇的笑。

同学具备雨伞和套鞋的怕不算多，有的把破大褂蒙在头上，满是亮窗的皮鞋望着自己的终点，就是说由宿舍到教室、教室到膳堂，低着头，兔子样急蹿，有的用手紧紧护住眼镜。衣裳淋湿了，自然会干的，希望不久会漏下一线阳光来。虽然自己知道现在穷人不配生病，也就不去远虑。

雨一停，便有人不知从哪里找来大堆稻草，使人想起梦中金黄的田野，他们许是被褥漏湿了，守着天不肯亮，托雨的福，书籍粘成一大饼、一大饼，起来摸一摸，没有可穿的衣裳。这些云翳始终不曾露在他们心上，俨如小时候跟顽皮的同伴泼水，遍身湿着，沉甸甸，在太阳里照一会儿，又笑起来。他们真的在笑，从小梯爬上光秃的屋顶，"这木板朽了，踏着软软的，这样薄，又滑，我活怕陷下去。""再来一次，接不着，我可不管了。"这在他们只是游戏。

雨也带来了快乐，早起，忽见遍地白光，喜欢像虾蟆。水井枯了将近三个月，洗脸怕是第一件该被皱眉的事，洗澡暂时可以缓，好在昆明不太热（有钱的自然可以去上上澡堂）。枯井里一步一软的小梯，有兴致不妨去试探。半盆泥浆，有时一条死泥鳅，断断不会辜负你。打水的法宝（我也是最近才领略的）有缺了耳的土罐，有扁塌塌的铁盆，有热水瓶的躯壳……无奇不有，你所不曾见过、不曾想到的，时时在井边聚集。宛如许多年前南京某大人提倡的纸鸢竞赛会。前几天有个老朋友来看我，眼光凝在桌上的破瓦罐，一圈圈的棕索，疑惑发痴，过了好一会儿，我才告诉他那是用来吸水的，他想笑，可没有笑，只说一声"唉"。有点感叹，也有点好奇心满足的愉快。

> 编注：溜——指屋檐流水。《说文·雨部》："檐溜，屋水流也。"潘岳《悼亡诗》之一："春风缘隙来，晨溜承檐滴。"

雨季中联大风景线

飞 白

　　雨季终于在 6 月中来了。渐渐地，晴朗高爽的天气只是记忆中的事物。云有时朗开，蓝得发青的天带给人阳光和暖意；但不久雨云又会从山岭爬上；甚至有些时候，太阳光来不及收敛，雨就下来了。于是高原上特别鲜艳明丽的虹霓便横贯天空。这些时候雨点往往是粗大而有力的，打在联大的屋背上，就像鼓槌落在铜鼓上一样的响亮。

　　大考是在 6 月下旬完毕。7 月初，为联大神经中枢的新舍遂入于冬眠状态。

　　雨来了，那些经历过四个雨季的土墙，都呈"不稳状态"。在几次大风雨中，图书馆的墙崩了，饭厅的墙崩了，围墙崩了……本来每年成天开放的图书馆，因为必须修理，整整地关上一个多月。留校的同学时常抱怨修理工程的缓慢。

　　联大在昆明的校舍也够分散。譬如说工学院便在离新舍十来里的拓东路。工学院和女生宿舍比较整齐，而且还有门房，客人可以"按图索骥"，找人并不困难，可是新舍便不然了。新舍没有门房，只有校警，他们负责的仅是学校"治安"。

　　校警曾经为梅贻琦先生在国民月会上赞扬过：因为，他们去年一度开垦了新舍中的荒地，种起又肥又大的洋白菜。雨季里他们的责任更是繁重。围墙塌坏以后，暗夜里常会进出幽灵似的小偷。

8月以后，新舍又渐渐苏醒过来。首先是新生的招考，大门上出现了很多标语："朋友口渴了到贩卖部！""忘了带纸笔的！供应处免费供给。""试卷要整洁，答案要清楚。"

这次招考，1500名左右的竞争者中得胜的是92名。

学生布告牌上出让旧书的条子又拥在一块。已经到校的"新人"们常在那里搜索用书。也许由于供求两方面的需要，茶炉工友室几乎成了个拍卖行，书籍之外还有衣服。

雨季已经三个月了，无尽的雨云也该有个尽端吧。有人在计算暑假还有几天。真的，还有几天呢？9月6日注册，13日上课。参加最后一次夏令营的同学们也已经回来了。

飞白，九，十一

联大学生一天的生活

启　濂

　　自己也不大清楚，早上是几时起身的。只知道从梦中醒来之时，隐约听得窗外已有人声。不管你昨宵的疲劳，是否已经消失，你总得拉起帐子，离开可爱的温暖被窝。一天的工作，就这样开始了：穿好衣服，梳洗完毕，满以为今天起身得非常之早，可是等你跑进饭厅，走近桌子一看，那只孤独的破碗中间的粥菜，早已被人"捷足先登"，吃个精光了。于是只好花一毛钱，买根油条，过此一顿早餐。有时稍迟一些，竟然连粥也没有，真是"粥少僧多"！

　　回到寝室，拿了书籍，跑出宿舍，吸一口带着臭味的新鲜空气，一路连奔带跑地赶到学校。时间真不等人，七点钟已经打过，教授已经在讲堂上指手画脚了。轻轻地，轻轻地，溜进课堂，在后排坐下。就这样地看了一小时的哑子戏！

　　一课一课地这样过去……

　　十点半，铃声响了。上午的四课，就如此安然过去。午饭定在十时半"开动"，得快快赶回去啊！

　　四碟菜，八位大汉，团团围住。十六只眼睛，紧紧地瞪着那碗里仅有的几条肉丝。饭来了，大家一哄而上，抢着装饭，正是久旱逢甘霖，谁也不肯让谁。饭是红米煮成的，其中还夹着石屑。可是谁管得了这许多！不上几分钟，风卷残云，已是空空如也。吃不快的同学，只好望洋兴叹。

看看钟，还不到十一点，于是懒洋洋地走回寝室，把身子倒在床上，透一口气，伸一下腰。

满想稍微休息几分钟，可是脑中的思想太多了，彼伏此起，哪里肯轻轻放你过去！

故乡田园的景象，在眼前活跃了；严父慈母兄弟姊妹，以及朋友亲戚的种种回忆，多涌上心头。别想了，好！翻一个身。忽然又看见了爱人对你微笑的面庞。那天晚上，月光下，在郊外树下坐着，密谈着，拥抱着，吻着……

怎么？今天脑子里的东西这样多！起来，喝杯开水，再倒下。

昨天的空袭，又出现在眼前了。约莫十时光景，就拉警报，连饭也没有吃到，带着所有几件不值钱的破旧衣服，和算尺一把、仪器一匣、数册书籍，慌慌张张地跑往郊外去。空袭时虽然不能上课，可是在郊外草地上，还得打开书本，演算习题，预备考试。飞机在头顶上往来盘旋，高射炮与炸弹共鸣着，机关枪且帮着助兴。可是上述，今天总算都没有发生。

不知不觉，已是十二点了。只得勉强振作起来，拿着书本上图书馆，精神又得提起来，把头深深地埋在书中，直到两点半，上课铃声，把你惊醒。

一课一课地这样过去……

六点半，铃声响了。下午的四课，又如此安然度过。已经八个小时没有吃东西了。快回去用晚饭，又是一顿狼吞虎咽！

饭后要是时间尚早，没有考试的话，还得上图书馆去研习问题，也没有茶可以帮助你消化，也没有 Classique musique，可以镇静你的头脑，什么都没有，除了四周数百位像你一样机械地工作着的莘莘学子。

十点钟了。经过了整天辛劳的工作，书籍上的字句，都模糊跳动起来。眼睛张不大了，头也愈来愈重，时钟的"嘀嗒"声音，也变得轻微了，蚊虫飞得没有刚才那样活泼。立起身来，慢慢踱出图书馆。想起家来，望望天：云彩不及故乡那么美丽；看看地：月光不及故乡那么皎洁；从遥远的地方，传进耳中的犬吠声，也没有故乡所听到的那么雄壮，连风也不如故乡的来得和柔！

沉重地一步一步回到宿舍，已经没有丝毫力气了。衣服一件一件地卸下，只留下一个失去活泼和精神的躯壳，倒在床上。眼看着臭虫排着队伍前进，也懒得去惊动它们。

我们好比一只鸭子，每天被教授们填、填、填，直等到学分填满以后，就算学业完成！

我们又好比一头牛，吃的是草，可是要出产"牛乳"！

思潮还不肯放过你，但是那过度的疲乏，把你渐渐地带入了梦境。

在昆明的一个女生宿舍

陈　嘉

　　联大女生宿舍迁到南院了。南院原是一所破庙，作为一个本地中学的宿舍也有好些年了。几间大屋子，前面还有刻着"南天一柱""乾坤正气"等金字的横匾，走到屋子里边，还可以发现许多狰狞面目的泥佛。后来那所中学疏散到外县去了，从远方流浪来的大学又把这所旧庙租了下来，作为男生宿舍的一部，而且把几间大屋子当作教室。泥佛用纸糊抹了，使人瞧不见它面目的狰狞。横匾取下了，可是"南天一柱""乾坤正气"等名称却成了每间教室的专有名词。现在女生宿舍搬到这里。和女生宿舍连在一起的总办公处也迁了过来，每间教室又变成各种不同的办公室。女生宿舍则散在几个院子里。抗战并没有把阶级观念打破，所以宿舍的好坏也以年级的高低来分配。大四女同学的宿舍最好，大一的新同学却拥挤在一间有四五十张上下床铺位的"大统舱"里。（这间大寝室本来是教室，现在床铺排列得和轮船上的统舱一样，所以同学们混称它为"大统舱"。）

　　人对于女生宿舍，也许会想到"富丽""堂皇"等形容词，可是这些形容词随着炮弹毁灭了，现在我们有的仅是一所破旧的屋子。但是我们宝贵它，而且我们知道有多少人徘徊在这所破屋子的门口，要进也进不来。不过当我们搬到这里时，多少还是有点不惯，屋子实在太破了。

山城的气候的确可爱，夏天不会使人淌汗，冬天更不容易看到雪，太阳比任何地方的都明亮，天也比别处蓝得美丽，时常有几朵棉絮似的白云在蓝空中飘浮。甚至在雨季中比在别处好得多，雨后即天晴，并不和江南的黄梅时节相像，绵绵地连下几天雨。

可是雨季总是雨季。我的宿舍是在"大统舱"右侧的小院子里，院里的小天井有一株古老的树，时常有松鼠在那里跳跃。天井那面并立着两间屋子，人住在靠里的一间。屋内图案似的放着四张有上下铺的床位。睡在上铺虽然不大方便，但不像在下铺那样受跳蚤臭虫的扰乱。我高兴能够找到一张上铺。可是有一天晚上，我在睡梦中觉得自己掉在大水槽里，又冷又湿，我害怕得要叫起来。睁开眼，屋子里只是黑黢黢的一片。我还以为是做梦，但是我听到下雨的声音。我赶快打开电筒。被上湿了一大块，连睡衣也湿透了。我用电筒向四面探照，照见雨水不停地从屋顶上滴下来。那天晚上我不能睡好，我怨天，我怨这间屋子。第二天才知道了防雨方法，每天晚上用油布、雨衣等盖在被上，即使下雨，我也不会像掉在水槽里一样了。

总办公处混杂在女生宿舍中间，所以各院子里常常有些男同学和办公人员进出。这样一来，男生要找女同学也方便得多。从前的女生宿舍是不准男生入内的，在女生宿舍门口就竖着"男宾止步"的木牌。后来这木牌失踪了，但是男同学们也只能在院子里高声叫唤他要找的女同学的名字。现在呢，男孩子都跑到女同学的屋子里来。有时早晨睁开眼睛，你会发觉有一个男孩子坐在屋子里，你又会想起昨晚将熄灯的时候，他还在屋里。你难免会再想：难道那个人一整晚都坐在这把椅子上吗？这种情形使得屋里其他的女孩子觉得太不方便。所以女生舍监出来干涉了，但是"干涉"并不能使这情形减少甚至于消灭！

　　7 月的贷金终于在 9 月中旬发给了。这消息也使穷孩子们兴奋一点。虽然十四元一月的贷金在"米要卖百余元一石，猪肉卖二元六毛一斤"的山城里不算什么一回事——学校内最便宜的伙食费尚要超过这数目！但是，这些钱究竟也能帮助人解决一些不大不小的难题。自从发给贷金的消息传出后，那天早上在发贷金的小屋子门口，便拥挤着许多男女学生，每个人拿着入学证和领贷金的单子。那天下午我从外面回宿舍的时候，在临近南院大门的文林街上，我听见一种气愤的声音，那是刚从南院出来的两个男同学口中发出来的。

　　"没有希望了，那个办事的人不是说已经被人冒领去了？我还以为领了贷金可以还你十块钱，谁知入学证一丢，贷金立刻被人领去！"那是较长的一个男学生说的，他的黄色学生制服的裤子上有一大块补丁。他叹了一口气，"明天我把那件冬天大衣出卖吧！"

　　"到了冬天怎么办？"

　　"到了那时再说，谁还能顾到两三个月以后的事呢？而且你也不是有钱的人，你不能每月都替我付饭钱！"他们已经走远了，我再听不见他们的谈话。但是我心里很难受。人都有一颗知道耻辱的心，假使那个冒领贷金的同学经济稍稍宽裕的话，他也绝不会为了十四元做出这种对不起人的事。我沉溺在痛苦思想中，但是一个叫声把我唤醒了。我仰头看，原来一个男同学刚从里面出来。我就顺口问他是否在找人。可是，我得到的是一句想象不到的回答。

　　"我在领贷金。"

我看了看他穿在身上的西服：灰色法兰绒上衣，黄色法兰绒裤子，脚上还有一双黄色生胶皮鞋。这个人，因为平日衣服穿得这么整齐，我们都叫他"gentleman like"。

"怎么，你也领贷金？"我有点茫然了。

"为什么我不该领贷金呢？"他笑着说，"Miss×，我请你去南屏咖啡店吃西餐好不好？昨天晚上我和两个同学在那边吃饭，好极了。我到昆明后第一次吃这么好的西餐，而且并不算太贵，三个人才吃五十多块钱。"

南屏咖啡店，五十多元钱的西餐，领贷金，那个穿着破旧黄制服、裤子后面有补丁的瘦长影子又在我的脑中出现了。我不能说话，我只能苦笑地摇摇头。不等他再说话，我很快地跑进宿舍的院子里去。我觉得自己快要哭了。晚上我去别间屋子找一个同学，她没在。和她同屋的那位阔小姐躺在床上，穿着一身粉色绸睡衣，爱娇地和坐在她床边的另一同学说：

"明天你替我把贷金领来。我请你到松鹤楼去吃中饭！"

学校里有许多没有钱吃饭的穷学生，可是这辈阔小姐阔少爷，居然也跟穷孩子们抢着领贷金，十四元一月的贷金！我对于"人心"真的有点不解了。

中国人对于节日特别重视，尤其是我们在江南生长的孩子。虽然对于流浪的女孩，"中秋"并不是一个愉快的日子，而且好些同学都为了想家在流泪，但是，中秋毕竟也给人带来了欢乐和生气。只是令人失望的是这晚上看不见月亮的影子。因此我没有兴致跟着朋友们去游大观楼，一个人早早地回到宿舍，在自己下面一张床上一躺。屋子里很静，除了在电灯下映出的自己影子外再没有别的人。我觉得有点寂寞。正在这时同房的 Y 进来了。她看见我一个人躺在床上，便走过来拉我的膀子说：

"起来，我们一起到外面去，外面很热闹——月亮已经出来了。"

我随着她跑到外面的院子里，一个奇异的景象使我惊讶了。廿几对男女同学正在那里跳舞，中间放着留声机奏着舞曲。月亮的清辉成了很合适的灯光，照在每个人脸上。整个院子都成了银色。我虽然不会跳舞，但是我却被这情景感动了。我把身子倚在一棵大树上，望着被月光笼罩着的每个旋转的身子。

夜深了，我觉得有点冷，我应该回屋去加一件外衣。我经过另一个院子，那里有四株高大的桂花，香气袭人。我为它们吸引住了，便爬上高大的石台，想去采几枝桂花。但是我听见石阶那边有人在讲话，我便停止了动作，借着月光，从桂花树的空隙处望见石阶上坐着一对年轻的男女。他们背着月光，所以我看不见他们的脸。

"别说谎，你的眼睛明明告诉了我，你喜欢我，你现在还喜欢我，我知道你的眼睛是不会说谎的！"是一个男子的声音。他们绝想不到有人站在桂树的石台上面偷听！

"也许我喜欢过你，可是这并不是爱！我只觉得有一阵风，一阵狂风，使我停不住脚步！"这是女孩清脆的声音。她停了一会儿，轻轻地笑了起来，她的垂到肩上的黑发在月光下闪耀着，微微地在飘动："不过这时候早已过去！你看，现在还能够找到狂风的影子，或飞沙的痕迹吗？现在有的仅是明朗的天，和银白的月光！我还不了解生活，我只晓得我做过一些梦，不管那是空洞的、美丽的，反正它们都走了！你为什么还要拉着梦境不放手呢？"

"你就这样坚决？你真的不会后悔吗？"男子这样问道。

我听到了女孩清脆的笑声："后悔，什么时候我后悔过？而且我们这样分手不是很好吗？我的印象留在你的心中永远是年轻的。世界上没有永久的梦！让这淡淡的影子留在我们的心头——你的心头，我的心头。"

月光显得更明亮，那女孩忽然转过身，现在我把那张脸看清楚了。的确是一个非常可爱的女孩，眼睛里正闪着光。但是那一张陌生的脸，我没有在同学中间看见过。我记起这些天有几个别校的同学寄住在我们这里，也许她就是其中之一吧！

"不过你答应我，以后别再来找我，也许明天我就会离开这里。我们这样分开不是很美丽吗？没有怨恨，没有厌倦，有的只是青春和欢乐！"女孩带着幻想的口吻说话。我仿佛读到了一首牧歌！恰恰在这时，我的皮鞋在石阶上一滑，使我的身子失去了平衡。我连忙立定，再往对面一看，白玉一般的石阶上却没有一个人。远去了的脚步声在这静夜里轻轻地响着，使我不致怀疑自己落在想象的幻觉里面。

一天早晨，我刚从盥洗室洗了脸出来，却看见一位同学正伏在床上悲痛地低声哭着。我望着她发愣，我向来不知道怎样用嘴去减少别人的痛苦、去劝慰别人，所以我站在这个自己平时相当敬佩的女孩面前，真有点不知所措了。忽然远远地传来一阵歌声："九一八，九一八，从那个悲惨的时候……"有人在唱《松花江》。我记起今天正是这个纪念日，我现在知道这个同学为什么痛哭了。她是东北人，在三年前，抗战刚发动的时候，离开了家，离开了每个熟悉的人，到自由的祖国来。她做过伤兵医院的护士，也在战地里做过服务员。她告诉我们，就在"九一八"那年，她16岁的哥哥自杀了，她那时虽然很小，可是这个悲惨的痕迹永远留在孩子的心中。后来她到这里来读书。她没法儿同家通音讯，只靠着十四元一月的贷金，而且还不能按时领到，她怎样能生活呢？所以当邮局招考邮务生的时候她便去投考，幸而被录取了。她要求邮局把她的办公时间改派在晚上，现在她每天晚上还要去邮局办公。她是一个沉默的女孩，不多讲话，宿舍里似乎根本没有这个人的样子。我从来没有看见她有过十分激动的时候。但是她对同学却很和善，所以我们大家都爱她。我听见人说过《松花江》的歌声常常会使她流泪。难道又是它在唤醒她痛苦的回忆吗？我望着她，她的哭声似乎更悲惨了，把我的眼泪也引了出来。我不能劝慰她，我只好离开屋子。

院子里正下着细雨，天空满布着阴云。我怅然了："天，你难道也为着几年前悲惨的日子流泪吗？"我木然站在院子里，也不知道雨打湿了我的衣服。"你傻了，站在雨天下干吗？"我回头，是同屋另外两个同学，手中拿着一只大口袋，笑着对我说，"今天群社的同学在大门口募捐。你闲着没有事，来帮我们吧！"也不等我回答，她们从口袋中拿出一个小包，告诉我里面有五十面白色小旗，印着"九一八，劝募寒衣纪念"等红字。她们的脸上正闪耀着青春的光彩，并没有失望和悲哀。

雨不知在什么时候停止了，我看见一片明朗的蓝天，天空中连一朵浮云都没有。我像抓住一个希望似的，快活地对她们说道："我不怕，光明永远是我们的！"她们也许会奇怪我的回答，但是我看到的却是更灿烂的笑脸！

抗战期中的教授太太们

郑　芳

智慧的表现

从日本人的刺刀底下钻了出来，离开了这古老的北平城，开始她们的流浪生活。学校搬到长沙，她们也带着儿女到了长沙；等学校再迁昆明时，她们又抛弃了一个才具规模的家，而跟踪到了昆明。

这一向被称过着最舒适生活的教授太太们，她们曾经被讥为笼中的金丝雀，在以前她们靠在沙发椅子里，研究怎样布置一个最新式的家庭，学习做各种精巧的点心，但现在，她们也让现实教育了她们，得刻刻苦苦地过起抗战中艰难的生活了！

披上一件蓝布大褂，开始她们的工作，太太拿起针线，丈夫拿着锯子，而儿子也拿着钉锤凑一工。她们把木箱改成沙发椅，用木箱钉成橱柜，用煤油箱改成烤箱，用席子铺在地上，盖住了黄土地。太太更在粗糙的本地瓷器中，插上了鲜红的大茶花，几间简陋的屋子，立刻被改装成最舒适的家了。当丈夫工作累了，靠在家做的沙发椅子里，悠然地抽起一根烟来，在青烟弥蒙中，望着对面那坡上霞红色的一株青苍的山头，他不禁满意地笑了。

太太每天不停地在她的小天地——"家"里盘施着，一双勤快的手，轻捷的步子，点点地工作着。早晨手挽菜篮，去菜市里买菜，手中握着有限的一点钱，心中计划着一天的菜单，她从一个摊子前，走到另一个摊子去。猪肝买不起，改买牛肝；排骨又涨了价，用大叉骨代替吧，营养是一样，而价钱却便宜多了。她们知道用最低价值的钱，去设法得到最高价值的营养，使一家人在抗战的岁月中能支撑下去，这就是智慧的表现。

当然，她们有时也会回忆到以前的生活，让想象暂时溜到那最快乐的生活的一段中。工字厅前盛开着的海棠花，大操场上热烈的足球比赛，大礼堂里传出来的悠扬音乐，和一年一度工字厅里的新年团拜……但当她们和别的太太们相遇在一起时，却很少互相追述过去，或诉说目前的艰难生活，她们不过互相地惨然一笑而已。她们明白诉苦是弱者的表现，于事无补，所以她们只努力地重新学习，学习做饭、炒菜；点着了劈柴生火，在小小的煤油灯下补衣裳。她们曾拿起锄头在院子里的空隙处种蔬菜，她们更学会了养大鸡、孵小鸡的技术。

可是，她在家中的辛勤，并不能维持一个最低限度的生活，永久向着直线上涨的物价，像一条铁链似的紧紧地捆住了她。当见丈夫工作完毕回家后，那种疲乏的神情，头上的白发更增多了时，看见儿女脸上逐渐消失了的红润，她的心像给重铅压住了一般，于是她决定把她的工作再展开去。

展开工作范围

第一块工作园地，教授太太们跨进脚去的是学校。在昆明，由大学至小学，可以说没有一个学校没有她们在里面工作着：联大附小，除了几位师院毕业生外，也有联大教职员的太太们，在里面担任教育下一代的工作；她们以前都有过良好的教育基础，在这基础上，现在又加上了工作的热忱，和上帝赋给女子的一颗慈母的心，用爱来抚慰着每一个小学生。联大附小之所以能闻名于全昆明，而被誉为全市办理最佳的小学，当非偶然。其他如联大附中、云南大学，都有好几位太太在里面执教鞭。

第二件事，太太们可以胜任愉快的，就是利用她们烹饪的手艺，在家里做各种各样的点心，由咖啡店、糖果铺销售，冠生园盛销一时的定胜糕，女青年会销售的西式点心，文林商店、云大门前小咖啡店出售的面包都出于太太们之手，这情形在当时恐怕很少有人知道。

第三件工作是刺绣，盟友们争购的绣龙围巾、各种绸缎小手帕，以及睡衣、桌布等，盟友们珍重地寄回美国去，都是太太们利用料理家务的余暇做出来的成绩。

联大教职员眷属曾经成立过一个会，有组织地工作着，在拓东路开一门面，专售各种刺绣出品，这工作直到抗战结束，遂亦随之而结束。

《中央日报》的"妇女与儿童"副刊，曾经有过一段光荣的历史，编至一百多期以上，主持这编辑工作的就是联大的一位教授太太，她直编至离昆去平后才停止。到平后她也曾经主编过一妇女副刊，可惜没有几期，就因家务繁忙而停止了。当时在《中央日报》的"妇女与儿童"副刊，执笔为妇女问题发表言论的，很多是联大的教授太太们。

可是我们不要忘了，她们同时兼顾两件重要的工作，就是家和目前的职业。家中若是没有幼小的儿童需要照顾时，兼顾两项工作还可以对付过去，可是若是家中有一个不到两岁的婴孩时，问题就发生了。

有一位太太，每天有一定的办公时间，可是家中却有一个不到一岁的婴孩，她每天很聪明地把孩子关在她自己的小床里，再把大门锁上。可是有一天，当她公毕回家，发现她的爱女酣睡在血泊中，横倒在地上，苹果似的小脸上，有着一条不小的伤痕。她的心痛可以想见，爱女脸上的伤痕，将永久成为她为职业与家庭奋斗中的一个"纪念"。

是的，对于已婚的女子，职业与家庭永久是一个没法儿解开的死结，对于曾经受过高等教育的教授太太们，这问题也是存在着的。

开始去解答婚姻与职业的谜

对于女人，婚姻和职业，永久是一个没有办法解答的谜，冰心把这比作一个永久解不开的死结。

现在联大的教职员太太们却想去解这死结了！

第一个办法是找一个代替者来代替她料理家中的杂务和照顾小孩，雇一个得力的女仆，似乎是最容易办到的，可是她们却遭到了困难，真是"十个女仆中九个有问题"。有的聪明的，好容易一切都教上手后，却又抛开了你走了，你没法儿去抓住她，人家要的是钱，更多的钱啊！有的笨得连自己的岁数都摸不清，你看着只有干着急，至于偷窃、有病的，还没有计算在内。经过多少次的试验失败后，你的结论是"原来人比机器难管得多，美国主妇用的是机器，而咱们用的是人，中国主妇之所以比美国主妇困难百倍，原因就在于此"。

叹了一口气，你试用第二个办法，把时间重又分配妥当，孩子关在小床里，家中事堆在晚上料理，于是你觉得很舒服，这总该是一个好的处置了吧！你满意地把门锁上，走进办公房去，但是你公毕返家，拖着疲乏的步子走进家去，却发现小宝贝，满身睡在稀黄粪浆里，两只小手也染黄了粪汁，嘴边还留下不少才吃完后的痕迹，你瞧着又气又好笑，没有容许你有休息的时候，你就得先把这小粪人给清理一下。这还算好，有时你还会发现他两只小手抓住了他自己干硬的大便，把它当作饼干嚼哩！这可怜的孩子，在没有人照顾之下，他真享受着他最大的自由哩！

两个人的事情，现在想一个人去支持，并且好胜心又在后面鞭策着她，使她不愿意"偷工减料"，结果吃亏的是自己的身体。一匹最精壮的马，尚且需要休息的时候，何况是人？一辆机器最结实的车子，你也不能常给它开足了马力跑啊，于是多少太太们，就在过分的劳苦之下，逐渐失去了健康，这不单只是双鬓增添了几许白发和额上呈现了几条皱纹而已，她们宝贝的青春，已经给繁重的工作洗刷得不留一些痕迹，她们全部的精力，已经给战时紧张的生活所消磨完了。若不是她们面前还闪烁着胜利后重还故都的希望，若不是家庭的温暖浸了她们枯竭的心灵，对于丈夫的爱、对于子女的喜悦，紧紧地抓住着她们，她们可能就在家和职业这两把尖刀下，割去了生命的线索哩！

邻居被感动了

这里是一个最快乐的家庭，虽然穷，并不稍减他们脸上快乐的神情。先生永久穿着那件旧蓝布大褂，夹着几本书，在一堆茅草屋子里走出走进；太太默默不停地工作着，孩子们活泼健康，你走进他们家去，你终会喝到一杯清香扑鼻的好茶，你终能尝到一两块手制的精巧点心，一个整齐的屋子，一瓶盛开着的花和一屋子的阳光。

和这情形完全相反的是房主人，他有钱，在地方上有势力，他有房产，还有一位美丽的妙龄太太，可是他却常常烦闷，他不明白为什么教授的家庭竟这样的温暖。是一种什么样的力，潜伏在里面，推动着他们前进，永无畏惧、永无退缩地前进着。

所以有一天，在端午节，房主人预备好了几样可口的小菜，来邀请教授全家去喝杯酒，共同过这佳节，在席间，房主人举杯诉述出他心中的烦闷，教授听罢，淡淡地一笑回答道："一个人依靠他自己的兴趣和才能，独立地做他自己喜欢做的工作，没有一点勉强，没有一点顾虑，我相信无论谁都会获得工作上的兴趣的。"

第二天，房主人就走进省政府去，辞去了他的挂名官职，并且呈请一张律师行业执照，在他住的小胡同口，还用大字写出他律师事务所几个大字，他开始执行他律师的业务；教授的一句话，改变了他整个的人生观，引导他走向一条正当的道路，这就是教授的伟大处。房东太太在一旁也感到整天跑街、看电影的乏味了，她开始走进厨房，用不熟悉的手指，学习烹调，你若瞧见她涂着满脸的脂粉口红、披着簇新的红绒大衣、在厨房走动着，也许会使你哑然失笑吧；她结婚几年，没有孩子，看见教授家活泼可爱的孩子们，使她动了心，竟在一天晚上，跑进育婴堂去，拖领了一个婴孩回来，疼她、爱她，就像她亲生的一般，这种邻居的感化力，胜过了一切的教育。

谁都说联大搬走了，使昆明寂静了，随着联大的迁移，使昆明街上不再见身穿蓝布大褂、手挽菜篮子出进菜市的教授太太们，看不见文林街上，衣着整齐、活泼可爱，跳跃着跑到学校去的教授的孩子们，一种勤俭、刻苦、耐劳而乐观的态度，曾经不知感动过多少昆明的居民们，希望并没有随联大而消失，却能深深地种在昆明每一个居民的心上，像一个小小的花苞似的，逐渐盛放开来，光明灿烂，把整个城市都披上了一阵美丽的色彩，这就是"联大八年"在昆明所遗留给昆明的一个永久的纪念品。

离别昆明

当各处鞭炮声，带来了最后胜利的消息，传到教授太太们的耳朵里时，她们竟不相信自己的耳朵，这突兀的、出于意料之外的喜讯，带给她们的，并不是喜悦，而是更多的忙碌。八年来守在身边、陆续添置的家具和衣物等，现在却对它没有办法了。抛弃了，未免可惜，带是无从带起，因为无论乘车子、坐飞机，每人的行李是以公斤为单位的，唯一的办法就是摆地摊出卖了。

于是昆明大小街道上，逐渐增多的地摊，就是她们的成绩。早晨，料理过家务后，带着子女，背着包裹，走到热闹的街道上，很熟娴地把包袱铺在地上，东西一件件地摆开来，太太坐在正中央，旁边是两个大一点的子女做助手，小眼睛骨碌碌地注视着东西，小心着旁观者的手，因为半偷半买是每一个地摊的常事了。这样直到傍晚的霞红色缭绕在树梢上，才卷起卖不掉的东西，走回家去。日子一天天这样打发过去，家中只剩下四壁空空了。想起这些破旧的东西，曾经在八年来，陪伴着她们度过多少艰苦的岁月，旧棉袍，抵挡住多少寒冷的冬天，现在一件件地廉价卖到别的生疏人的手里去时，未免有些伤心。

最后有一天，突然接到学校通知，明天乘机离昆，那一阵子的忙碌，心中给各种不同的感情绞咬住了，说不出是喜是悲。匆匆地乘车至飞机场，一架银白色的巨型大飞机，已巍然停立在碧绿的草地上，伟大而壮观。这人类智慧的产物，用以克服空间，控制自然，平时，只瞧见它们在自己头顶上忽地一声掠过去，留下一点白色的东西，飘在远远的天空中的，现在自己竟能登上去了，这真像是做梦。

飞机上升了，昆明渐渐地变得渺小，停留在自己的脚下，那么整齐、那么美丽，房子一幢幢地排列着，田亩一方方地展开来，直接到天边。银白色的昆明湖，像一面小小的明亮的镜子。看着，看着，看到最后，只见棉絮般的白云时，不禁心中一阵酸痛。

这里有我们八年来辛酸的岁月，里面包含着多少热血和眼泪，有我们熟悉的高低不平的石头子的街道，有各式各样的小铺子，有和我们往来过、在我们的脑中留下一段历史的昆明朋友，也有欺骗过我们的小商人、狡猾的商店里的老板们；昆明那永久蔚蓝得像宝石似的天空，没有一片云彩，夏天急雨过后，那一轮美丽的虹，从山那边，直跨过上空，停落在市区里。昆明的光顶的山，澄清的湖，危立在山顶上的大松树，这一切，以后只有向记忆中去觅取了！

离别了，昆明这八年陪伴着我们度过一段最艰苦生活的小小的城市！

重回清华

带着八年生活的创伤，重回到清华园。离别近十年，有着锅底顶的大礼堂，曲折幽静的工字厅，高耸入云的气象台，一切如旧，在外边看不出有什么改变。是的，这些永恒的，永久不会有什么变化，而在这里面休息着的、生长着的人们，却都改了样。当你迎面遇见一个面熟的清华人时，你不禁感觉到兴奋，但当你走近前去，瞧见那一头以前青油油的，现在却让岁月冲淡了色，变成一头银白色的头发时，你禁不住心酸。

坐在你以前常坐的椅子里，瞧着一切你在昆明时，梦中常瞧见的东西时，你笑了，这里是清华，你扑扑身上的尘灰，站了起来，现在似乎是该你休息的时候吧！因为你已回到了清华园。

一阵紧一阵的西北风，把太阳吹得暗淡失色，终于躲到云里去了。风雪带来了严冬，瞧着孩子们身上的单薄衣裳，想到在昆明时摆地摊廉价出卖的旧棉袍，真使你心痛！咬着牙，把每天伙食钱中省下来的钱买了布、买了棉花，一针又一针地缝了起来，白天不得空，晚上在一灯如豆的微红色灯光下再缝，这情景使你想起昆明。坐在清华园舒适的教职员住宅里，过得却比在昆明时更艰苦，这又岂是当年梦想回清华园时所想象的？

更使你烦神的是北平用的是煤，而昆明用的却是又省事、又干净、又便宜的炭；可是你不要看那黑黝黝发着金属光亮的煤，这，在这冰天雪地的北平，煤是比什么都宝贵，整捆整捆的纸票，却只能换来一小点煤，放在炉中烧不了几天，看见炉中荧荧的火光时，有一位太太笑着说："你不看见钞票在那里笑了吗？"

永久使主妇们伤脑筋的是女仆的问题，在昆明如此，返清华后仍是如此。记得在昆明时，曾经看见过昆明报纸上，用大字登载着征求北平女仆的启事，因为北平女仆是有名能干，可是现在回来了，却发现情形并不如此。北平的穷人们，在日本人的淫威下，敢怒不敢言，几年来非人生活，挫平了人们应具的锐气，更把心中的愤恨，用不合作的方式发泄出来。面上堆满笑容，嘴里说着动人的话儿，谄媚乞怜，可是你一转身，立刻又换了个样儿，做事慢，慢得你心里发痒，一件事一天可以做完的，拖到明天做。走起路来，一步改作二步蹀，你看看她，正想开腔时，她却先对你笑了。没法儿，把愤怒咽下肚去，这就是现在的北平仆人，是给日本八年统治过这地方教育出来的成绩。

虽然这里是清华园，主妇们仍旧在厨房里忙着，仍旧拿起针线缝着，仍旧在柴米油盐上焦急着，生活反更见清苦。所以当一位城里来的太太，走进清华园的教职员宿舍时，轻轻地对着朋友说："怎么这里这么静，连一点声音都听不见啊！"欢笑声早已随着辛苦的岁月，离开了教职员太太们的嘴角了哩，虽然她们已重回到清华园！

几个例子

抗战近十年，在这十年中，有多少血和泪的故事，就拿教授太太们的生活来说，她们用她们的血和肉来抵挡住那像潮水般上涨着，也像潮水般要淹没了她们小小家庭的物价，但是她们勇敢地站立着，不后退一步，她们的英勇，事实上可以和在前线流血的勇士相比美。

我现在举两个最动人的例子。

有一位太太，她是五个孩子的母亲。抗战以来，她始终辛勤艰苦地工作着，没有一个女仆帮忙。一早起来，她和别的太太一样，手挽菜篮，去菜市买菜。有一次她买菜回来，恰巧碰见了一位当地的名人夫人，那名夫人，瞧见她提着笨重的菜篮，惊奇得半天圆睁着眼，说不出话来，可是，我们耐苦的太太，却很自然地，把她请到家中去小坐。

有一次，她侍候完了家中人的饭菜后，孩子们急匆匆地挟起书本上课去，她一人静静地收拾残剩，突然一阵头晕，她几乎倒在地上，好容易自己支撑着坐了起来，心里想："要是我现在真的晕倒了，有谁知道啊！"想着，不禁流下泪来，抬起头来，看见楼下学校的工友们，正在阶前阳光下打着瞌睡，她叹了一口气，重又收拾起碗碟，回厨房去。

可是她这样地辛苦，并不能维持一家最低限度的生活。于是她在空时，利用烹调的技巧，做定胜糕在冠生园销售。当时昆明有名的定胜糕，盟友和一般中上阶级的人士争相订购的定胜糕，就出于这位太太之手。她天天下午家事料理完毕后，提着糕，穿过闹市，走到冠生园去销售。她没有坐过车子，始终是在昆明七高八低的石头子路上来回走着。终于有一天，让石子刮破了脚心，脚底生脓溃烂起来。她病倒在医院里，同事的太太们知道了去探望她，瞧见她只有白面粑粑充饥，感动得拉着她的手叫了起来："这不成，×太太，你至少也得要有一个鸡蛋吃吃啊！"但是她却淡淡地说："我孩子们在家里，不也没有鸡蛋吃吗？"

昆明当地的人，有宴会，总喜欢邀请联大行政人员和名教授们赴席，这对于他们，以为是一种尊敬的表示，而不知更苦了教授太太们。不出席吧，怕人家有所误会；出席吧，真不容易，摆脱开家务，分出身子来，在石子路上走半天才走到宴会地点。其他客人都是由汽车里跳出来，而她们却走得满头是汗。宴会完毕，该休息了，然而不，一大盆衣服正在等着她洗，她默默地在盆前坐了下来，独自在搓板上洗着衣服，让洗衣的单调声和远处的打更声相唱和。

过度的操劳，终于拉她重又回到病床上。当医生给她检查过身体后，医生感动得拍着她的肩膀说："×太太，你一定得睡下来休息，你的身体已不容许你再操劳下去！"在亲属的哀求下、朋友的劝告下，她睡在床上着急，但当我们去探望她时，她却拿着一本很厚的新出版的美国书在看。她笑着对我们说："平时书报对于我可是可望而不可即，现在我倒好了，有时候可以看看书了。"瞧着她兴奋着的脸，我们说不出话来。这次，在我们的劝告下，她开始每天订一小瓶牛乳喝。（虽然昆明的牛乳是等于水一般的清淡。）

现在重返清华园了，她照例休息了，但是我们却常看见她坐在拥挤的大汽车里进城去，她又活跃在各种妇女工作上去。一个善良的灵魂，是永远不知道休息的。

还有一位太太，有六个孩子。在抗战期中，是孩子愈多，受苦愈深，可是这位太太还照管了两个没有母亲的孩子的衣和食，直至最后给别的太太们知道了，共同发起捐款，在胜利时送这两个孩子回到他们的爸爸身边去，这种见义勇为的精神是深深地使人感动的。

不要以为太太们在战争期中，都为了生活，而忘了学业，并没有。一位太太在料理家务、照顾孩子之余，还在一个中学里教书，而在课后，翻译一本世界教育名著，已完成三分之二。这位太太曾经远渡重洋，专攻教育，是一位有名的教育专家，虽然在战乱中，一切都没有上轨道，但是她却仍旧没有丢弃了书本子。

更有一位有名的女作家，可是上帝好像也嫉妒她的才能似的，常让病魔缠着她，使她不能充分发展她的才能而常呻吟在病榻上。有一次朋友去看她，看见床前小桌上，还架着一架小缝衣机，在病中，她还挣扎着为孩子们缝衣。

尾　声

这些教授太太们，无疑是妇女中比较优秀的一部分，在抗战期中，她们却被生活折磨着，让她们宝贵的光阴，消耗在几粒米、几根柴上，这真是国家最大的浪费；她们的时间应当用在推进妇女运动上，谋求人类幸福上和各种社会事业上，让她们的才能有充分发展的机会。在现在中国各方面都需要人才时，却让这些受过高等教育的教授太太们，困禁在家的樊笼中，更让贫苦摧毁了她们的健康，真太可惜！

我的兼差生活

刘　离

几年以来，穷学生究竟是怎样活下来的，这对于我还是一个谜。至于我，就是这样活了下来的：

民国三十年我来到了昆明。那时正是滇缅路开放的时候，跑滇缅的，做"不老靠"的很多，因此而暴发的也不少。可以说那时是"兼差"的黄金时代。

我承认自己并没有赚这种钱的本事，但却也由于一个很巧的机会，做了油漆汽车牌照的事。这工作是一个朋友承包下来的，我们并不是技术工人，只是从经验中发现了油漆的方法。结果，我们赚来一些钱，并且用它来支持了几期的小型文艺刊物。

后来就穷下来了，住在一间阴湿而没有电灯的房子里，使我得了恶性疟疾而不得不在医院里住了一个月。如果没有朋友，那是危险的，因为我还没有找到可以欠账的医院。

那时候，如果要下乡教书，倒是很方便。但是我却死也要待在昆明，于是后来就几乎无路可走了。我替朋友代过课，又像正式的教员，又像非正式的，因为学校当局并不太负责——这样的事，我做过两次。

我又做过兼课的教员，比专任教员只差两小时，而钱却差一半以上。有些中学是以多请兼差教员为原则，这原因当然很容易明白。

我校过稿，文章刊登了，但常常拿不到稿费。即使是朋友，明知道你穷，也觉得写文章是不花本钱的，不应该拿稿费。

兼差到山穷水尽的时候，便只有一个办法：下乡教书。当然，这条路并不是绝对走得通，不过比起别的机会来，要多一点。

却说我从乡下教了一年书回来以后，立刻面临着失业的恐慌。而那时是民国三十四年初，正是"人浮于事"的时候，找了六处事，好像很有希望，而其实是毫无希望。人也跑病了，后来才毅然对自己说：何必一定要找事呢？慢慢混下去不也是一样吗？——如果你不怕穷，"混"倒是一个很好的办法。

后来意外地同朋友做了报馆编辑。因为修养不够，不能昧住良心造谣，终于勉强干了两个月就滚蛋了。而且几乎是戴了顶"红帽子"滚蛋的。

我兼差也有一个最忙的时期，那就是同时做一个专任教员、一个家庭教师及一个报馆编辑。

最近我在做家庭教师，辞了两次既然都没有成功，因此，这件事就维持下来了。

我以为：兼差除支割你宝贵的时间外，也有一个好处——可以增加你的生活经验，使你看到你周围是怎样的一个社会。

因此，我感谢这四年多以来的兼差。阿门！

不必要的忙碌

木水公

　　我已经是一个有六七年历史的老邮工了。自从高中毕业以后，抗战爆发，所有家里的人，就都靠我在邮局挣得的来养活了。然而谁又甘心过一辈子抄写阿拉伯字的呢？终于，我考取了大学。大学并不能解决我的生活，我还得继续做邮工。

　　为了迁就上课的时间，我是做下午六点到午夜一点的晚班。刚上班的头一钟头，大家还可以聊聊天、喝喝水，以后就一直紧张地做着那世界上最单调乏味的工作。如果是管挂号，一天则分得七百到一千封信。别的工作，大概分量都差不多。至于工作情绪和兴趣是丝毫不会顾及到的。当然，外面的人，只知道邮局里工作人员的架子大，而哪里又晓得是生活把他们折磨得这样？

　　因为邮局在城的东南，而学校则在西北，所以下午五点的饭吃完，就得往城里跑。尤其可怜的，是经过七小时的疲劳工作以后，下班了。昏沉沉地走出了办公室。街上，没有行人，只有大胆的老鼠，不时跑过街心。这时，想找代步的工具，已是不可能的事。我提起仅有的精力，跄一步、跌一步总算到了学校。环境又使得我多忧多虑，挤在脑子里的事情，无法沉淀下来，而当躺上床的时候，一件一件地逼着你去想、去解决。于是，剩下来不

110

多的休息时间，又被"失眠"无情地占有了。

因为这样，第一学年上学期的各科成绩，就没有超过四十分的。这，使得我恐慌起来，但是，为了生活，还得工作下去。大考的时候，幸好局里准了我两星期的假，因此才得渡过难关，而没有被推出学校。

校内的一切活动，从没有过我的份。因为稍有空暇，就想躺在床上养养神。这样，不但娱乐被剥夺了，连读报的时间都难得抽出来。

局里的薪水，因为在昆明，所以能拿到十二万。除了弟妹的生活费外，还得顾及自己身体的营养。因此剩余的也就有限了。

联大同学，像我一样当"邮工"的，至少也有一打。我们不了解为什么做一个人竟是这样的辛苦。眼见旁的同学正努力在充实自己，而我们则为了生活，捐出大部分时间，让大好年华白白地被耗费掉。这个，该向谁控诉呢？

卖报，卖报

胡　益

一提起卖报，我就想起了人世间的酸、甜、苦、辣，这里面真不知含了多少眼泪。

在第一次拿着《罢委会通讯》上街的时候，喉咙是哽的，叫一声，脸要红一阵，别人送了钱过来，有点手足不知所措，心里发慌，手脚实在发软。

然而，为了正义，为了公理，为了戳破墨写的谎话，为了四烈士流的血，我们拿下了大学生的"架子"，终于在街上叫卖起来，和那些报童并肩作战，从此，我们又学会了一桩吃饭的本领！

但是，当你以这为职业，靠卖报来维持自己的学费的时候，你会知道无论做一件什么事，都有它难言的苦衷：

你拿着报，走到大街上，大街上买的人多，卖的人也多，你当然不好意思真像报童一样地去和你的同伴们抢生意，你只能多费点脑筋和精力，怎样去引起人的注意，你可以在报上找出那最惹人心动的词句，别人听你一叫，就像晴空里一个霹雷，非买一份不可。穿过了大街，走进了小巷，一个人拉起嗓子干叫。走到没有人的地方，也许你还在叫，等你发现你精力白费了，就只好垂头丧气地加紧了脚步，另外找个有生意的地方。

在街上，你很可能碰见你的熟人，他也许是你以前的同事，现在升官了，也可能是你很有面子的亲戚；或者，是你以前教过的学生，现在双双对对，西装革履，口红胭脂，挽手而过，你就该眼明脚快，老远看到，就往人丛里一钻。万一碰个满怀，走不脱，就只有装样地说"卖报，卖报"，转过身就一溜烟儿地走了。

电影院是生意最好的地方，也是最容易发生这些事的地方。

因为你是大学生，在很多的场合，你可以得到很多的方便，可以在电影院里穿出撞进，有了那个三角招牌，别人不便阻挡，然而正因为你有了那块招牌，又会引起多少麻烦和苦恼。

买主们，一高兴就和你谈谈，问长问短，从国民党谈到共产党，从罢课谈到我们所学的功课，常常还要你发表意见。有一次，在云南大戏院门口碰见一个公务员模样的人，为东北问题，就整整谈了一个钟头。

有时候，星期六没有卖完，星期一又要上街，卖的人少了，买的人也少了，时常弄到深夜。九点钟的电影散了场，才懒洋洋地拖着疲倦的身体回来。

你还得时常接受不必要的白眼和侮辱，有人把报拿上看了老半天，向你手上一丢；有人张了一张自己手上的一份说："我买过了。"你还得赔小心样地说："没有关系，没有关系。"

有一次，在南屏大戏院门口，几个神气地从印度回国的军人，抓住一个半死的乞丐，往我这边一推，向他指着我说："他是讲'民主'的，你叫他把报送给你，老子给你钱。"我很慷慨地送给他一份，那个乞丐拿了报过去。他们把报一撕，说："老子才不看这些王八蛋们的报！"

当然，你有时也会得到无限的同情，有人买报，便不肯叫你找钱，真使人有点进退两难。有一次，夜深了，我还在南屏的门口徘徊，一个很摩登的太太带着他的孩子，叫住了我。

"你是联大哪一系的？"她笑着问。因为我戴有校徽。

"××系。"我也笑了回答。

"你是不是白天读书，晚上出来工作？"

我摇摇头："不，只是星期天出来卖一下报，我们功课很多。"

"你倒是个热心的工作者。"

"不，"我微笑地说，"卖一份报可以赚五十块钱做零用，我是收复区的学生。"

"那里现在还不能通信吗？"她有些好奇地问。

"通信有什么用，收复比沦陷更坏！"我摇摇头发出低声的叹息。

她把我从头看到脚，怜悯的眼光使我直觉得发冷，她看见我脚上拖着的一双破皮鞋。

她也叹息了一声，拿了一张报，从皮夹里掏出了一张红的关金，塞在我手里，转身就上楼去了。

"太太，我找你钱。"我发现这是两千元一张的票子。

"不，你拿去。"她匆匆地向楼上走。

我全身麻木，我走不动，我忽然打了一个寒噤，数清了一千九百五十块钱，追上楼去。

"太太，这不行，比我可怜的人还多得很，而且，我也用不着你怜惜，我谢谢你的好意！"我把钱往她孩子身上一塞，像被赦似的，一口气跑了回来。

"翻译官"

（一）

张　祖

"国家……民族……难道中国的青年不敢为他的祖国冒点危险吗？"梅先生低沉而有力的声音像铁锤似的打击着我们。

"不干的是孙子，到译训班报名去。"这番富有刺激性的话，果然收到了预期的效果：同学们感到兴奋和激动。"干！"吼声从每个寝室发出来。

在译训班，我们被训了六个星期，每天除了读英文、记生字而外，早晚教官都要我们对我们"神明英武"的领袖祝福致敬："蒋委员长万岁！"我们必得举起手跟着喊。

受训的时候，蔡维藩先生给我们训话："诸位，这是牺牲，百分之百的牺牲。"

冥顽不灵如我者，也大为感动，甚至于流了眼泪。岂但如此，在学校的同学带来了服役期满后学校可送 24 到 32 个学分，并且免修军训和体育的消息；还有，外事局中人称：译员中，有百分之十将来有留学机会。这样的"皇恩浩荡"能不叫人感激流涕吗？

在训练班毕业后，我们这一批分发到印度，一部分人是在后方担任训练工作，他们整天在烈日下，在不见人迹的原始森林里跑，和蚂蟥野兽为伍。我们则在前线做联络工作。

在印缅前线，离不了自己挖的散兵坑，睡觉在里面，吃饭在里面，整个生活都在里面。"性命攸关"，谁都不怕吃苦，否则，迟早是敌人狙击手的枪靶。

印缅区一到雨季就积水盈尺，是人所尽知的。但散兵和营长一道睡在坑里，到半夜，身体就浸在水里。开始，一下雨，营长就叫："翻译官，人老了受不了，到帐篷去。"我总是陪了他去，睡觉牺牲了不打紧，一到帐篷里四面就是枪声。以后，我宁愿睡在水里。

日本人的狙击手是有名的，白天，瞄准了位置，把枪缚在树干或是树枝上，晚上就打。有天晚上，我睡在坑里，"咚！""咚！"枪声响了，我赶紧把脚缩回来，子弹直往坑里射，我模糊感觉到脚底的土直翻。那天，身上一直抖到天明，到早晨，果然脚底都是弹痕，土已经翻起一个一尺多深的大洞，假若我的脚不缩起来，不知道已经成了什么样子。

通常离营部连部20米的光景，就是敌人的阵地。有一次，我还在营部里，枪声响了，我们的身子俯在地下。等枪声稍稀时，我发现子弹以我的腰为中心，一尺为半径，向上画了个半圆。

炊事兵送上饭来，他看见两方阵地只离开有20米，因为进攻困难，在那时期，相当胶着，大家说话都听得见，他跑上一个高地，向敌人挥着手，打起四川腔说："嘿，过来吃饭嘛！""嗤"，这位伙夫倒下去了。

同美国兵一道在坑里，他们比我们更怕得厉害。有一次，我们的坑又被发现了，一直躲到晚上，枪声还不停，美国兵饿极了，向我说："翻译官，弄点东西来吃。"我看他们也太惨，就找了传令兵弄点东西来，他们却还要传令兵拿着铅制的炊具到外面去洗，我把炊具拿了下来，问道："是否你们比我们优越？"

然而，在这种情形下，大家都丝毫没有怨言，我们要活下去，人民也要活下去，我们要胜利，要透过胜利去寻找天堂。

胜利终于来了，我们首先看见，有翅膀的人发复员财，以一个征服者姿态出现！现在又是满目疮痍，遍地灾荒。日本人投降了，老百姓也投降了。

我们呢？"百分之百的牺牲！"牺牲之后，又怎样？代替送学分的是必须读及格；体育免修变成了伏地挺身，留学变成了流血。

然而，骗，总是用不了第二次的。

（二）

华 人

一连看了两晚的电影，不觉得有趣味，反而教人有点闷闷不乐。什么原因，自己也不大明白。

从电影里看见了繁荣安康的美国人生活，看见些"上流社会"的绅士淑女们雍容华贵的举止风度，想想自己所在的又是怎样的一个社会？这完全是一种讽刺！

洋人和二毛子在楼上赌，侍者们在楼下赌。房子里黑黑的，大家坐着，点着半明半暗的青油灯无话可说。没有兴趣赌博也没有钱赌博，于是唱歌，歌也有唱厌了的时候，声音也沙了，于是就提议到屋外看月亮去。

月亮，亮而且圆，湖上刮着风，湖面起着小浪，像鱼鳞般闪耀发光。小河汊口，有几个渔人在渔船里搬东西，远远望去，只看见静悄悄的几个劳动者的黑影。

月光下的湖显得很神秘：那样的广阔，又那样的含蓄，似乎一眼就可以把它看完，又似乎有眼睛也看不见东西存在。天上有两堆厚厚的白云，跑得很快，一下就把月光遮没了，于是四周的山都显得阴晦，黯然无边，湖面却更加亮了。风吹得更紧一点，呼呼地叫，有点冷，于是我们跑到大树旁边，三人一块儿贴树身躲着，眼睛还不断地往湖面上瞧！——有点恐怖，又有点想笑。

到这鬼也没有一个的山坳里来已经三天了，正如有人说过似的："登山一望，但见蒿草满目。"荒凉万分。

天天有大雾，白茫茫一片。"训练"自然停止了，大家落得个干净。洋人躺在床上烤火读小说，十分逍遥。中国军官又有什么可干呢？

似乎和外面的整个世界隔绝了。整天湿润润的，潮湿的雾气从窗缝里钻进来——关在这鬼地方，令人只有发愁。

好容易盼到一个晴天，雾散了，太阳光露出来，眼前立时爽朗得多，借此机会把整个山谷巡视一番。士兵们有的在晒太阳，有的在擦枪，有的待着不知道在干什么。看见"翻译官"似乎都变得不自然起来。弄得人怪难过，尽往偏僻的地方走。

这事情不能再继续下去了，再下去会使人发狂的。

晚上有一个连长到寝室里来，总是为了训练的事，几句话后，彼此便无话可说。他坐在老薛床上，很自然的样子，一点不显得为难，我也埋着头看我的地图，如此大家保持安静，十分钟后，他站起来走了。样子不显得高兴，也不显得不高兴，我对他没有好印象也没有坏印象。

青年军的事闹得很厉害，学校里很多同学都去了。也曾想到离开这里，正式加入青年军，也许可以比较痛快，可以真正做点事情。但是这地方太偏僻，消息不灵。另外，外事局是不是准许离职呢？母亲来信，大哥也当"知识青年"从军去了，听说还有许多地痞流氓也去当"知识青年"从军去了……

这真好像是十字军东征，各种各样的人的各种各样不同的目的汇集在同一旗帜之下——天知道！

"薛翻译官"从营部拿来毛笔一支，在房门两旁写了一副对联，左边是"人心甘苦见交情"，右边是"世事静观知曲直"，当中是"隐庐"二字，另外在墙上还题诗一首曰："一日离家一日深，好似孤鸟栖寒林，纵然此地风景好，难免思乡一片心。"

我们既然住同一寝室，自然也变成"隐士"，可惜的是我并不讲"交情"，对世事也没有"静观"的能耐，既不思家也不欣赏这光秃秃的荒山。每日两人对坐烤火，各想心思，不发一言。

对我这种毛头小子，四十余岁的薛老先生自然是看不惯的，可是又有什么办法呢？我们本来不是同样的人。

我的教书生活

——助教生涯

鲁　溪

　　我在联大当助教已经好几年了。助教生活本来就是枯燥寂寞的。一定的职务，一定的工作，年年差不多都是毫无改变地去做，一遍又一遍，重复再重复，做了几年真是厌恶极了，至于读书研究，在学校的人本是比出去到工厂和机关中供职的人便利得多，事实上也有不少的人就是因为读书研究才留在学校当助教，可是这一点，也没有能够好好地做到。所谓读书，战争期间外国的图书杂志不易运进来，校中原有的书报又因迁校而损失了许多，以致参考书非常缺乏。如果政府能够及时设法尽量补救，也许会好一点，可是几年来他们一直是不大关心，好像他们的注意力并不在这里。至于旁听功课，最初一二年还听了一二课，但是后来好像教授们也耐不下这种贫乏情形，便相继离校出国，各奔前程了。剩下来的少数教授，便连本科的必修科也忙不过来，自无余暇再开研究课了，于是助教们便找不到课听。至于实验室里的设备，更是缺乏，连年只能沿用当年由北平带出来的一点东西，供给本科同学实验大感不足，自然谈不到什么研究了。我初毕业时还曾用了不少的时间在实验室里，但是情形困难也真够使人泄气的，药品买不到，或因为太贵无钱买，仪器则多半只能购到本地仿造

120

的，或用自己工作室里的出品，用这些仪器做出来的结果如果可靠，也未尝不可这样做下去，所可惜的就是这些仪器往往不大灵，实验的误差往往大到可惊的程度。这样一天一天下去，最初那种实验劲头便渐渐地消失了，不过到了这时，同事们还有一句自己安慰的话以互相勉励："实验虽得不到结果，但可以借此训练实验技术，增长实验经验。"于是又为训练技术、增长经验而做了一个时期的实验。但是这样的自己安慰，也只能安慰一时，日子久了，连这点实验兴趣也丧失净尽，再加上生活方面经济上的压迫，终于把以前做的一些实验完全停顿了。

说到生活上的压迫，那是这几年来为每个教书人所熟悉的，不管物价涨了多少倍，薪金的增加总不出百分之几，几倍和万分之几相比，生活就自然愈来愈困难了，同事们除了少数几个有办法的以外，多数的人每月拿到的薪金，只能用到月中，下半月如有什么用项，就只能等到月底发了薪时再说了。领到的薪水虽逐月增加，但一看到那些全新的，连号码都连着的钞票时，马上就又想到这一月内通货的膨胀，又不知到了怎样的程度，那么物价又不知要涨到什么地步了。到了收入不足以维持最低的生活时，那么在校外兼差就成了唯一自救的办法。

这一切，都使人觉得没有意思，觉得无聊。要不是在这个自由空气最浓的联大里，也许早就耐不下去了。这里民主的集会、自由的歌声，处处都能给人注入不少的活力。往往在极端苦闷时，因了一个晚会而重新振起精神。可惜我的学生时代早已过去了。我虽然向往学生生活的活泼快乐，但是同学却都以先生看待我，这其间已经无形中有了一层隔膜，这又是我最不希望的。我愿意再回到少年时代去，找回我的朝气来，这样可以不只描写生活，而且能够改造生活。

第三辑

生活拾零：也紧张、也松懈

西南联大的学生生活

何期明

敌人片刻不停的炮火使我们清楚地认识到：要保卫我们的国家民族的独立和自由，使子子孙孙不做奴隶，就应坚抱"抗战必胜，建国必成"这一信念。这不是理想，而是绝对的真实，这也是我们大家的共同目标。

毫无疑问，大学教育在抗战建国中占有极为重要的地位。大学生——四万万人民中间极少数有机会受着国家最高教育的男女青年，应该锻炼成准备参加这种伟大事业的生力军。现仅就笔者所知，把西南联大的学生生活扼要写出。

饭 食

自办大众厨房，每月 6 元。

包饭，每月 7 元半。

小厨房包饭，每月 9 元。

单人在教授厨房私包，每月 12 元。

自然，从"吃"上也显得出学生的贫富来。其中大众厨房的食客最多（其实也并非都穷），占文理法三院人数的 4/5。每月 6 元，对真正靠着学校贷金生活的穷学生们来说，数目已是不小了。

124

但是经过菜贩们的索诈和厨工的偷扣之后，能吃到的：早晨大半是先一天的剩米稀粥，配一点咸萝卜丝，几粒花生豆；午晚两餐也不过八人合吃四个小菜；在十天结账时候间或会幸运地吃一次鸡。这个价目以上的饭食，当然是一等好一等，那张最上等的食谱应当是这样开的：

早点　鲜牛乳窝鸡子，配西式点心数块。

午餐　新雅的一盘双黄鸡，脆皮鱼。

晚餐　青年会 5 角一餐的客饭。

外加去回车费 8 角至 1 元。

同时，与此成鲜明对照的也大有人在。他们的饭单又是这样：

早点　白开水一漱口盂。

午餐　大饼两块配辣椒豆瓣酱。

晚餐　大饼两块配辣椒豆瓣酱。（一日只费 1 角）

后面说的两种人，都是"特例"，占不了学生总数 1%。

衣　着

褪了色的黄制服，黄制帽。天气冷了，加一件黑色的棉大衣，这至少是 80% 的学生们一年四季唯一的服装。其次是蓝布大褂；西服就少了。这都是自平、津、上海或香港带过来的。皮鞋占半数以上，多是本地制造价值 3 元的货品，胶皮底鞋和 4 角一双的粗布鞋也不少。真丝袜或许会有一两双，露着脚跟的破线袜自然占优势，甚至缀着一层层的各色补丁、沾有 3400 里的征尘的粗布湘袜也有人穿。虽也有人穿着价值几百元滇币的 Jacket（夹克），但也有不少制服里衬杂色布的"百衲衣"。女同学们则着蓝色布褂者属多。平日在校内高跟鞋不多见，听说也有少数人不穿花袍便不出门的，那又当归诸"特例"了！

女的浓妆艳抹、行色轻佻的，大家就呼为"妖"；男的服装奇特、举动逾越常规的, 大家便称作"怪"; 妖妖怪怪, 不过三两人耳!

图书馆一览

在天津城北的官银号和北平的前门, 挤进电车是一件难事。而要挤进联大的图书馆, 也并不比那事容易。每次在开馆前 15 分钟, 3 层台阶上上下下便拥满了人, 等候着打开那两扇门。尤其在晚上, 如果你迟到了两分钟, 屋里便座无虚席。若你舍不得这一晚上时间, 便只好拿着书贴墙站在灯光下了。

课外活动

文法学院哲学系的教授们有一个哲学会, 在南岳和蒙自曾举行过几次公开讲演, 是引起学生们在学术上辩论的唯一机会。

文法学院上期在蒙自的时候, 一部分同学曾办了一所平民夜校。从儿童到成人, 学生的数目有 200 多。蒙自县城内外的大街小巷都住有联大的学生, 街头巷尾到处唱着救亡歌曲。每个纪念日到来时, 同学们都不会让它寂寞地过去。蒙自, 联大已经在那里种下了一颗抗战的种子。这颗种子此后的生长, 则要赖那里民运工作的负责人了。

前不久在昆明接连举行了 6 天募捐寒衣的公演, 沉寂日久的联大同学也已经开始在动了。

像在平津时代那样的轰烈运动, 现在或许不会发生了。时地既有不同, 且狂热的战士多半还留在北方的原野里。如果说那般人是"狂", 而现在的却是"狷"。正如孔子所云:"狂者进取, 狷者有所不为也。"

联大学生的娱乐

终日过着"读书以外无生活"的生活的学生至少有三分之一

的人数，"生活只有娱乐"这样的人也不能断定没有一个。因为"国难"，大部分的同学不大涉足娱乐场所。纵有，最多限于电影院。可怜得很，笔者从长沙到昆明，一年多了，竟没机会看一次电影。学生们为了去捧金牡丹、王树槐而常出入于旧戏场的，想是很难找到了，99%的学生生活不会近乎那种"趣味"。

笔者对于看电影，并不整个固执地反对。如果关于抗战的，并且还有力拿出最低等的票价的话，也不妨瞧瞧，至少可以抵过翻一本战地记者的×线视察记。至于连抗战影片也没有资格看的大众，有的不过于饭后几个人凑在一块儿来两次"Bridge"（桥牌），或在操场上溜几个圈子罢了。

男女关系

从外观上或者会说，联大男女学生们的关系有点随便，走近来考察却完全不是这么一回事。男女生中间的壁垒依然森严，平日甚至同班同乡也很少交谈招呼。客观地说，这种关系是不健全、不自然的，还残留着星星点点的封建意识。这是我们整个社会男女间"人"的关系上的意识的反映。间或双方有人突破了这条壁垒，或许会就此成为爱人。这种事情，在这个青年人的集团里也很有几桩。其中固然可以找到一两双"既不念书，又不救国"的如胶似漆的"情人"，但是更常见的还是关系正常、相互勉励的爱侣。

西南联大的学生生活

兆　凤

　　昆明西南联合大学，是由北京大学、清华大学、南开大学三校组合而成；分为文、理、法、工、师范五院，学生人数超过两千，差不多各省人都有，教职员也有一百多人，所以范围之大，目前在国内算是数一数二的，学校最高当局是三位常务委员，也就是原来三校的校长——蒋梦麟先生、梅贻琦先生、张伯苓先生，所以我们现在有三个校长在全面抗战中，它虽站在后方，但它的使命是非常伟大的，它培养几千优秀的青年贡献给神圣的抗战，更贡献未来的建国力量，我愿把西南联大学生战时生活情形报告读者。

校　舍

　　想起清华、北大在北平的校舍，真使人留恋惋惜，这里的建筑是相差太远了，不过这是战时必然的现象，因为人数多，校舍的范围很广，一部分是自己新建的，一部分是租的本地昆华中学的，新校舍在大西门外，住的全是理学院及一年级的同学，外围是一道黑色的土墙包绕着全校，内面很广阔，大致可分东西两部分，东边是办公室和课堂，一幢一幢整整齐齐排列着，真有点像鸽子笼，顶是绿的，墙是淡黄色，远望去衬着墙外的远山和高耸的白杨树，也很美丽。西边一带都是学生寝室，茅草盖的顶，黑煤烟漆的土墙，嵌着几个木杆钉成的窗子，初看来谁也不相信是寝室，在这些低矮的房屋之间，有一幢又高又大的房子，像一个巨人站在小孩子们中间一样，那就是我们的大图书馆，新校舍因是草草赶筑而成，还保留一些原来的模样，有许多笔直的柏树，终年带着如深水的青绿色，天天有大群鸦雀在树梢盘旋，还有原来的小山野草，池塘；尤有趣的，还有很多满是蔓草的老坟，在我们寝室旁边，当晨阳金黄色的光辉从云雾间射出，泻满了屋顶，泻满了草地，树顶的鸟儿，由这枝上飞到那枝上啁啾闹成一片，或是在黑暗的晚上，四边寂静，寝室窗内，零落地射出豆油昏黄的灯光，都有一种乡村的特别风趣。租的昆华中学的房子，在西门内一带，这一幢那一幢，也很散漫。这些房子都有电灯设备，有比较舒适的寝室，但没有新校舍那种田野风味。

食

对于昆明学生最感麻烦和窘迫的，就是"食"的问题，我们现在的伙食是从十五元到二十元不等，但质和量都是不行，此地米价之高恐没有别地可比得上，好一点的米会卖到一百多元一担，我们吃的是公米，也要五十多元一担，我们吃的饭是很粗糙的，有时饭里有很多沙子，简直不能下咽，菜更是简陋可怜，八人共一桌，最好有四小碗菜，天天差不多是一样，豆腐、青菜、米粉等，既不见油也不见盐，餐餐碗碗都是那样淡淡的味（也可以说没有"菜味"），质不好也倒罢了，但量也总是不够，到了第三碗饭，菜早光了，你不硬吞白饭下去，就得空着半个肚子出来。有同学在壁报上写着："米如珠，薪如桂，如何得了？朝朝暮暮，暮暮朝朝，这般下去，恐将来人比黄花更苗条！"为了"食"的问题，使学生常感到苦闷，但这不能减少学生活泼的精神和读书的热心。没有吃饱饭，缚紧裤带，仍在图书馆埋头用功，这是常看到的事，谁都明了，在抗战期间，这点痛苦无论哪个都应该接受；没有目前的痛苦，也就没有将来的幸福，最近政府已经有津贴给我们，如果物价不再高涨，伙食是可慢慢好起来的。

校内伙食虽不好，可是学校附近的小食店却像雨后春笋一般一家一家出现了，北平馆呀，广东店呀，苏州餐室呀……都有了；各形各色，风趣殊异。因为东西比较经济，同时在学校里又常吃不饱，同学们很喜欢去光顾这些小食店，或是一个人独酌，或是几个朋友聚餐，或是请女朋友，三三两两，进进出出，也很热闹，这种情形，恐怕别的大学也差不多吧！

衣

很多沦陷区域的学生，或是家庭穷苦的子弟，他们差不多全靠着奖学金或救济金过生活，真没有钱来做衣服，天天总是穿着那几件从前的、破旧的制服，学校的制服本规定是黄色的，为着顾虑一班穷苦学生起见，今年没有限制学生一定要做新制，只要是短衣就行，所以学生衣服是不统一的，但这对学校精神又有什么妨碍？穿破衣同学固然不少，打扮得公子哥儿一样的也很多，今天这样一套西服，明日那样一套洋装，尤其是女同学多半爱修饰，你看她们的头发、她们的衣服，都是别出心裁、互相标异的，胭脂口红还是少不了的东西。

还有一点有趣的，从清华、北大、南开老同学的服装上我们可看出他们不同的作风。清华学生喜欢穿西服，头发是光的，皮鞋是亮的，上下整整齐齐，有青年绅士的风度；北大学生却喜欢穿蓝布大衫，不太讲究修饰，他们更像整天忙着功课，没有闲暇来留意这些事；南开学生又是另一种作风，他们多数穿皮"夹克"或是运动短衣，很活泼，似乎个个是运动员，女学生是个人作风，难从其中去区别。

课内生活

我们上课的时候不算多，每周大概只有三十几小时的功课，因为上课教室不在一地，所以学生是非常忙碌的，这一堂要跑进城里，下一堂又要跑到新舍，只要下课铃一摇，就可看见许多青年男女，挟着书包在路上跑着，像遇了空袭警报一样，人数太多，讲堂又小，座位又有限，大家都希望先到有一个座位，如果走迟了一点，那是没有座位的，那么，只好站着听讲，有些课，窗子外、墙角边都满挤着是人，他们整整两三个钟头站着听、站着写，疲倦了也得写下去。

除了上课之外，同学们大半天时间花在图书馆里，那里有无数的参考书和课外读物，任凭你去研究、阅读，在那里，只听见钢笔画在纸上沙沙的声音和手指翻着书页的声音，虽然内面满坐着是人，但如教堂里祈祷时一样肃静，这种景象不是很可爱吗？每个学生都爱这个图书馆，因为这是大家精神食粮的仓库。

在夕照的小山上，在树荫的草地上，在盛开的野花旁，每天早晨都有同学在那里高声朗读，或是国文，或是英文，在这个地方读书是自由的，不是更有趣、更容易记忆吗？

在实验室中更是忙碌，你看，那边许多同学在玻璃瓶和化学药品中间，用了全副的精神找寻自然的秘密；这边又有许多同学在显微镜下探求最奇异的世界，若你走到工学院的实验室去，更会有趣吧？到处有机器的震响、皮带的狂舞，钢铁造成的世界（自然比不上清华北京的工厂设备），还有同学敲樵铁条的声音或用工具磨着木头的声音，这都是学校的动脉和心脏。

课外生活

联大处处表现"自由的精神"，学生对于课外活动是非常热心的，差不多每天都可看到新的壁报贴出来，或是研究的心得，或是时事论文，或是文艺创作，这一种出得热闹，运动更多，足球、手球、篮球、网球等，设备虽难说完备，但玩的人非常多，常常有比赛：或是各院的球赛，或是和航空学校；云南大学或同济大学举行的锦标赛，女子球赛也常看到。

星期日是学生最活跃的时候，有的早晨到教室中去做"英文礼拜"，在基都教圣像下，合唱宗教的颂歌，虔诚地读着圣经，每次完毕都要祈祷自己的健康和祖国的胜利，有的邀几位朋友到西山上去旅行，看白云的飞舞，听深山的鸟歌；或是到滇池去划船，万顷碧波上，任小舟随意漂荡，帆影点点，渔歌悠悠，这都是学生最爱的，有的去观电影，有的参加学校的歌咏队，我觉得无论哪种课外活动，对于他们的心身或是功课，都有直接或间接的利益，在物质缺乏、环境恶劣的情形之下，他们以精神来补助，你处处都可看到他们表现着充实的生命力。

联大据在抗战的后方，学生对于抗战虽不能说有很大的贡献，但也做了不少的事情，只要在学生能力范围之内，他们都愿贡献自己的能力。好比兵役宣传队，有一次环着滇海做十几日的宣传工作；又如征求"伤兵之友"，只要学校一发动，差不多每个学生都加入了伤兵友社；其他如学校演剧募捐，或是街头宣传壁报，或是义卖，或是献金运动，等等。学生都自动地做了许多救亡工作，他们都不是前线的战士，但他们却是学术上、精神上、智力上，实验室中、图书馆内，各种各样的战士，他们固然愿竭力推动抗战，贡献抗战，他们更要在万分困苦中努力准备建立伟大光荣的新中国。

5 月于昆明

西南联大学生生活

联　生

国立西南联合大学在云南昆明，现有学生二千七百余人。该院包含文、商、理、工、师范等五学院，总办公室在昆华工校。图书馆等大部建筑在大西门（城郊）外，工学院实验工场及二、三、四年级则在城内。教授大都是国内名流，随便举数个，例如罗文幹、冯友兰、朱自清、沈从文、马约翰、吴友熊……学生则各处都有，从黑龙江到南洋群岛，从江浙到川滇，可谓集全国于一堂。这各院各系，功课都很忙碌，英文、数学非常吃重。现在就把这里的生活具体陈述，分食、衣、住、行四项来讲：

食。在联大里，一个学生最大的开支，就用在吃饭上，这里要三块半钱一星期的膳费，菜蔬很坏，饭粒很粗糙，可是同学不因为饭菜的恶劣，而少吃一点。相反地，比以前更会吃，吃到没有菜才止。清寒的同学可以请求救济金，十四块钱一月，恰好拿来做膳费。吃不惯学校里的饭，那么可以在学校附近小菜馆里包，大约三十块钱一月，比较丰美，可是总没有早膳的。

衣。因为昆明物价高，衣料缺，所以联大里暂时不做制服，长衫西装，各听尊便，形形色色，无奇不有。女同学有一小部分拼命地在质朴的城郊乡村里显耀着十足摩登的都市光辉，在口角上流露着傲然的微笑，当然我们不能以此而抹杀简单朴素、刻苦耐劳的同学，前者是少数，后者是多数。

住。联大的校舍，大部在大西门外，从前是昆华中学和昆华师范的旧址，新建校舍有图书馆、饭厅、教室、实验室以及寝室。新校舍的寝室有四十间，每间可容四五十人（双叠床），都是茅顶泥墙纸糊窗、黄泥地，大部分是一、二年级的同学（一年级必须住校内），到了三、四年级，就住在昆华，地方随意得多了，要是你住不惯校内，那就可以在外面租房子，但就不得请求救济金，否则严厉处分。

行。可以分为二脚行路的"行"，和日常生活行动的"行"。关于前者，联大因在郊外，路甚不平，晚上走路要小心，尤其是在雨天的晚上。其实昆明的街道，最好的护国路、正义路，亦甚平坦，因为不是柏油路。这里黄包车很贵，起码五六毛、七八毛。

其次要讲到联大的生活。生活在联大，可以适应每一个人的脾气的，不过一年级生就整天在紧张中过生活，繁重的功课，压得喘不过气，不要说想到什么地方去玩一刻，就是松一口气的时候也没有。从大体上讲，联大的学生是把功课当圣经的。此外参加课外活动也很踊跃，有群社、联大剧社、联大女同学社等组织。群社里面，包罗万象，有研究文艺的团体，有体育的团体，有艺术的团体……什么都有，学术思想的自由，在国内可谓首屈一指。

生活外之生活

（一）坐茶馆——晚上图书馆太拥挤了，就到附近的茶馆里，泡一碗茶，一边吃一边看书，很有诗意，这样可以做完你夜间的功课，这个风气也是很特别的。

（二）"街头平等"——这是一个专门名词，因为在街头上，有西装革履的同学和衣衫褴褛的同胞，同地同时嚼着大饼油条，最平等也没有了。

（三）图书馆的拥挤——图书馆在晚上是开放一部分的，但是位置太少了，所以每个同学，都抱着捷足先登的心理，照例图书馆是晚上七点开放的，但是早一个钟头便有大批同学在等候着了，时间一到，簇拥而进，弱一点的，便被摒弃在外面了。

（四）广告场——校内有公众布告处，贴着大批同学的出让、征求等广告。从书本到日常用品，琳琅满目，花色繁多，不多细载，随便抄一张吧！"不顾血本，忍痛牺牲！（这是大标题）本人最近自香港寄到 Jacket 一件，原价四十元，新度 99%，今愿以三十元出让，机会难得，请勿错过，接洽处——新舍 × × 号 × × 床位。"当然他们用广告的方式来写这些东西，所以在联大读上几年的同学，很知道买卖，做生意经。

（五）五年计划——联大里因为功课实在太繁重了，吞多嚼不碎，所以大部分的同学抱五年计划的，教授们也把这个名字，当作口头语。譬如同学们向他请求放弃学分时，他便问："那么你不是预备五年计划吗？"其实联大里有读上七年、八年的同学，他们的功课都很好，因为他们愿意在毕业学分之外，再读旁的学分。

联大的生活情形，就此结束了，这是实在的大概情形。

西南联大生活拾零

阿　延

　　跨进了联大的门槛整整两个星期了，像一个在街头冷巷捡拾破布烂货的穷孩子，捡得许多零零碎碎的东西，脑子里陈设得像昆明文明街夜市的杂货摊，那真是所谓琳琅满目了。

吃 饭 难

　　伙食由 10 块涨到 14 块（一个月），厨子嚷着不够，同学们叫苦连天。米涨到 60 多块一公担，经许多委员会评定才减到 55 块，从 6 月起伙食还要加 7 块呢：在打仗以前，能够到学校去念念书的谁也不会太愁什么；打仗以来，大家认识了生活，要生活就得先吃饭，吃饭要钱，这个年头不黑黑良心，谈何容易？！经济来源断绝的战区同学，贷金又没有发下来，吃饭简直成了大问题。

　　读了半天书，肚子饿了，铃儿一响，甚至于只要菜一摆上桌子，大伙儿就赶进食堂，没有凳子，大伙儿得站着吃，抢饭抢菜一点儿不客气，客气肚子就得受委屈，不吃饭哪来的劲念书？文明礼貌也得有饭吃才管得着。

　　饭嚼在嘴里硬硬的，煮得熟，够吃，就满人意了。有时饭煮少了还只吃到一碗呢；菜，两块小的豆腐干也算一盘菜了，盘数倒有五盘，可是拼起来装平平的两盘并不为多。说到汤，说得好听点就等于把白开水放点碎白菜，再加点盐就算是汤了，说得不好听些，别人家里的洗锅水，就再像也没有了。不过吃的时候你应当小心些，否则连沙都喝下去了。

小食堂合作社生意兴隆

穷的同学吃饭难，而小食堂合作社却仍然生意兴隆。家里有钱的，不愁经济来源断绝，谁高兴吃学校里劳什子的饭呢？！于是他们就成了小食堂、合作社的牛乳、面包、蛋炒饭、红烧蹄筋的好主顾，食堂老板笑口常开，而合作社也贴广告"新同学一律九折，以入学证为凭"鼓吹。

门墙之外

本年度一年级新生统计有 800 左右，上课就成了问题。往往四堂课就分在四个课堂里，校舍两处在西门城脚外，两处在西门城脚里。一打下课铃，你得拔脚就跑，路可相当远，新来的没有受过训练，那时候气喘腿子酸，而短短的十分钟绝对不允许你停一步，好容易赶到那儿，早已没有你的座位了。那时候你也只好济济地叹口气，列于门墙之外旁听一堂。教授口若悬河、滔滔不绝地传授着，说到滑稽处，哄堂大笑，你也只得糊糊涂涂地跟着笑一阵。最头痛的是国文，这两个星期来堂堂讲论语，这大家听了都皱眉头，几千年来的陈货，完全脱离了这时代的，读起来使人觉得像嚼甘蔗渣渣一样的乏味。

来 迟 了

"先生改组在哪儿改？"一个学生问。

"改什么组？"

"我们来迟了，甲组的微积分已经上了80多页了，甲组的先生讲得不大清楚，我们已经到乙组去旁听过了，乙组的先生讲得很好，而且只上了30多面，我们想改到乙组去。"学生急速地、理直气壮地说着，一个极朴实的面庞。

先生笑了，也许他觉得这孩子有点直率得可笑吧？"好吧！只要你能够得到乙组的那位先生的允许。""那位先生允许就成了吗？"学生又问，带着些高兴的表情。

"唔！"一个狡猾的笑脸。

图 书 馆

没有自修室，图书馆成了大众看书写字的好地方。不到开放的时间，门口早已黑压压地挤满了人，管理员一到，大家打起精神挤进去，紧张的面孔，迫切的声音围绕着管理员，大家热望能立刻借到各人所需要的书。在这里，有能力买书的终究不多，而有能力的呢，又以为请女朋友吃馆子、看电影比这重要些。

出 让

这个年头，谁都会打算盘了，在饭堂门口和过路地方，你可以常看到"出让《逻辑学》一本，价格××，接洽处：××寝室"或是"摩登白色高跟皮鞋三双，新度80%，价格8元，12元，接洽处：第×寝室"之类的条子。此外出让衣服、纸张、墨水、笔，以及一切日常生活用品，无不尽有，出让者多半是战区经济来源断绝的同学，有的是什么都卖光了。

白天的探头探脑和傍晚的点名

每天有摩登少爷来找他们的摩登小姐，目前困难时期，经费来处不易，一切因陋就简，没有会客室，更没有传达，要找人就得自己找。女生宿舍的规则既不能进房门一步，则唯有在门外探头探脑一法了。顽皮的同学说："××，你的探头探脑的又来了！"傍晚时分你也可以常听见一些充满着热望的声音："××在吗？"幽默的同学说："又在点名了！"

这就是所谓大学生活

外面是活生生的一个大时代，这里是死沉沉的冬天。生活在这里，你会感到心头无限沉重的压抑。2700多个年轻人，一盘散沙地聚集在一起，没有半点儿生气和组织，这就是所谓大学生活，这难道就是你所憧憬的生活吗？

紧张，抢

——生活在西南联大

梁 金

　　我们好似微小的铁屑，联大好似一块大磁铁，把周围许多铁屑都吸在她身上。她是由清华、北大、南开等三大学合并成的，所以她不但保有这三大学传统的精华和原有的优良种子，而且更加以发扬光大。

　　联大的范围很广，校舍分布在城内和城外。工学院在城内拓东路，文、法商、理学院在大西门外，师范学院在文、法商、理学院隔壁的昆中工校里。本文所写的仅仅是片段的叙述，烘出其一鳞半爪而已。

　　在学校布告栏上，时时可以看见张贴了许多广告式红红绿绿的纸，上面写着××学会主办××演讲，主讲人×××教授，演讲题目、地点和日期等字样。演讲门类之多，简直使你听不了忙不过来，虽然有时隔了一星期或两星期一次，但是有的时候天天都有，甚至一天连着二次三次，或者都是在同一个时间举行。什么政治学会主办的政治问题若干讲，青年团主办的战后问题若干讲，社会学会主办的，化学学会主办的，物理学会主办的，国文学会主办的……写不胜写，我也记不太清楚，就是在联大读到毕业的同学，也不一定说得完全。

学术演讲，可以增进我们学识不少，教授讲得也非常动听，所以听的人也非常踊跃，不但不容易坐到好的位子，就是教室里的位子也不容易坐到，教室的位子坐满了，只好站在教室的每个角落，有时教室里也站不下去，结果站在教室门口、窗子下的空地，个子矮些的，只好听收音机似的不见其人，而听其声。

演讲的时间还差一两小时，座位便老早被人占满了，演讲的时间，多数为两小时，讲完了，教授特别准许我们发问，一问一答，有时问得巧而答得妙，兴奋极了。

此外，更有座谈会，如青年恋爱问题座谈会、太平洋战争座谈会等，也很能吸引大家去参加的，评辩教授也有几位，只要有一位胆大的同学发出第一声炮，后面发表意见的同学便会踊跃地跟上来，各人有各人的高见，诙谐迭生，令人笑痛肚皮。最后教授所下的结论，虽然不能说经天义一定对的，但是他们也综合了我们许多理由再掺杂他们的见解，当然这结论是相当可贵的呵！

我们有着三校的教授，大家研究学术自由的风气又特别浓厚，假如自己有心研究的话，在大学四年内不会没有收获的。我们把握住在联大特有的优点（一般人都承认联大教授多且有名），所以，我相信这些演讲和座谈会、讨论会，一定比别的学校多是不成问题的。

许多朋友写信来问我联大的生活还好吗，我总喜欢以"紧张"两个字来形容我们的生活。虽然我们的生活好像公式一般，老是上课、吃饭、自修，从教室里出来，向图书馆里进去，但是呆板的公式中也紧张得要命，倘使你认不清这紧张的话，便很可能被刷出去的。

早上，不管天冷到刺骨也罢，或者昨晚给臭虫包围袭击得没有睡够也罢，总得六点钟起身的。功课是毫不客气的一天比一天多，要不是今日事今日毕的话，那么每天积下来的账目，将来每月结算时便无法结算了。

上课铃响了，一群抱着书本和讲义来的同学都向教室里跑。有时上课铃尚未响前，教室里也放满了占位子的书、笔记之类，每个人都想占得好位子，所以抢位子的技术也得训练。课本是不容易买到的，何况现在大家都是穷光蛋，就是有课本的话，笔记还是少不了的，你没占到好位子，听讲的时候当然吃亏些，笔记记不好，将来考试又危险，考试万一失败了，贷金又成问题，也许还要你滚出去。啊！抢位子上课太普遍了，哪里用得着客气的，男同学让位给女同学是绝对少数的，除非别有企图。

联大学生生活的透视

近

　　"由北大、清华、南开三校合并的西南联大，最近已参加了几十个单位学校的成分。"这是联大校委蒋梦麟先生在行升旗礼时说的话。

　　每一个学校有每一个学校的特点，也各有不同的生活习惯，所以在联大里可以看到各式各样的学生生活状况。

　　在下课的时候，清华和南开的 Bridge 最为风行，广东、香港流行的"拍拖"，当然也是少不了的。这里有海派学生的"活泼"，也有内地学生的"沉默"，有烫发摩登的密司，也有村妇式的"老太婆"，有一天到晚和书本拼命的"老夫子"，也有拉拉唱唱的乐天派。晚饭后鹄立在图书馆门口等开门的大都是埋头苦干的朋友，陪女同学到这里来坐坐的，也有很少的少数。课外活动有的是同乡会和各式各样的学会社团，每一个社团都拥有不少的同学。在集会的时候"茶点丰富"必须要大书特书地贴在揭示处，不然到会的人数便会寥若晨星；有女同学参加的集会便格外地有生气，否则发言的人就会感到不起劲。在有名人演讲的时候，不需要有丰富的茶点，便会一窝蜂似的拥将来。茅盾四点钟演讲，一点半议堂里就宣告客满，使来者不单是无立足的余地，找个缝儿看看都不可能，这也可以象征联大同学求知欲的浓厚。

联大学生究竟是穷的多？或者富的多？这里是无法统计。吃的方面普通的是同学自办的伙食，每月六元六角，两饭一粥。钱多的同学花样就多了，"私人包伙""教授厨房包饭""门口小店零吃"，不高兴还可以到"友谊"去来一杯咖啡、两块牛排，临睡觉还可以到门口去喝杯牛奶。蛋糕每块需国币五分，然而不消到晚，店里即会宣告"无货"，谁还能说联大的学生穷？

另一方面，家在战区的穷同学，经济来源断绝，亲朋无可告之门，不得已在缴费同学吃过饭以后到膳堂去吃一点残汤剩饭，来维持生活。天热是破制服一袭，天冷还是破制服一袭，鞋子前后张嘴，袜子左右开花，冷得受不了操场上打一回球。"苦"不能消磨人的意志，相反的这一类的同学正放开了大步向固定的目标迈进。

联大的学生宿舍是借工校、师范、昆中的教室，二三十人一间的"统舱"，上下两层的楼铺，桌椅一概不备，要看书，就得上图书馆或是上饭堂。教室在农校，距宿舍有一公里之遥，尤其是住在昆中南院的同学，上课须要城里跑到城外，大西门外那一条高低不平的道路在天雨的时候，又滑又烂，有倾跌之虞，其难走真"难于上青天"，于是一般同学为之定名"阎王路"。

女同学比较是优待一点，宿舍，就在农校的东楼，距教室仅"数步"，可省去"跑"，但农校是无电灯装置的，夜间女同学的房间里只"一灯如豆"，"似明似灭"，和从前清华园里的"水汀宿舍"大有不可同日而语之慨矣！

早晨的升旗是轮班的，各寝室挨次代表参加，教官每天是照例的"登门奉请"，不然操场上就冷静不堪了。

联大同学的生活就是这样的生活，也紧张，也松懈，也热闹，也冷静，各种不同方式的生活的集体，就是整个联大学生的生活状况。

在西南联大

金 星

　　太阳一照上大西门的城楼，那通城的一条崎岖小街上已经布满了白菜萝卜的菜担子与往来负货的马队，夹杂在菜贩与马队之间的就是穿黄制服、黑布棉大衣的学生，有的拿着面盆站在茶店门前等水，有的已经夹着书向着学校的方向走了，但大多数的同学，正围着横街上的馒头摊：

　　"再要一碗豆浆！"

　　"豆沙包子，快一点！"

　　为了赶上第一堂课或者在图书馆里占好座位，许多等急了的朋友就乱嚷，于是这嘈杂的声音同菜贩子与买主论斤较价的声音混杂成了一片。

　　快到八点的时候，小摊上就清静了，吃饱的同学，就抹抹嘴向学校所在的方向漫进了。

　　在清晨的阳光下，农校的灰色建筑，有着特别的一种庄严神态，屋顶上还有伪装的遗迹，枯黄了的松树枝散在瓦上，那翘起的几枝，还在晨风中颤动。校警守着的门上，又多了几张布告，什么"两广同乡会""法律系系会""中国文学系专题讲演"……走过的人，都得站住一下，看一看布告。到中楼，门前的旧布告上又准是张贴了新的赛球布告，也许因为怕纸的颜色还不够引人注意，还画上了滑稽的人头。

钟声使上课的同学分别地走入了中楼、东楼、西楼，使要到图书馆去的同学，进入了图书馆，中楼前的草坪上没有人，就是过道上，也很少有走动的人，只有东楼门前送衣服来的洗衣妇，蹲在石阶上，一壁数着小姐们交给她们的衣服，一壁和同伴闲谈。

两点钟过去，中楼前的草坪上慢慢地有人在晒太阳了，有的躺在干了的枯草上，有的靠着树，有的就坐在半湿半干的枯草上，闲空的就聊聊天，有时还可买五分钱的花生米嚼嚼，助助谈锋，用功的同学，不是拿着普通英文的讲义，就是捧着法文文法读，小姐们除了书本外，还拿出五颜六色的绒线来织。操场上有着一大队人在做体操，马约翰先生清晰的口令"一二""一二"地吹送过来。足球场上也有着五六个农妇在理稻草，她们把稻草理成了一束，就在石块上打，有时一些云南的民谣就轻轻地从她们口里唱出，这唱声同中楼前草坪上坐着织绒线的小姐们所唱的洋歌儿合在一起。而中楼里的教授，好像故意要提高嗓子似的，用劲地在讲述"Logaltg"。

这时的图书馆，已没有一张空桌子了，本来一个至多只能容三百人的图书馆，是不能容许每个人都有座位的，在满了人的四周看一看，有没有一个空座位，要是有，就坐下去，不必管桌上的书的主人，但橡皮钉子是常易碰到的，当你一坐下去，旁边的看座者，就会很不客气地说："这里有人的，一会儿就来！"但是天知道他什么时候会到这占好了的座位来，所以在这时去图书馆的，都会失望地退了出来。

同样地，校医室门前也挤满了人。据说昆明现时是病的季节，所以害感冒的人特别多，内科大夫忙得只望自己多一双手、多一副耳朵，可以多听几个病人，而外科大夫也忙得放下纱布，就拿剪子。

上完半天课，该是吃饭的时候了，包在大西门小饭铺的同学，就到大西门去。于是大西门的横街上又热闹到极点了，没走到街口，就可听到伙计们的呼应声，而街角上的水果担子，又该为一班穿黑棉布大衣的同学所围着了。在学校包的，就回到各人的宿舍去。联大的宿舍是分散的，于是各人向自己的宿舍走。女同学在校内，但是一个只能放十张小桌子的小饭厅，怎能容纳二百多个同学，只好分作两次吃，第一批还没有吃完，第二批已经捧着碗在等了，有时要等到一点半才有饭吃，而下午第一堂课是一点开始，所以常可听到小姐们为吃饭问题而发的怨言。

饭后，中楼前的草坪更为大家所喜爱了。歌声笑声不绝地从四处传来，而中楼进门处的阅报处，也变得非常拥挤。草坪上除了静卧着的、唱歌的、闲谈的而外，更有一批讨论时事的朋友，有时为了相反的意见，竟会争论起来。

信差好像特意选定这时间来送信的。当绿衣人一进校门，许多同学都跟了上去，他怕被围走不出，把几百封信向桌上一掷，回身走了。于是同学挤着挤着，一个人手里拿着一大沓信，一封封信地翻阅，接着就有许多声音在喊：

"××：有我的没有？"

"有×××的没有？"

女生宿舍的工友钻入人丛中，赶忙抢着几封上面写"女士""小姐"的信，在"走，走"的驱逐下，他只好拿了抢到的几封就走。

上课钟总算是解散这拥挤着的人群唯一有效的工具，虽然要上课的人走了，但没有课的，又会走向堆信的桌边，又重新把信翻一遍。

下午虽然也有课，图书馆也照常开，但在操场上活动的人增

147

多了。有的固然是上体操，但有许多是自动地打篮球、踢足球。联大的老学生是相当喜欢运动的，所以在篮球场上，常可看到赛球，有时南开对清华，有时北大对清华，有时什么会对什么会，非常热闹。

昆明的傍晚相当的冷，同学们各自回到各自的宿舍去了，学校里变得非常清净。那时的广场，为美丽的夜色所笼罩，有点昏暗。但在昏暗中，西山的曲线随着暮霭在暗青色的天边舒展。虽然晚风有点刺骨，要是在小径上漫步，就会使漫步者忆起了北平，北平初春的夜晚！

女同学虽然多数住的小屋子，一屋有两盏油灯。男同学住校的都是数十人一屋的大房间，在如豆的灯光下是没法儿读书的，于是那有着十张汽油灯的图书馆变为众人要争取的圣地了。不到七点钟，图书馆的小门前，已挤满了人。等七点一到，开门的工友好容易挤进去开了门。门一开，就像水开了闸，人群就如八月之潮似的向图书馆里直冲，开门者也只好随波逐浪地被推入图书馆，在这样拥挤之下，还有许多人是向隅的。

在宿舍里的，就像是入了船舱，有的坐在小桌看书，有的就在床头点起蜡烛，坐在被窝里看书。说宿舍是船舱，一点也没过分，因为都是双叠床，灯光又那么暗，所以当第一天睡在叠床上，半晚醒来，听到窗外呼呼的风声，真会怀疑自己是在海船上的。

每晚十一时以后，全宿舍都安静了。宿舍更像一只夜泊的轮船，每一所房舱里的人都沉入了他们自己的甜梦，等待第二天清晨刺眼的阳光来唤醒他们。

联大风光

郑以纯

在西南联大读书，是不能讲客气的，一天有四五次抢，从早上起身一直抢到晚上睡觉。谁要想保持"雍容揖让"的国风，就不能在联大读书。

一清早，灰色的天幕还低垂着的时候，呜呜的起身号就响起来了。立刻，宿舍内起了骚动，大家赶快起来，奔向"老虎灶"进行一天内最先的竞争——抢洗脸水。所谓"老虎灶"，有一个深达四尺的水锅，虽然也备有勺子舀水，但事实上是等不及的，用随带的面盆来舀，不是干脆得多吗？水渐渐地浅下去了，因为锅子深的关系，人舀水时鞠躬的角度也渐渐地大起来；水将到锅底时，必须连人连面盆全伸入锅内。因此问题来了，有时一个前倾，两脚脱空，腰部刚好扣在锅沿上，两头不着力，情形有似乎"驼子跌筋斗"而完全相反。好的是锅子旁要水的同学很多，绝不忍眼看你在"老虎灶"玩"跳水"，少不得要助上一臂之力。一阵哄笑固在所难免，但牺牲者也不是没有代价的，他使抢不到水的同学的不开心，化成一团和气，高高兴兴地去洗冷水面。

洗好脸，顺序下来，当然是吃早饭，饭厅内是乱哄哄的，粥桶边是典型的战场。迟些来，粥菜当然是没有了，给同桌的或别

149

桌的同学吃光了；但事实上，粥菜不过是"末"，天天总是一些洋薯沙之类，不吃也不稀罕；重要的乃是粥"本"身，普通饭碗不够大，非用菜碗不可，有的甚至拿钵；但拿钵到底太"猴子相"，因此普通是在左右手各拿菜碗一只——武装好了，到粥桶边混战一场，粥或许可以抢到，但有时身上却不免挂彩，东一搭、西一弯的，真也不大雅相，但也顾不得了。粥是薄到不可再薄的，到饭厅里食客快走光的时候，升旗号也大约要响起来了。升旗礼后方是早餐号，但是只有傻子才会跑向饭厅向空了的粥桶发气；如果来不及在升旗前吃好早餐，那只有到外面去吃早点，或者饿上一顿了。

之后，当然是学生的本业，上课了。

西南联大确实大得可以，每班的人数八九十人不足为奇，于是问题又来了。上课时椅子不够，得向别的教室去拖；坐在后面的人，既听不清教授的高论，又看不明黑板上的蚯蚓文，于是大家抢前座。但是"Lady First"乃是"天之经也，地之义也"，第一排当然不用说，是女生的宝座，碰不得的，竞争的目标乃集中在第二、三排，早在上课以前，就有人默默地坐在教室里，因为要抢好座位。后来抢座位的风气越来越盛了，前五六排的好位子，总是排满了练习簿之类的东西，表示已经有人定座。可是"强中自有强中手"，在微积分课要排定座位的一天，一位仁兄就在早晨三点钟出动，把所有座位上的书呀簿呀之类，一扫而空，全堆在讲台上，自己就坐在最好的位置上。四点钟起，便陆续有人来了，对于这个办法哪有不赞成之理，人一多，形式就定了，等到原已用书呀簿呀定了座位的同学施施然来到教室的时候，早已"英雄无用武之地"，要争也乏味，少不得委屈一次了。

未到吃中饭时间，腹内早已屡次发出警报，吃饭时又是一场盛战。饭吃不饱，便大骂膳食委员。

"这届的膳食委员真是混账，你看！米也不多买一点，早上是水一般的米汤，中午只能吃两碗。菜坏一些不要紧；饭，哪里可少？"

"哼！非但是少，而且吃红米，又粗又硬，怎吃得下？"

"菜也不见得好呀！四碗全是素的，荤菜里我只看到一丝牛肉，还说牛肉便宜呢！"

"我们每星期三元半钱到哪里去了？"

但一经有人解释——"不是膳委不好，实是东西太贵。最坏的米，也要五十元一担，青菜三角钱一棵"——大家的气就平下去了。其实大家都知道这真情，只骂骂出气而已。

吃饭时谈的当然是吃饭问题，除了骂膳食委员外，下面一则也会一时成为谈资：

"听说南院那边有人付不起膳费，就专吃别人剩下的饭，不知真不真？"

"我不相信。"的确，大学生倒剩饭吃，在人的心目中多少有些异样。

"唔，实在是真的，听说是北方的同学，家完了，光身一个人跟着学校从北平到长沙到昆明。现在贷金好久没声息，他付不起膳费，只好等在饭厅角上，等别人吃好，他吃剩饭。"

"碗中的剩饭或者还有，桶中恐没有饭了吧？"这是经验之谈。

"真难为情，要是我就做不出来了。"再是一个慢慢地摇头。

"他只差一年毕业了，自然就很难为情也得做。"这句话却显得有些刻薄。

谈着谈着，话头往往牵扯到有钱的同学身上：

"妈的，我前几天还听说有几位少爷把伙食包在西餐里面哩！你想，西餐每客起码二元，每月就得一百一十元，况且少爷们吃的总不止二块钱的西餐。都是同学，相差却如此，你说气不气人？"

"学校是社会的一角，社会上情形是如此，学校内当然也如此。"这是大家公认的结论，事实上也正是唯一的解释。

中饭后，校门口是最热闹的所在，墙上红红绿绿的广告真是好看：大的是团体启事，小的是个人业务。联大的学生，因为物价高昂的关系，对于旧货的利用，是前无古人的。谁有多的东西，就贴广告出卖，谁欠缺什么，也当然先向广告堆中搜索，不得，再行征求。买卖大概集中在书籍、文具和衣着上，一旦成交，两下都便宜，因此市面是愈来愈兴旺的。

在街上散散步，时常可以看到摩登的联大女生，有的甚至烫着上海流行头发、穿着高跟鞋，衣服花花绿绿的和少奶奶差不多。而男生虽亦间有穿着漂亮西装的，但大部分都是破破烂烂的学生装，由长沙来的更穿着黑棉大衣，褴褛的样子像乞丐。但是女生一般比男生有钱固是事实——这牵连妇女问题——要在衣服上断定男生家境多不甚好却也要离宗；穿得破破烂烂似乎已是联大的校风，连教授们也很多如此；花钱最厉害的也总在男生方面，否则文林街上七八家食堂也不会常常座无虚席了。

食堂的生意兴隆，其实也无足为怪，在伙食方面，没有比联大新校舍的大厨房再坏的了。每人每星期的膳费是三元半，吃着连本地土人也不吃的红米，里面有大小石子、谷子、雀子。四碗菜，除星期六有一碗是荤的外，其余总是吃素像斋。吃完一碗饭，菜光了；吃完第二碗饭，饭桶早已空空如也。到校外去吃，包饭每月至少三十元，打游击的话每餐起码八角；穷小子哪里吃得起？初来的时候，大概都吃不惯的，现在则竟至抢饭。说起大学生抢饭，似乎不大好意思吧？但事实使然——饭不够啰。大家都羡慕重庆和贵阳，中央大学和唐山交大，只六元、八元便可包得伙食。全国就只昆明最贵。

晚上，因为新校舍内电灯还没装好，可容六百人的图书馆内悬起了 12 盏汽油灯，照得和白昼一般。门前拥着一堆人，候开门。人愈来愈多了，你挤着我，我撑开他，大家都预备着每天最后一次的竞争。大钟打了七下，是开门的时候了，空气突然间紧张起来。竞争已到最后关头，稍一疏忽，就是白受了挤压挣扎之苦。忽然，大门开了，于是一股人流像决了堤似的奔腾而入，抢着灯下的好位子。一时只听得啪、啪、啪的放书声和"老朱，此地！""小陈，快呀！"的招呼声。迟来的，看看没有好位置，就三五成群地上茶馆去了。

上茶馆去做什么呢？难道也如一般"马路天使""富贵闲人"样地去清谈国内和国际时事，刺探街巷间桃色新闻吗？非也，非也。他们上茶馆并不是谈聊天消闲，而是读书。上茶馆读书是联大学生极伟大的创作，是废物利用，是旧瓶装新酒。因为新校舍中既没有电灯，图书馆内又"桌"少"生"多，哪里及得茶馆中电灯雪亮；茶钱只五分钱一碗，并不昂贵。泡上一盏茶，可以从六点半一直读书到十点半，任怎样划算，也是经济的。便宜货当然人人要塌，因此上茶馆也要竞争，迟一些去，茶馆店内一准没你的份儿，从凤翥街、文林街，以至很远的钱局街，十七八家茶馆，会一个空座都没有。到那时，才有些无趣，少不得赌气不温书，回到宿舍，点起学校供给的萤火似的植物油灯睡觉拉倒，以便明天起个绝早补足今天的功课。

一天的生活于是完了，可是即使在黑甜乡里，恐还是梦些抢洗脸水、抢早粥、抢课室前排、抢中饭、抢晚饭、抢图书馆内好位置、抢上茶馆哩！

联大生活的一个侧面

季光藏

近来意兴阑珊，难得写信，常累故人远念，此中道理，欲说又罢。今晚卧房孤寂，灯火如豆，屋外夜风撼户，格格生声，此情宛如《聊斋志异》中光景，谈鬼乏良友，权与君略抒积怀。

中秋后，校中"山海云"剧社筹备《家》的演出，排戏远在暑假里便开始，但几次困于人事，到10月初方得上演。我被拉去后台帮忙化装，为了兴趣问题，我答应了，正是过了10天的剧场生活，每天晚上二三点钟睡，早晨还起来上课，有些课根本不上，用睡觉代替了。戏的演出是失败了，且不值一谈，为一个中学筹款结果恐怕赔了几万的样子。一个戏的演出真非易事，有许许多多意想不到的问题，前后台近百人，每天吃一顿晚饭，还有点心，即需五六千，至于女演员撒娇脾气还是小事。我所化装的是一个女的，演婉儿，人不高，而胖，中文系三年级，很聪明。相处10日，不无感情，但结果只是自讨苦恼而已，这里不必细说，影响我的生活甚大，作为一种经验也好。我之所以两个月不写信，这是一个原因，当然我并没给"她"写信，只是说不出的烦闷而已。

10月2日开始演戏，而10月1日，却在校中出了一个壁报《文艺》。这事与演戏无关，只是两件事刚凑在一起。这壁报定半月一期，由我与一个朋友共同负责，每期约一万字，所以戏演完，便须筹出第二期。第二期出时那朋友因盲肠炎进医院，我一个人拉稿抄写忙了一阵。朋友病好得快，出院后一次谈话，决定出一个《家》的特辑。本想写一篇论"结构"的文章，这时又担任写一篇剧评，朋友写一篇《曹禺的写作方法》，另外俺一个朋友赶一篇《论家的社会意识》。大概花了两天的时间，又把它送了出去。一般人的印象还不坏，且有人觉得我的《论家的结构及其他》非常不错而想抄录的。"特刊"与第二期相隔一周，又过了一周出第三期，逢校庆，但未有特刊出来，仅写一短文以表征意。之后逢到月考，考的结果自己对自己大大失望，竟不想读书了。

这时有一队演剧宣传队到昆明（不久后将演《蜕变》），看到他们那批人多物质虽苦而精神快乐的生活，不觉非常向往。他们住在学校隔壁，早晨练习唱歌，唱得不错。晚间我经过时，听见提琴声音，非常凄凉而抑郁，一时的感情如听见《锦绣山河》中的"鸽子歌"一样，但觉得难过而已。人的情感太复杂，而运用文字的能力又太薄弱，不觉悲哀。现在33个队员已搬到另一个地方去了，大概专门在从事排练吧。

三四星期前为了请某种奖学金而写了一篇六千字的《战事与中国之大学生活》。明知奖学金无希望，名额少，好的人多，却又不得不写，这心境也是怪苦的。昨天为了此事被叫去谈话，一谈话，我的毛病来了，我是说话更拙于写文的，希望更少了。壁报第五期又送了出去，是诗专号，花时较少。今年联大壁报太多，已达10个（去年只有一两个不定期的），热闹煞人。

从政在乐山，来信说起那边情形，说曾寄一篇稿子给当地的《诚报》副刊，编者将原文中的GONE WITH THE WIND擅自译为"与风去"，可见这位先生（武大毕业生）不曾注意到书店里放得很久的译本《飘》，更不知道日译本有《随风而去》这一本书，真是太不见世面了。其实上面两个译名也没尽善，盖于内容不切也。忆民初说部中有《红粉劫》者，倒是一个现成的名字，俗得可爱，不然便译为"萍水草"，但又太像诗集的题名了，难，难。又云乐山武汉大学的学生程度太差，所作文字似高中一二年级的东西，教授们常寻个开心，将卷子贴在黑板上，标题称之"奇文共赏"。学生们当然非常不平，认为此举侮辱青年。实说现今大学教授专论资格与学历，而不以教导为前提，也是可悲的现象。

邻室有一位同学爱拉提琴，拉得不高明，但我也很喜欢。有时他邀我去听他拉，我常常心不在焉。他拉的调子我都不懂，但当他拉完最后一长弓的时候，我倒很欣赏。我爱这一刻的沉默，你可怜我吗？

你问我有什么东西送给你吗？我倒不好意思说："哦，我忘了，本来倒是这样或是那样给你的。"写到这儿，想起陶弘景的一首诗：山中何所有，岭上多白云；只可自怡乐，不堪持赠君。

昆明市郊并无高山，只是小丘陵上筑着不少中古风味的碉堡，立在蓝得叫人发愁的天幕前，有一朵朵白云飘过，闲时看看倒亦颇有诗意而已。

给来联大的同学
——联大一年级同学在昆明

李　西

这幽美的境地布置了我们的宿舍

在昆明西郊，一大方的庄园，被密接的围墙包围着，前面倚贴着环城马路，后面就紧接着滇池渗进来的小湖，橙黄色的高楼，宽敞的草坪，苍绿的阔叶树随风激动而扑扑地响。站在大楼上，望着夕阳投进昆明湖，映红了湖水，泛起千条金鳞，瑰丽的西山，耸立在湖畔，这幽美的境地，布置了我们的宿舍、课堂。这是省立昆华中学的新建校舍。昆中为了疏散缘故，搬到旁的地方，我们却幸运地搬进了新址——新昆中——离校本部也只一公里。

"新昆中"汇集着八百多青年伙伴，来自不同的角落，有的在敌后方打过游击，有着丰富的经验，为着进一步学习，又回到学校；有的抛弃了殖民地教育，从海外踏进亲切的国门……都带着一颗炽热的心，进入联大，安顿了疲困的行脚，教官发一张入舍证，就可找到舒适的床位。几天后，那陌生的脸、生疏的语句，也渐渐地熟习了。

我们的宿舍占据了一座楼房，40多人一室，因为自修不在寝室中，所以并不觉得那么挤。电灯雪亮地照耀着那白垩的楼板，在义驿站上，将滞留一年，在夜晚，风声刮进那纸糊的窗，袭来一阵寒意，可是终感觉着，劳顿的灵魂，也得到慰藉，乌黑淹没了寝室，那酣适的睡眠中，什么思念都消失了。

初到昆明，40元一月的伙食，打牙祭也花不了几个钱，但是在去年11月间，米价的飞涨，真像公路上里程碑那样倒下。白米饭，白米饭带红米，红米饭，随着米颜色程度的悦目，贷金由40，60，75，最近要超过百元了。在"昆明物价平抑"，像这里风季的风，扬起一阵灰刮过，而"囤积""居奇"却以风里的沙土，沉积下来。米价涨，旁的物价紧跟在后面。我们一天两餐，在上午11时前一节课，在我们头脑里，老是盘算着"赶紧下课，跑饭厅，抢饭"。朋友，听到"抢饭"，你或许要笑，这些年轻人，说得正经，里面好多同学是早做爸爸了。对这"抢饭"的训练，也学得不少门路。厨房门刚开一扇，七八步前早有了埋伏；伙夫把饭抬出，我们的手神经地早伸进饭桶，伙夫也气呼呼地挤在中间。"抢饭"说它是喜剧吧！就这样立刻表演了！幸亏女同学有她们独立的膳团，像这样营养既无，还处处出卖费力气的场合，是难碰到的。不过，"抢"在联大似乎变得是很平淡的一件事。"抢饭""抢水""图书馆抢书""抢定点饭"……"抢"的场合真多着咧。

这些使你觉得读书实是一件乐事

在昆明，四季皆春的良好气候，玩西山，大观楼，昆明湖中轻舟一叶，都使你神往。或者，拿一本诗集，躺在宿舍前柔美的草地上，吟咏那轻快的诗节，金黄色的阳光，洒落在你周围，悠悠的白云，像一群绵羊似的放牧在草原上，这云贵高原上独特的昆明良好气候，在那优美环境下，这些使你觉得读书实是一件乐事。未来联大前，据说联大混学分，并不难。朋友！假使要来联大混，这梦幻暂让它化为烟吧！一年级同学进联大就英文能力编组，题目不难，作文、文法都要考，如果考得坏，也不会降先修班。提起英文，就顺便谈谈联大大一英文。

联大的英文共 6 个学分，每星期却有 3 小时，2 小时英作文，读本全用英语教授，教员一进门来就是能 A、B、C、D……一直到摇铃，不管学生听得懂、听不懂，所以学生在上课前，非准备不行。英作文每星期要作，当场交卷（50 分钟）。到大考终了，每个人最愁急的就是英文，当成绩公布时，不及格的有三分之一以上，59 分也有上几打。国文就比较便当，课本有文言、有白话，其中作文限定写白话文。朋友！你不要认为白话文就可随便敷衍了，在这里，白话文的水准也提得很高。

至于工学院的物理、微积分，读工学院同学除掉化工系比较化学重于物理外，对这两门功课都有些"望而生畏"，入院资格是物理、微积分，每门要 70 分，否则，留级，转院。可是平时加些油，多做做习题，也不难及格。当然，想图侥幸，不费脑筋，任何事也不会这样容易地过去。

在联大，读教授指定参考书是很重要的，一年级同学也不例外。小考时候，终会有一二门题在书本上的，所以光读笔记，也只有一及格分数。

这里成绩计算是以一学年为单位。第一学期假使全部不及格（当然，不会有这样事），第二学期努力加油，全部平均及格，仍能升级。可是这里不及格，却没有补考，59 分也可说就是零分。第二学期结束，成绩不及格的超过所选学分二分之一即开除学籍，三分之一以上留级重读。初进联大的新同学有上七八百人，到二年级就只有五六百了。当然，上课多留神些，那么，也用不到"五年计划"。朋友！希望你踏进大学之门，一帆风顺。

你或许也想听一些这里同学活力的表现吧

你或许也想听一些这里同学活力的表现吧！这，我也是急迫地向你报告的。跑进"新昆中"，在壁报栏内，能见到各种壁报，综合性的、文艺性的，在这上面，有的反映出我们的生活，有的也可看出青年人如何关心抗战建国中各项问题，有的则正努力于抗战文艺的创作……步伐是整齐的、一致的，对脓疮大胆地揭破，对嫩芽细心地爱护，我们跟随着老大哥们，他们前进一步，我们紧跟一步，在各种团体中，在工作中，大一同学常表现出良好的精神。

天天在书本上啃，也是枯寂的。在联大一星期中，却有不少精彩的学术讲演，可调剂那寂寥的生活。像在寒假中，青年团和"当代评论"社合办的《战后建设问题十四讲》，聘请校内教授对于战后建设、战后的世界与中国、国民思想心理、社会、教育、政治、经济、财政、金融、国防工业，有详细的剖析。至于平时，各学会、各研究团体，常举办有系统的学术讲演，我们大一同学在四年中可获得不少丰富的学识。

怀念中的西南联大

郑临川

西南联大的茅屋校舍，鸽子笼式的，建筑在昆明大西门外一道公路的旁边，被一层每到雨季必坍塌一部分的黑色土墙围绕住，本是大的坟地削平起来的，所以茅屋的附近，往往点缀着不少成行成列的撑天柏树，雨夜萧然，便是月夜，也显得相当的阴森。屋子，一律用土黏合筑成，几根木料竖作柱子，上面覆盖茅草。两头是通门，门口墙写上阿拉伯的字号，白色的左右壁上分划成好些个窗户，用木条直隔着。每间屋子是独立的，纵横排列，不下四十余间，宿舍、浴室、储藏室，都在这里。延着常春藤或牵牛之类的野草。有的绿到窗缘，夏天最好看了。

雨季，风季，是昆明特有的气候，给这些茅屋书生的打击也不小，一年一度的。在风雨季中，我们体验过老杜《茅屋为秋风所破歌》里所描写的境界，谁说文学不需要实验呢？特别半夜，狂风暴雨，几乎连屋也会给卷走似的。同学们都被惊醒，到处是"滴答滴答"的屋漏声。于是抱怨的抱怨、搬床的搬床，忙了个大半晚，睡下不久，又发现了漏洞，又怨，又搬，这种生活一直要继续好几个月、好几年。早晨起床，第一个困难是去浴室的路被雨浸坏，1尺多深的泥浆，不是把脚陷得很深，便是滑得很远，使人一步一停，再活泼也没有用，如旧日妇女移动金莲那么艰难。到饭厅，到图书馆，到课堂，全是这样的路，在雨季。

自然，这种地方也有这种地方的乐趣。住久一点，同学们便发挥了各人的创造天才。我记起十八舍同人培植的那一方花园，在十八与十七两舍中间的荒地，画图样，买花种，掘泥土，都是同学们轮流出钱、出力、出汗。不到半亩的小地，居然有秩序地种下了芍药、德国兰（二十多种）、玉簪花、鸡冠、牡丹，红绿黄各色的小菊花，最多的是晚香玉。夏日傍晚，带了书卷，或跟几个同学去到花园的草地上坐下聊天，清香一缕一缕地游过来，自晚香玉的花心、花朵张开像白色的小喇叭，使人精神怡悦，如听到圣天使的歌声。

这些茅屋是美丽的、可爱的，当它们出现在照片或每个人回忆的印象中的时候。最深的印象是在几个风雨深夜，我从校外回到宿舍，见好些间屋子还闪烁着灯光，顺便从窗口望进去，便看见一支土蜡，或一盏油灯，点在杂乱的书桌上，有一个或两个同学正在赶做夜课，他们的服装和面目也许显得邋遢，而工作的严肃紧张却深深使我感动，他们自己何尝知道。这是战时大学精神的表现，也是民族生机的核心，不是一般人所能看得出，只有从抗敌日渐接近胜利铁一般的事实中把他们换一个方式表现出来。

有一次滇西吃紧，过路的国军匆匆赶上前线，忽然逃掉几个挑夫，到处搜查，竟把几个同学误抓了去，经学校力保才被释放。从这个故事里，人们一向对于联大学生的阔绰放纵的观念，应该重新考虑吧。要不然几个衣冠楚楚的学生，绝不会闹出跟挑夫不分而被抓去的滑稽剧。

也有人曾经拿"坐茶馆"跟"谈女人"摆在一起，引为对昆明学生的深忧，到重庆以后我才了然于作者误会的原因，打消了心底的抗议。拿重庆的茶馆来推想昆明，显然闹了"秀才不出门"

的笑话，何况，昆明一般的茶馆跟应学校而产生的茶馆又是两样。联大附近的茶馆区，是从凤翥街，到龙翔街，以至钱局街一带，大小五十余家。这是一些变相的图书馆（我们三千多学生的学校，却只有容下一千多人的图书馆），只有晚饭前后是例外。它没有像重庆茶铺这么的安乐靠椅、睡椅，而且还有一种特别的作风。每家茶馆的电灯特别多、特别亮，阔气一点的还陈列得几份大报和英文杂志，客人坐上七八个钟头，绝不另眼看待，出出进进的人们，都挟着一堆要做的功课，等天色完全昏暗，笑谈渐渐中止，一种习惯法管制了大家的行动，不是看书，便是写作，跟在图书馆一样，如果陌生人偶然不懂规矩闯了进去，那么"嘘！嘘！"的声音会警告他得知趣些，因此，附近的居民都不大肯来泡茶，让清一色的学生给包办着。离开学校以后，在曲靖等车，整天无聊，拿着几本小说到城内一家茶馆坐读，只过了一个下午，第二天去的时候，老板娘带笑给我这么讽刺："都像你先生这样，我们的茶馆也不用开了。"

此外，几位先生在困苦的生活中表现了读书人的气节，从行动上给青年有力的启示。

"不，谁说是日本人厉害，他的炸弹愈多，反把我这弱不禁风的人精神兴奋起来。也不用人扶，我自己去赶拥挤的火车，绝不旷一堂课。"这是刘叔雅先生在轰炸最多时期的壮语，"本来，我身体这么坏，从北平赶到昆明，轰炸的灾难，也许有一天会落在我的身上，趁着还有一口气，我要把平生这一点点文化宝藏分给你们，只要中国文化存在，中国是不会亡的，我相信！"多么有力的教训啊，不是有血性、有自信的先生绝不能这么感动人，被人长久地怀念。

汤用彤先生卖了旧皮袄以后说："以后不用想离开云南了，冬天没法儿过呀！"他谢绝好几次出国讲学的机会，坚决地守在后方，不到胜利绝不出去，哲人不问国事的庸俗评论，汤先生是以行为作了有力的反驳。还有讲西洋哲学史和美学的冯文潜先生，我永远忘不了警报来时，他带着夫人和七八个儿女，背着、牵着，年纪大一点的也帮忙带着衣服、被包，那一副奔忙、逃命的惨状，可是课堂里他坐得稳稳的、静静的，讲起希腊时代的哲人往事，那么悠然神往，使学生们走到另一个世界，安详的态度，完全像静水湖底的明月，飘闪着圣洁的清辉。

　　民国三十年的寒假，上龙头村住了半个月，为的是论文导师罗膺中、闻一多两先生都住在那边。这个极小的乡镇，离昆明二十多华里，联大的先生们大部分在此居住。为了避免空袭，每礼拜上城教书，都是赶路上去，爬着高低不平的小路。我第一次走，跑得汗流浃背，有点儿疲乏，先生们却爬了四年了，每礼拜两次，我感觉惭愧。借住在闻先生家里——清华文科研究所的楼下——发现先生惊人地用功，每晚12时才睡，早上6点钟便起，除了吃饭，很少下楼，离开他的书桌。平日听先生讲楚辞、说唐诗，那么痛快、轻松，似乎都是从灵感中来，这时才知道先生的学问还是像中世纪的苦行僧修炼得来的呵！半个月先生给我行为的启示，比4年任何的讲义都有价值、有力量。罗先生的家，低矮得连人进去也伸不了头，光线那么暗淡，桌上陈列着《四史》和《资治通鉴》。"这是唯一的财产。"先生满意地告诉我。那时候先生正忙于《九歌》的考证，准备有一个集体的盛大的学术讲演。也是整日地蛰伏在那间小楼房里。让文化遗产的阳光温暖着那寂寞而高贵的灵魂。

在西南联大

杨承祖

……我近来心境非常不好，所以不常写信，怕一提笔又要带起许多牢骚。可是，你不要怀疑，我的心境不好，或者说大多数人心境不好，绝不是为了考试落第，或者桃色纠纷，我们这儿是没有这些烦恼的。在西南联大，大多数同学的心境都和我一样。告诉你，这是吃饭问题。吃饭也成了问题，而且使大多数人都深感痛苦，其严重也就可想而知。

提起吃饭问题，你也许会奇怪，该不算什么大问题的。而且，你一定也常听人说，内地各大学都供给膳宿的，似乎更不成为问题。不过，供给膳宿是有条件的，从上海来的同学（或者家在上海的同学）才能享受到这种权利，家住在其他地方的人（不管是不是住在昆明）还是要缴钱的，一个月吃下来，数目可真不少。

我才来昆明时，是在民国二十九年，那时候每月的生活费用只需百元，就可比较舒适。然而，昆明的物价到现在为止，始终在涨的直线上，没有停留过多久。米价从 40，70，100，200，500，1000，涨到现在 2000 多。我向家里要求汇款也从 100，500，800，一直增加。我明知道家里境况也并不顶好，但是节省总该有个限度，即使最低限度的生活费用，例如洗浴、剃头、洗衣服，

165

都是经常的支出，而最大的还是吃。

学校里有食堂，价廉，物可不美，（因为是公米，每月可便宜一半）我也曾为了节省，到食堂里去包饭，吃了三天就退出，饭的颜色红黑交映，好看虽好看，但不能下咽，菜蔬更是一点油水都没有，一碗蔬菜。以前还是两顿稀饭，一顿干饭。现在一天三顿都是薄粥，掺一点苞谷，吃了还不到两个钟点，肚里就打电话来了。

因此，在昆明的学生，（别的学校当然也如此）差不多都是面黄肌瘦，患着各种的疾病。"吃饭第一"成了我们的口号。

在西南联大，第二个最普遍的现象是穷。此地没有上海的大学生那样阔绰，用一块钱都是斤斤较量的，有一位同学在此地的报纸副刊上发表一篇短文，拿到了 25 元的稿费（此地稿费也少得可怜）请同房间的同学大吃，被请的人都连呼"阔气阔气"，艳羡不已。

"穷"的最显著表现是衣着，像上海那些大学里的西装革履或是最新式的服装的大学生，在西南联大是绝无仅有的。此处所谓"仅有"，是指那批要人们的少爷小姐而言。太平洋战事发生前，这批少爷小姐的服装常是从香港由飞机运来的，最新奇最华丽的样子。不过，这究竟是百分之四五而已，大多数的同学都是长衫一件，即使有穿西装的，也是旧不堪言，有如上海那些犹太人和白俄身上的衣服。一件衣服上补了十七八个补丁是毫不稀奇的事。鞋子也是零落不堪，有一时期有人提倡穿草鞋，也着实风行一些时候，到现在也还有人穿着。

许多同学因为家在远处，汇款不通，生活费用只好自己设法。因此有一些同学在课余从事小本的生产工作，有人在校门口开了一爿馄饨店，生意也还不错。有一回，教育部长陈立夫先生到西南联大来训话，并提到教育当局正在筹划救济学生，演讲完毕出门上汽车的时候，在校门口给那爿馄饨店的主人拦住，说："请陈部长尝尝我们同学亲手做的馄饨的味道，并且可以打对折，不收小账。"结果使得那位刚说过要救济学生的教育部长啼笑皆非。

提到读书精神，我们这里是好的。战前北方的一些名教授，差不多都在西南联大，（你知道，西南联大原是由清华、南开、北大等几个北方大学组织的。）虽然，有些教授已经学而优则仕，踏上政治舞台。有些则弃笔从商。例如有一位颇负盛名的经济学教授现在经营药业，已一变而为大腹贾。仍旧操着教鞭的当然也还有，辛辛苦苦地编讲义、跑山路。我们这里是不大用书本，什么都是讲义。

功课非常紧。在这一点上，还没脱当年的风格，也是使西南联大在内地的许多大学中享盛名的主要原因。虽是在异常艰苦的物质条件下，读书的精神、研究的风气，从没因此衰落，相反地只有更加提高。课余之暇，到处可以看到一群衣衫褴褛的年轻人聚在一起，别瞧他们像一群叫花子，也许他们在讨论希腊悲剧或者什么机械上的一个题目呢！

昆明的风景很好，假期里到城外去逛逛，真是一件愉快的事。到这时候，我们就会将在校里的一切烦恼都忘记得干干净净了。……

西南联大生活拾零

叶方恬

生活在联大的人总感到轻松，因为在自由空气里呼吸的人们不会感到沉闷和窒息的。联大自由的风气不仅表现在学术研究上，而且还表现在日常生活上。首先，谈到住，你可以约集若干稔友，组成一个大单位，然后以抽签的方式，决定住到哪一间寝室去。每间寝室又分成若干小组，各小组之间还各自用布隔起来，形成一个更小的单位。如果高兴的话，你可以像葛天氏之民，和其他小组永不往来。但这是极少数的例外。一般同居住的同学们差不多都是比较亲密的。因此，每值饭后，大伙儿常聚在一起举行非正式的座谈会。你可以从天上谈到地下，从古谈到今，从东谈到西，从中谈到外，在这样的漫谈中，大家的情感便无形中得到了交流。如果你爱好音乐，你可以拉起梵哑铃，随意地奏出小夜曲、月光曲，或哼哼京调，让你紧张的情绪得到一刻的松懈。因为各寝室之间留有相当大的一片空地，所以你可以莳花数株，或种几棵西红柿，一方面点缀点缀校景，一方面还可以得到实惠。你也可以饲养白鸽，晚饭后把鸽放出去，再仰望蓝天，看银翅在金黄色的斜照中招展着，听悠扬的哨声在宁静的空气中回旋着。有时这哨声会使你忆起 La Palome 哀怨的曲调来。学校虽然规定得有就寝的时间，但是你可以暂时不睡，在朗月满中天的时候，徘徊在大操场上或图书馆前，低吟着"明月何时有，把酒问青天"的诗句。黎明时，你可以早起，在寝室前看星移斗转，同时体会着"似此星辰非昨夜，为谁多露立中宵"的况味。

　　其次，谈到饭食，你可以到凤翥街、青云路或龙翔街的饭馆去包饭。如果你打算在校内膳团包饭，你也可以自由地选择膳团，因为这里的膳团是够多的。校内的膳团多数是小型的，每一个膳团大概有10桌左右。因为每天只开两餐，所以早晨你得吃早点。你可以花900元到学生服务处去买一月的豆浆券、馒头券，你可以到辅食部去吃10元一碗的稀饭、25元一个的包子，或100元一碗的面（比外面便宜约百分之四十至五十）。你可以参加稀饭膳团吃稀饭。如果经济力充裕的活，你可以打游击，今天吃牛肉面，明天吃鸡蛋饼，后天再吃豆浆鸡蛋。因为田粮管理处经常供应联大公米的缘故，所以目前校内膳团每月的伙食费大概是3000元左右，而且大多数的同学可以请领公费或贷金，因而饭费几乎可以说一文也不缴。关于饮食方面，我要特别提到的是"泡茶"。今天在联大附近的几条街巷上林立着不少的茶馆。它们可以说是联大的"沙龙"，但其作用则有过之而无不及。每值饭后，你可以踱到一家茶馆，泡上一碗茶，独自品鉴着茶的味道。你可以约集三四好友，到茶馆去占据一席，大谈一阵，或者玩玩桥牌。此外，茶馆还可以做临时的阅览室。如果你在图书馆找不到座位，你可以借"泡茶"为名，在那里看书、做习题，或者写文章。记得英国剑桥大学的同学们，常在饭后躺在沙发上，口里含着一支烟卷，徐徐地吐出无数的烟圈，然后在烟云的缭绕中去寻求灵感。相仿地，你也可以从茶雾中去寻灵感，然后把大时代带来的可歌可泣的事件写下来。

　　联大同学们的衣着也充分显露出自由的色彩。当联大刚迁到昆明时，原来三校的同学还有很多。当时男同学的衣着大概有三种不同的类型：北大的同学多穿大褂，表现出潇洒出尘的风度；清华的同学多穿西服，显露出翩翩少年的风格；南开的同学多穿夹克，流露出英迈挺拔活活泼泼的气象。今天联大的男同学则大多数穿大褂。因此，大褂有逐渐成为男同学标准服装的趋势，同时这也说明了在物价上涨的过程中，一般人的物质生活水准降低到什么程度。无论在什么场合，你都可以穿大褂，甚至上体育也不妨穿大褂去，但你得把它脱下，才开始活动；夏天你可以穿夏威夷衫，或长袖衬衫，把袖管卷起来。冬天你可以穿棉袍，也可以到学生服务处去借棉大衣穿。至于女同学的服装，反而没有一定的标准。就色彩来说，穿素色的旗袍固然可以，穿花旗袍也不会得到别人的非议。就质料来说，丝的、毛的、麻的衣服均无不可；就服式来说，中式、西式，甚至于你愿穿什么样式，你就可以去做一套来穿上，以至于有几位女同学穿起男装，雄姿英发地在校内外参加各种活动，也没有人认为怪诞不经。

　　谈到广义的行，除做学术工作外，你可以参加各种不同的活动。如果你属于内向一类的人，你可以在饭后站在校内陈圆圆梳妆台的遗址上俯瞰郊外。这时，笔立的睡山，濯濯的童山，附近绿色的田畴……都奔来眼底，让你一览无遗。你可以在新校舍后面的铁道上散步，同时数着枕木。你可以到翠湖去散步，看鸢飞鱼跃，听五华鹰鸣。礼拜天你更可以到大观楼去划船，或者到龙门去眺望。这时海阔天空，远行的轻帆，会引起你不少的遐思。你可以坐马车或公共汽车到黑龙潭去看唐梅宋柏，同时追怀明末薛尔望先生忠烈的事迹。归途中你可以绕道金殿去看茶花。这时你可以想到吴三桂当年的威风，同时会忆起"冲冠一怒为红颜"的往事，你也可以到海源寺去探寻幽洞，沿松堤前进，每当晚春时节，你还可以看麦浪滔滔、听松涛滚滚。如果你属于外向一类的人，则不妨尽量就性之所近去参加各种团体活动。你可以参加体育会，也可以参加歌咏团。如果你是基督教徒，每周星期日，你可以到文林堂去做礼拜，平常也可以去听布道的演讲或欣赏唱片音乐。如果你对政治有兴趣，你也可以参加各种时事座谈会。此外，联大各级会和各系会，不时也举办集体旅行。你可以参加到海埂去的旅行。在那儿，你可以在水里游泳一会儿，然后躺在沙滩上行着日光浴。你可以参加到西山去的旅行，沿途游华亭寺、太华寺，从千步崖拾级而上，到三清阁啜茗，再攀登龙门去远望。暑假里你可以到阳宗海畔去消夏，那儿有渔歌舟子，游人荡漾。寒假中你可以到大理去览胜。苍山雪，洱海月，鸡足山葱郁的奇峰，都是令游客流连忘返的仙境。你可以参加到路南去的旅行团。在那里，你可以看到峥嵘的石林、平静的长湖、深远的芝云洞、瑰丽的天生桥，你也可以参与看黑龙潭的庙会，与夷女伴舞，极尽耳目心情之乐！

生活在联大的人们，可以得到个体解放和个性的发展。在这里，你会学得一种与人性不相违离的生活方式，这样的生活也许很平凡，但却富于诗意。像暮春三月晚风播来的远寺钟声，它总给人一种轻爽的感觉和耐人寻味的情调。

生活在西南联大

梁琢如

　　踏进联大之门整整一个月了，在这一个月的训练下，对这陌生的环境，渐渐地熟习起来，这新奇的生活，也开始给我带来了愉快。

　　拂晓，一切都是沉寂的，晚秋的寒气笼罩着大地，蓝色而淡薄的曙光，浸透了窗间的破纸照进了我们的宿舍。这时陶醉在梦乡中的人们都渐渐地醒来，懒洋洋地在温暖的被窝中，翻身子。

　　讨人厌的号声，在冷静的空气中震荡着，像催魂的鬼叫。壮丽的楼房内起了细微的骚动，接着楼板无节奏地乱响，断续的谈笑声、粗鲁的歌唱声，混乱地送进空气里。同学们都起来了。

　　院中的大井台边，挤满了人，他们拿着脸盆，争先恐后地抢着打水。

　　阳光由东方的树隙中透过来，地上被染成金黄。天空里，一朵一朵乳色的云，悠悠地飘过，这是昆明晴天的早晨。在昆中大楼前的广场上，数百个青年，排着整齐的队形，肃立着向国旗致敬，宏壮的国歌声沉重地压着每个人底心。国旗鲜艳地、骄傲地，在高巍的楼顶上，迎风飘舞，静静地接受着这崇高的敬礼。

上课了。在课堂上坐满了人，静悄悄的像驯服的羔羊，仰着头注视教授的宣讲，一字一句不让它轻轻地滑过去。一切都在沉默中，只有教授低而清晰的呼号声及钢笔标纸的声响在激动着沉闷的空气。

每一课的中间，只有五分钟的空闲。他们匆忙地移换着教室，行路上、走廊下，乱哄哄的都是人。倘不小心，就要冲在一起，然他们很随便地道一声"sorry"，又很快地分开了。

下课铃响了。人们从各个教室的门里挤出来，伸一伸懒腰，活动活动身体，又匆忙地去了。

饭厅，是我们的战场。当"吃饭的号"响了以后，人们像混巢的蜜蜂一般挤了进去。人声在嘈杂，碗筷在乱响，大地上放着的大饭桶，是人们进攻的目标，周围挤了人，像一座小的人山。大家在疯狂地呼喊，英勇地肉搏。当他们抢到了一碗白饭，从人丛里钻出来以后，喘息着回到自己的饭桌上，头上身上黏满了米粒，骄傲地像争得了战利品似的，觉得有无限的光荣。

课余之暇，三三五五地徘徊在广场的草地上，谈天说地。和煦的阳光照着他们健壮的脸，反射出愉快的微笑，这是一天劳苦的休息、心情的解放。

晚间每一家茶馆里，都坐满了联大的同学。它是他们的"自习室"，因为宿舍里的灯光是不够用的，图书馆里又很难找到位子。所以他们宁愿多"费三角钱"的茶钱，到茶馆里去。不过也不算"不合算"，他们可以从六点半，一直坐到晚间十点半，充分地利用茶馆中的电灯光。

图书馆里，常坐满了人。他低着头，弯着背注意地读着参考书，笔在每个人的手中蠕动，像一些摆头虫。这里永久是沉寂的，没有朗读声，更没有谈笑声，即使有细微的呼吸声，也可以隐约地听出来。这里是他们生命的泉源，精神的寄托所。

联大在抗战中成长着，几千青年男女，在她的怀抱里，低吸着生命的养料。

忘不了的联大

章正续

在昆明只几年，却也有忘不了的人和忘不掉的事。联大给人的回忆，是一段"抢史"。自抢着注册选课，抢饭，抢座位，抢学分，乃至抢洗脚水，抢毕业，……而且愈抢愈狼狈，愈抢愈穷。记得离开昆明的前一两月，是抢着卖旧衣烂衫。

整个联大的岁月，是消磨在文林街和凤翥街的茶馆座里。三朋四友，男女教师学生，搁着大腿纵谈天下事；或是一桌桥牌，一局象棋；或是闹中取静，准备大考小考。驮马过时，常常吹一点马粪到茶里。没有这些，也就没有联大。

关于联大的人物：记得初到昆明时，萧蘧先生有一匹马，每天从西山骑进城来上课。马料涨价后，马瘦了，就坐车；车贵了，就跑路。最后是自己跑瘦了。因为萧先生的经济学，花生米永远是两毛钱一斤。沈有鼎先生到昆明的第三年，打破了眼镜，幸而在逃警报时，捡了片玻璃，据说光度很准，有英国绅士单眼镜的效用，至今追随左右。此外陈岱孙先生掩饰歪嘴的烟斗；高崇熙先生微服出巡，捉拿偷花贼等等，都是划时代的作品，自然最不能使人忘却。尤其不能使圆脸型女同学忘情的，是大马猴侯绍邦。确息此公已自费留美，尚未论嫁娶，仍有突击余勇，跳绳术亦有进步。

要是你在昆明谈过恋爱，或做过白日梦，你总不该忘记翠湖和几株遮阴的树。你会回忆到谁谁在大树荫下，有过火热的特写镜头，谁唱过《月光曲》，谁在《翠堤春晓》中演过悲喜剧。自然你也不会忘记西山、滇池、黑龙潭、大观楼……是昆明的名胜，也该算是联大校景的一部分。

联大的校址是陈圆圆的梳妆台，今古颇有偶合的意味。陈圆圆和联大，都是在战乱中由北京到昆明的，而且这和清华园毗邻颐和园也是颇有意义的对照。有人说，联大是空前绝后的，其实还不如说是承先启后的恰当。联大的元老大都来自清华。中间两年的毕业同学，有不少在清华当助教；而当年联大的小弟弟，又是今日清华的元老。联大应是整个校史中的一段，然而却有特殊的价值，和给人不可泯灭的回忆。

第四辑

读书之外无生活

八年来的壁报活动

联大的壁报，有着光荣的历史，它不但在校内鼓吹引导，组织了民主运动，而且帮助了校外的读者，尤其是常常跑到联大来看壁报的中学同学。

联大的壁报是开始于民国二十七年（1938）秋季工院《引擎》和《熔炉》的刊出，这两个壁报开始就发生了斗争。

这时文法学院已从蒙自搬到昆明，他们出版了《腊月》，是参加过"一二·九"的同学出的，它是一个一般性的壁报，跟着有一个站在它相反立场的《大学论坛》也出来了。

到了三十八年，上课的地方在现在云瑞中学，壁报就大大发展起来，此起彼落，有二三十种。

这原因，有一部分是上年底群社成立的结果，群社的活动很多，有小组讨论、讲演会、晚会、歌咏等，它的机关报是《群声》。

这时有一个壁报《热风》，精锐泼辣，很为同学所欢迎。

与群社对立的有明社，活动比较少，接近明社意见的壁报有《南针》《微言》等。

民国二十九年，出了《学研》，也是比较重要的，偏重于理论的探讨。

小型图文并重的壁报《照明弹》也就出来和《热风》针锋相对。

这年下半年群社产生了一个文艺团体，那就是"冬青"，出了《冬青杂文》，它的《冬青诗抄》贴到街头去了，《冬青杂文》后来成为《冬青》壁报，一直维持到三十四年。

这是联大壁报的黄金时代，但自从康泽来联大讲演，于是壁报就几乎一扫而光了，只有一个"补白"壁报，"补"了一些与官方不同的消息了事。

不过这时在叙永分校，一年级的同学还出有几个壁报在支持，但一到昆明，又完了。

民国三十年秋，大一同学住在昆华中学，出了《五十年代》《乱弹》《新生代》，都是一般性的。这些都是新生的血液，还表现了蓬勃的朝气，但学校重心的新舍，却一直是长期的沉默。

虽然三十一年一月六日的反孔游行得力于几个游击式的壁报的鼓动不小，但过后又寂然了。

从三十年起同学们大都在沉闷中活着！一连三年多中间，联大几乎是一片没有水草的荒原！

然而伏流终有高涨的时候。

民国三十三年，随着德国法西斯在史太林城的失败，随着全世界民主浪潮的汹涌，也随着中国大后方战场的着着失败（11月间黔南失守算是达到了顶点），联大，终于喊出了民主的呼声，新壁报接二连三地刊了出来。

壁报第一次的大论争是对于孔祥熙"赠送"同学30万元的处置问题，各壁报都主张"集中"使用，并且出了第一个联合版来反映彼此不完全相同的意见，参加的有七个壁报。

就是这样成立了"报联"。这在联大民主运动的发展上不能不是一件大事，华莱士来华的时候，"报联"出了中英文版的联合壁报，据一个同学的说法：这是在重重的新闻管制和封锁下透出来的中国人民的呼声。据说拉铁摩尔曾把这两版壁报用照相机照了回去，并抄下了中文版上的口号，这口号鲜明地喊出："我们决心对世界上任何地方的法西斯战斗！"

三十四年上半年，壁报联合会会员报增至二十几个了，以壁报的名义发出了《国是宣言》，要求联合政府。

这时为了加强学习，对理论作进一步的研讨，以适应新的工作需要，成立了"社会科学研究会"。

联大重又看到了她的壁报的黄金时代。

三十四年上半年三十几个壁报，掀起了几个大论战。

首先是政治系 1946 级于五四大游行后发起的所谓"正风"运动，反对多数"压迫"少数，说群众是愚笨的、易受利用的，此风不可长，所以要来一个正风运动，他们反对五四游行，反对《国是宣言》，于是便掀起了一个壁报的全面战。

主张"正风"的壁报有《正风》《法学壁报》《诛伐》《辩奸》《野火》《前进》《民主》《人群》《森森》《新春秋》《组织》等，对抗"正风"的有《冬青》《现实》《新阵地》《春雷》《生活》《学习》《论坛》《论衡》等，后者的阵容，无论就哪一方面说是较前者强多了。

以后这种壁报，也就暂时沉默。

三十四年下半年，先后出刊的壁报已有二十余个，它们对国共谈判，后方工商业危机，受降问题，特别在某些人拉敌人和汉奸做朋友这些问题上，发表了许多有力的文字。

八年来的文艺活动

透过联大三大文艺团体的活动，可以给联大八年来的文艺活动画一个轮廓。

冬青社，民国二十九年三月成立，导师是冯承植、卞之琳两先生，现在已为人熟知的杜运燮、刘北汜等校友都是当时的发起人。冬青脱胎于群社的文艺小组，又适逢联大生活最蓬勃的时代，开始就以尖锐的杂文和明朗的街头诗和读者见面，起了很大的影响。经过了民国三十年以后的低潮，到三十三年冬，《冬青》壁报又重新用更旺盛的精力，更倔强地出现于民主墙上，有时一期出五大版，以战斗的内容和强烈的形式，吸引了最多的读者。

文艺社在民国三十二年十月一日创刊《文艺》壁报，导师是李广田先生，经常出版，从未脱期。三十三年五月四日，于南区十号举办文艺晚会，因听众过于拥挤，临时更改会场发生争执而流产，五月八日晚由罗常培、闻一多两教授主持，于图书馆前召开更扩大之文艺晚会，月光下到会者3000人以上，盛况空前。民国三十三年十月与《耕耘》壁报发生文艺理论之论争，反对使文学脱离政治之主张获得联大舆论最大多数之同情。三十四年三月，文艺社扩大组织，加入者40余人。目前有社员60人，经常举行讨论，十月间干事会决议在"以文艺为工具宣传进步之世界观，加强政治影响"的宗旨之下，出版铅印的《文艺新报》，更广泛地争取进步的读者。

新诗社，是十几个素不相识的同学在三十三年四月九日组织成的。同年十月，响应援助贫病作家募捐运动，新诗社对现实政治之下被迫害的贫病作家寄予最大的同情，在全校募得总数160万中，新诗社募35万，占全国捐款的十分之一。三十四年五月、九月、十一月在东会堂举行三次大规模的诗歌朗诵会，到会平均约千人，新诗社因系由素不相识的人们组织而成，故对不相识的人毫无戒惧，社友普及于校外各界，每次讨论时均能赤裸裸地互相批评，而且在导师闻一多先生领导之下，从来不害怕政治，不讨厌政治，不逃避政治。

三团体经常保持密切的联络，并曾与昆明文协及昆明中苏文协合办玛耶可夫斯基、罗曼·罗兰、阿·托尔斯泰及高尔基等纪念会，到会群众共约3000人。

除三团体经常举办之各种文艺聚会以外，尚有少数文艺性质之壁报，及国文学会、外文学会之各种活动。在争取民主之斗争中，尽其最大的力量。

记《群声》壁报

林　元

　　抗日战争期间，在国民党统治下的大后方，西南联大号称民主堡垒。这主要是由于联大有地下党的坚强领导，群众对于国民党的倒退、反共、反人民政策，敢怒、敢笑、敢说、敢揭露、敢批判，群众起来了。这除了表现在校内各种演讲会、座谈会、辩论会外，还表现在校内的各种进步墙报上。这些墙报有宣传马列主义的《理论与实践》，有发表进步文学创作的《冬青》，有辛辣讽刺国民党黑暗统治的漫画周刊《热风》，还有影响很大的《群声》壁报。

　　《群声》是中共联大地下党组织领导的一个最大的群众团体——群社的机关报，是一个时事政治、文学艺术的综合性周刊。顾名思义，《群声》是群众的声音，是群众的喉舌。它从1938年群社成立创刊，一直出版到1941年"皖南事变"后，基本上做到每周一期。在内容上，当时主要是宣传党的"坚持抗战、反对投降；坚持团结、反对分裂；坚持进步、反对倒退"的政策，以及有关时事政治的分析评论。国民党被迫联合抗日后，顽固派不甘心依照人民的愿望去做，便不断地制造摩擦，造谣生事，搞分裂活动。顽固派陈诚到敌后游击区去晃了一下，诬蔑说什么"共产党游而不击"，接着"造谣社"（当时群众称国民党的中央通讯社为"造谣社")便连篇累牍地叫嚷响应。针对这些诬蔑造谣，地下党提供了大量我游击区军民英勇抗敌的材料给我们在《群声》上发表，揭穿了国民党的造谣，增强了人们抗战胜利的信心，赢得了无数的读者群众。对国民党官僚的贪污腐化、胡作非为，地下党也经常抓住一些典型材料在《群声》上披露。

《群声》的编排形式具有自己的风格：严肃，朴素，大方。文章的题目不是写在稿纸上，而是用毛笔写在裁好的一条浅蓝色或白色的道林纸上。有时用黑墨，有时用红墨水。报头"群声"二字也是用毛笔写的。《群声》固定贴在联大新校舍进门右面的围墙上，这是一个进出校门必经的引人注目的地方。《群声》每星期一出版，我们常常是在星期日晚上就把它贴出来了。星期一清早，这里便挤满了一簇簇围观的人。这些人中，有学生，也有教授。人们常常在很远的地方就从这些读者群中一眼认出两个人：一个是朱自清先生，一个是曾昭抡先生。因为朱先生穿戴的是从凉山彝族地区带回的白色毡帽和大氅，目标鲜明显著；曾先生个子高，看墙报时歪着头的那种神情，在人群中也使人一眼就能认得出来。曾昭抡先生不但是《群声》的经常读者，他还是群社的顾问、《群声》的作者。记得他似乎还给《群声》写过有关考察凉山彝族的连载文章，或是有关时局的评论。

《群声》由金逊（原名陈潜）和我主要负责。参加过编辑工作的，记得的还有董易（原名董葆先）、李晨（原名李振穆）、李炳泉等同志。地下党就是通过这些同志来领导《群声》工作的。

1941年"皖南事变"后，联大笼罩着一种异乎寻常的气氛，一种愤慨、迷惑、白色恐怖交织的气氛。一些明白真相的正直的教授，在上课时引古骂今，从另外一些教授那严肃的脸孔上则看得出他们的愤怒心情。在更多的不明真相的群众中，心里郁结着一个疑团："皖南事变"是怎么回事呢？有些同志显得沉默，像有很多事情要做，吃饭和走路都是那么匆匆促促，彼此见面时似乎总是用机警的眼睛闪问："黑名单上有你的名字么？"或是："你什么时候走？"三青团分子则像黑夜中老鼠出洞那样三三两两在吱吱叫着。就在这种气氛下，在二月间的一天，金逊匆匆告诉我说："形势相当紧张，出完最后一期《群声》，你利用你的社会关系撤退隐蔽吧！"

一个星期天的黄昏，我跟在金逊后面，步伐急促地沿着福照街一直向南走去。两人谁也不说话，只听见彼此迅速的脚步声。这天福照街显得特别长，也似乎特别冷清。

我们是去大董（董凌云）那里取有关"皖南事变"的材料，准备出最后一期《群声》——"皖南事变剪报特辑"。到了大董家，我们拿到材料打开一看，报道"皖南事变"真相的各种报刊材料都有。有延安的《解放日报》，有重庆的《新华日报》，还有其他解放区出版的 8 开小报和 16 开的期刊。重庆《新华日报》曾在昆明公开发行过，一般是用蓝色的土纸印的，我们熟识，但"皖南事变"前后，在昆明就不容易看到了。我和金逊拿到了这些珍贵的材料，连夜就把它编起来了。

第二天，又是一个星期的清晨，校门一打开，《群声》前面便挤满了人，比什么时候的人都多。我也挤在人群中看了一下：周恩来同志在开了"天窗"的《新华日报》上亲笔题写的"千古奇冤，江南一叶，同室操戈，相煎何急"几个苍劲有力的大字，便像一道闪电划过夜空，驱散了人们心头上的疑团，接着，便自然是一声雷鸣——在人们心海里爆发出愤怒的吼声，这是人民群众抗议国民党反动派反共、反人民的吼声啊！

下午，我便遵照党的指示离开了学校，到昆明郊区海源寺一个广东同乡的家里躲藏起来了。

《热风》壁报上的漫画风波

吴晓铃

　　我在 1946 年冬季从印度回到北平，那时朱佩弦（自清）先生正给《新生报》编一个副刊，叫作《语言与文学》，每周一期。他在每期上都写一段"周话"，言简而意赅，有许多真知灼见。我从 1947 年开始也发表了几篇小文。不久，有位读者侯廷勋给朱先生写信，问："有作者吴晓铃者，是否民国二十一年左右平市报端漫画作家'口天'君？"朱先生在副刊上答曰："吴晓铃先生系北大教授，对戏曲、小说研究造诣极深，并非漫画家口天也。"且标以《吴晓铃教授不会画漫画》之题。朱先生在这个问题上真是处理得心细如发，他是在给我打掩护，不揭我的"前科"老底。那时正是"蒋介石政府已处在全民的包围中"时期，北平风声鹤唳、草木皆兵，而特务横行，读书人动辄得咎。朱先生说我不会画漫画，可没有说我不画漫画；他知道我画漫画，因为他在大学里是《热风》壁报的读者。

　　《热风》壁报是西南联合大学的"联字号"第一班的地质系学生马杏垣（现任国家地震局局长）创办的。他读一年级的时候，在我的"大一国文及习作"班上。有一次我出了个奇怪的作文题目《释名》，就是叫学生们写文章解释自己的名字。我还以身作则地胡说什么我是在天晓日出时降生的，呱呱坠地，声若洪钟，故名。马杏垣很调皮，他不单大掉其书袋，征引了宋代陆游的《马上坐》"平桥小陌雨初收，淡日穿云翠霭浮。杨柳不遮春色断，一枝红杏出墙头"和叶绍翁的《游园不值》"应怜屐齿印苍苔，小扣柴扉久不开。春色满园关不住，一枝红杏出墙来"，而且还在卷纸上画了一幅"红杏出墙"的钢笔画儿。作文外带插图，恐怕是"百年今始破天荒"了！这样，我们便时相过从，成了"师友"的关系。他是党员，也是党的外围组织群社的主干，往还就更加密切。当时学生办壁报要在训导处登记，需要找一个教职员做保证人；他找我，我自然义不容辞。

《热风》在1939年5月间创刊了，第一期发表了我的散曲小令《仙吕·锦橙梅》咏《火炬游行》。不知怎的，我忽然技痒，便配了四张彩色漫画。马杏垣搞木刻，笔名"马蹄"，他一下子看出来我不是雏儿，于是往后便不可收拾了，期期得挖空心思，搜索枯肠，画吧。好在当时昆明既有人从事着神圣的工作，也有人沉沦于荒淫无耻的生活，素材俯拾即是，信手拈来，便可收讽喻之效。

我们鉴于西南联合大学的乱世儿女有些在处理青春生活方面不够严肃，时或发生始乱终弃或殉情共死的悲剧，我画了一套组画，结以白发苍苍的体育主任马约翰教授的恺切陈辞："姑娘们，你们要警惕呀！"不料竟被三青团的好汉抓住了小辫儿，跑到女生宿舍里贴出"联大女生无耻"的露布，企图搅浑一泓池水。幸好女学生们知道这是挑拨离间的阴谋，镇静处之，没有酿成大的风波。这个风波曾经在《联大八年》上记录着，有书为证。

第二次风波可就麻烦了，它宣告了《热风》壁报的终刊。那是在新年期间，我们画了一对门神，是两个光屁股的大胖小子：一个抱了尾龙睛鱼，一个抱了锭金元宝；一个是脑满肠肥的孔祥熙，一个是皇亲国舅的宋子文。还配上一副春联，全文由于年久，我忘记了，只记得下联结以"正好浑水摸鱼"六字，遣词刻薄，叫人家受不了。训导长陈雪屏亲自把壁报木牌摘了下去，连同两个大胖小子扔进垃圾堆里。

《热风》壁报完成了光荣的历史任务。

应该记录在案的，在读者朱佩弦（自清）之外，魏天行（建功）先生是唯一的教授供稿者，他从马杏垣学习木刻，刻了一幅鲁迅先生头像，我们给他发表了，他很高兴。这是他一生中绝无仅有的版刻作品，他当然高兴！

记《春雷》壁报社

李　倬

　　《春雷》壁报社是 1945 年春成立的，成员只有李忠、孙树梓、陈冠商和我四个人，是当时社团中的"小字号"。

　　《春雷》壁报社成立后，立即成为西南联大壁报联合会的一员，并积极参加学生自治会和壁报联合会一切较大的活动。"一二·一"运动中，则积极参加罢课委员会的工作，对当时的民主运动起了一定的作用。

　　《春雷》自成立之日起，至 1946 年 5 月联大宣告结束止，寿命只有一年多。但这一年多的时间，正是"一二·一"运动的前后，这个时期可说是"多事之秋"。《春雷》与其说是壁报社，不如说是学生运动中的一个战斗集体。在当时一些重大问题上，它总是站在正义的、进步的一边出来讲话。除经常用海报的形式发表意见外，还不定期地刊出约 10 期壁报。主要是对国内外的局势和校内的大事发表文章。其中相当大的篇幅是同校内的国民党、三青团开展斗争的。

　　《春雷》的版面不大，每期的文章也不多，不像当时的《现实》《冬青》等版面那么大。但每篇文章，都有鲜明的观点，"火力"比较强。每期出版后，总是吸引不少的读者。也许读者认为言之有理、击之有力吧。每期稿件来源都不限于《春雷》的成员，投稿者非常踊跃。这说明在当时的情况下，很多同学都想借《春雷》这一园地霹雳一声。正因为这样，人们还以为我们是多大的一个集体哩!

当时学校规定成立社团都要在训导处登记，并聘请一位教授做导师。《春雷》的导师是中文系教授李广田先生。我去邀请他担任《春雷》的导师时，他慨然应允，但事后对我们的具体指导并不多。主要是向他请教太少，文章更不请他过目。我们当时认为登记、请导师等只是一种形式，不过是学校"睁一眼、闭一眼"的一种"手续"而已，因此也不一定请李先生具体予以指导。主要的原因还是我们防止万一因刊登的文章或参加其他活动出了"问题"而连累他。如果出了"问题"有人追究时，李先生可以说一声"我根本不知道"即可一推了事，责任完全由我们来负。

李广田先生对《春雷》也不是完全不管。有一次，他看了我们的壁报后，就找我们谈话。主要是告诫我们"火药味"不要太浓了，要注意斗争策略。他的意见是完全对的，我们也完全理解他的心情，他确是为了爱护我们。但我们却不约而同地认为他的忠告，我们不能照办，否则还叫什么"春雷"呢! 现在想起来，一是有点"后怕"，二是对李先生也有些不恭啊。

我们四个人因为观点一致、志同道合，才一起办起《春雷》的。但在某些具体问题的看法上，有时又很不相同。如对待"一二·一"后复课的问题上，意见就不一致，四个人有三种意见，但我们仍然团结一致，继续战斗。可见，求大同、存小异是完全可以做到的。

关于40多年前的《春雷》壁报社，我就想到这些。

记神曲社

魏铭让

一

神曲社，1942 年秋成立于西南联大工学院，直至 1946 年西南联大结束，三校复员。当时工学院已有两个较有影响的学生团体，一个是"铁马"，一个是"喷火"，都是以体育活动著称。

神曲社刚成立时，以出版壁报为主，故称《神曲》壁报社，后来活动内容扩充了，才变成神曲社。

《神曲》壁报创刊的时候，工学院已有一家壁报叫《熔炉》，后来又有一家叫《西南风》。到了 1945 年，又有几位同学出版了《燎原》壁报。那时，针对抗战胜利后中国的前途以及第二次世界大战后的国际形势，几家壁报还展开了争论。到了 1946 年，壁报内容主要是反内战方面的文章了。

1941 年秋，住在昆中校舍读大一的工学院几位同学，同窗一年，彼此之间有了进一步的了解。在 1942 年暑假后，搬到拓东路读工学院二年级。他们刻苦读书，以期工业救国，但又不愿两耳不闻天下事；他们要对当时的腐败现象进行口诛笔伐，通过共同讨论寻求真理，于是组织起来，成立了《神曲》壁报社。《神曲》是意大利民族诗人、欧洲文艺复兴先驱但丁探索意大利民族出路的杰作。《神曲》爱憎分明地暴露了当时政治和社会的黑暗，对当时西欧封建制度的精神支柱教会发动了猛烈的攻击，表现了但丁追求理智解放、追求知识、追求真理的新思想，壁报取名《神曲》，意义在此。

《神曲》壁报创刊号的发刊词是几位发起人一起讨论通过后才发表的。发刊词提出："全国上下应团结一致抗日，这是广大中国人民的愿望，《神曲》壁报将不偏不倚地站在大多数中国人的立场上来说话，抨击腐败现象……"《神曲》创刊号一出来，就受到来自不同角度的议论。有的说：这是"左"的。有的说：不见得，这壁报社成员中可能还有国民党党员呢。有的说：不管是谁办的，看来他们十分憎恨现在社会的腐败现象。

《神曲》壁报社最早的成员有孙柏昌、徐芝应、马骙、傅乐炘、魏铭让、屈播威、李斌贵等。第一任社长是孙柏昌，第二任是徐芝应。他们之中，有三位来自兵工学校，有两位来自航空机械学校。写文章最多的是乐炘、马骙、播威、斌贵等。创刊的头一天晚上，把抄好的文章带到全蜀会馆楼上，乐炘、马骙组版，播威装帧。有时文章不够，也只好把"库存"小品搬出临时补补丁，一直忙到深夜才能张贴出去。

成员之中确有参加过国民党的。抗战初期的青年学生，基于仇恨侵略者，有的投笔从戎参加了军事学校和机械化部队，为工作环境所迫，参加国民党是可以理解的。但到联大以后，他们从未以国民党党员自居，有的连自己那段历史也不愿公开，因为开小差跑出来之后，当局还未解除对他的通缉令，怎么能为国民党办壁报呢？如说他们曾是国民党，则到联大以后，他们成了国民党的叛逆者。《神曲》壁报社成立之初，就约定：吸收新社员必须经过成员们同意，以保持政治见解的一致，要审慎了解新成员的政治观点。为专制统治者摇旗呐喊，反对民主自由的同学，决不吸收。这一约定一直坚持着。

《神曲》壁报出刊后，每期都有很多同学阅读。由于作者敢于说话，逐渐成为工学院同学很关心的刊物。随着昆明学生运动的深入发展，神曲社的活动内容逐步增加，其影响也日益扩大。在 1944 年"五四"前后，神曲社员已 30 余人，各年级都有。到1945 年上半年，由于创立神曲社的老成员即将毕业，而世界反法西斯战争即将取得最后胜利，国内专制独裁势力与民主进步力量之间的斗争将更加尖锐，神曲社以什么方式在工学院继续存在并斗争下去，几位核心成员曾为此踌躇再三。后来决定采取稳的方针，壁报在暑假后暂时停刊。然而形势发展比预料得还快，1945年下半年后，由于杨立、羊衍祐、杨昌组、赵震炎等在疾风骤雨条件下，仍然坚持社务，并继续出壁报，"一二·一"前后，神曲社在工学院学生中继续发挥着自己应起的作用。

二

《神曲》壁报双周出版，每期以两大张红纸为底衬，一般刊有七八篇文章，有社论、专论、文艺、杂文，也刊登技术性的文章。印象较深的是头几期的社论，为发刊词做了补充。一个是"大多数中国人"的含意，应不包括汉奸、卖国贼、贪官污吏、土豪劣绅和发国难财的奸商在内。另一个是国际问题，壁报主张坚决维护同盟国的团结，充分肯定苏联在反法西斯阵营里的中坚作用，在讨论波罗的海爱、拉、立三国问题时，主张全世界应当支持解放后的三国归入苏联。特别是以下几篇，引起过工学院壁报之间和同学中的争论。

《敬质丘吉尔首相》是对英国首相丘吉尔的质问。丘吉尔是个极其保守的帝国主义殖民主义者的典型，二次大战中期，他曾反对盟国经由缅甸运物资支援中国，在讨论二次大战同盟国胜利后台湾归还中国的问题时，他竟声称台湾归属未定。当时中国的官方报纸不敢著文反对。《神曲》壁报在社论中，抨击了丘吉尔，提出台湾必须归还中国。这篇文章遭到《熔炉》壁报的异议，他们说，这类事用不着我们学生来管。

《中国的小脚》是《神曲》壁报社转载当时重庆沙坪坝地区寄来的一篇文章，文章说：只有中国这个奇怪的国家才有这样奇怪的现象，一个政党可以拥有自己指挥的军队。他把这现象称为见不得人的中国女人的小脚。文章一刊出立即得到《熔炉》壁报的赞赏。接着在下一期《神曲》壁报上，我们刊出了一篇特约的专论《再论中国的小脚》，阐述了产生奇怪现象的原因是由于人民没有表达自己意愿的权利，为了自己的生存不得不拥有自己的武装。于是又有人说，神曲社是受共产党指使的团体。

《反对钦定青年节》也是一篇社论。当时有些人不愿意让中国年青一代学习"五四"精神、继承"五四"传统，竟然取消1939年曾在重庆热烈庆祝过的"五四"青年节，于1944年把黄花岗七十二烈士纪念日（3月29日）作为中国青年节。对这两个节日之争，神曲社发表社论明确表态，认为黄花岗七十二烈士值得纪念，中山先生领导的广州起义也有重要的意义，但绝不容许任何人代替中国青年作出决定。"五四"反帝、反封建，要科学、要民主的精神将是中国青年所要认真学习的，表示坚决不承认钦定的青年节。这年5月4日前后，西南联大及昆明其他学校同学，准备了各种活动来庆祝。这时，却有些人发电影票，企图拉垮这些活动。《燎原》壁报社以工科学生特有的语言，写了一个公式贴在墙上：大学生的灵魂 =1张电影票< 1斤猪肉，同学们一看就明白。在《神曲》壁报和《燎原》壁报等的影响下，大多数工学院的同学，没有去领电影票，宁可步行10多里，参加了校本部的活动。

《我的朋友安国栋》是神曲社一位同学仿效鲁迅先生的《阿Q

正传》笔法写的。大意是安国栋已是三年级的大学生了，对学习并不在心，对政治不闻不问，但终日煞有介事地夹着参考书、笔记本，穿着蓝布大褂、黑皮鞋，从宿舍到教室，从教室到图书馆，匆匆忙忙，装模作样，实际是无所事事。文章的目的并非讽刺任何同学，而是想引起大家注意思考：中国抗日战争胜利后该走哪一条路？青年同学们该干些什么？这是大学生们必须关心的大问题。

三

神曲社的成员们来到昆明进入联大时，正是"皖南事变"之后，1941年秋冬之际。1941年末，太平洋战争爆发，而"洋狗事件"丑闻公之于世。置很多抗日领袖、知名学者和国家物资于不顾，用仅有的飞机，由香港运回孔某人的财物和洋狗。这激怒了广大的中国老百姓。当时工学院的一年级同学中，有为第一批"讨孔"壁报写文章的，有为游行队伍画漫画、写标语横幅的。他们积极参加了"讨孔"运动。他们之中的七八位，在二年级开学后不久，组织了《神曲》壁报社。

神曲社的活动，不但在工学院有影响，而且和校本部的来往也日益增加。冬青社的刘北汜就常来看壁报，有时还找神曲社成员要稿。昆明文艺界的著名人士光未然，也来看过壁报。神曲社的活动，甚至还影响到国外。1944年，美国总统罗斯福派他的副总统华莱士访华，途经昆明回国。当时西南联大的壁报协会，由《学习》壁报等发起，写了一封致华莱士的公开信，用英文写的，表达中国人民对抗日的意见以及结束专制走民主联合道路的意见，拿到工学院找《神曲》壁报社征求同意并签名，这是晚上在茶馆里传阅后大家签名的。这封信以壁报协会联合版名义抄成大字挂在新校舍大门口到图书馆的路旁，华莱士的随员拉铁摩尔用照相机拍了照，把签名也拍进去了。

1945 年 5 月，我们还收到了不知谁由重庆寄来的《论联合政府》。这篇文章使我们更进一步认清了中国政治的方向，回答了大家最关心的问题，因而十分高兴。

四

神曲社的活动，不只是出版壁报一项。1943 年春，通过徐芝应、马骙的关系，参观过巫家坝飞机修理厂，看到中美工人合作检修美制战斗机，较详细地观看了部件调查处理工艺。

1943 年七八月，由徐芝应、傅乐炘、马骙、屈播威等在江西会馆办过一期暑期补习学校，为中学生补习课业。他们几位将全部收入交到神曲社作为活动经费。

1944 年春节，神曲社组织了一次以社员为主邀请其他同学参加的路南旅行团，约 50 余人。徐芝应为总管，施颂周为后勤，傅乐炘、魏铭让为前站。除夕那天，由傅、魏先行到县城联系食宿。初三上午，大队人马由社旗引导，带着辎重，浩浩荡荡来到路南，下午休息。同时来的还有铁马组织的旅行团与新校舍的悠悠体育会。初四就按预先安排的计划开始活动了。先是观看大小跌水（瀑布），虽然没有贵州安顺附近黄果树瀑布那样雄伟壮观，但也颇具大自然之神工。接着游览石林。这确实是世界上奇特的名胜，入口处刻着"石林"两个红色醒目的大字，看来好像也并不太怎么样，但越向里走，越觉得奇妙入神，这真是一片名副其实的石质树林。石树林立，挺直刺天，高者有三四十米，根下池水清澈见底，池底又现蓝天，仙境如画。有一块大石，横架在两棵石树之巅，好像用手杖一捅，就可以掉下来的样子。就在这块怪石下面，同学们曾和美军友杰克逊摄影留念。不知是否还有人保留着这些珍贵的照片。初六下午到离县城四五十里路远的彝族居住区。好客的彝胞邀请同学们分小组到家里做客，吃他们过年特制的清香异常的糍粑。当天晚上宿营在圭山脚下，长湖之滨。入夜，适逢大雨，久下不停，篷布浸透了，棉毯也淋得尽湿，身子下面也有凉水渗上来，真担心把我们漂到湖水里。天明，雨停了。出帐篷一看，湖水上涨，再向铁马的宿营地望去，他们驻扎的那块沙滩竟看不见了。他们的帐篷在雨夜中向后撤了约百余米。有的同学赶忙去了解情况，才知他们的点心全让水泡了，早饭还成问题。施颂周同学赶忙送去了一箱蛋糕，以表对受"灾"同学的慰问。早饭后，同学们有的攀登圭山，有的荡舟长湖，尽情享受祖国南疆彝族兄弟世代耕耘的山清水秀的美境。晚间，借上弦月光在圭山小学的操场上举行联欢会。小学生歌唱："中华大国，四千有余年，神伏轩辕自古传……"这是彝族小学教师们向学生进行爱国主义教育的成果，实在令人敬佩。以歌为记，让孩子们从小就知道自己是炎黄后代，此功匪浅。我们听说这一带法国教会影响很大，外国神甫们编写了拉丁化的彝文圣经，以至于有的同胞入教之后对教会崇拜得高于一切。第二天正月初八，我们去赶黑龙潭庙会，石砌的高台上正演"社戏"，下面坪坝上挤满了彝汉村民。最使我们流连忘返的是日将落而未入山的时候，远远看去，坪坝四周的山头上，布满了三五成群肩挂大三弦，英姿勃勃的雄伟小伙子；山坡下则是三三两两身披羊皮健壮美丽的姑娘，她们有的翘首张望，有的相对私语。这是一个传统的庙会节日，是彝族青年男女亮相献美求爱求友的节日。听说单等日落月升，他们好尽情地歌舞直至深夜。初九早上，我们离开路南县城。临别前，孙柏昌代表全体同学向为我们提供方便的县教育局局长致谢。我们还为路南同胞留下一期壁报，汪善国同学写了一篇建议，建议该县利用大跌水建设水电站，还预计了发电总量。在回昆的火车上，大家还在谈论路南之行的感受。这真是一次十分有意义的旅行。

神曲社经常参加一些义务劳动，如义务为中学装电灯。也举办过球类比赛和桥牌比赛等活动。在昆明市基督教青年会举办过晚会，那个地点离工学院较近，会场设备也较好。有两次晚会印象较深。一次是送我们在路南旅行时认识的美军上士杰克逊回国度假。会上由孙柏昌致辞，杰克逊答词，担任翻译的是张启懋同学。我们送给他一面精制的三角形小红旗，上面有与会者的签名。另一次是1945年的元旦或是春节，除了社员之外，还邀请了社外朋友参加，目的是增进感情。对角线有两米长的社旗，薄铝板铣制出来的"神曲"二字，挂在社旗左上方，十分醒目。桌上放有烟、茶、水果、花生、松子等。有几位同学在会上做了高水平的表演唱，唱："三只老虎，三只老虎……真奇怪，真奇怪！"当然大家最感兴趣的还是快乐诚恳的倾吐交谈，最后大家满载友谊而归。

神曲社的社长和成员，先后多次被选为工学院学生自治会的负责人，先是孙柏昌和徐芝应，1945年上半年有汪善国，下半年即"一二·一"运动发生时有赵震炎，在1946年初，即"一二·一"运动后，有杨立。

五

神曲社，这个抗日战争后期的西南联大学生社团，自成立时算起，已经整整过去45年了。这45年来，同学们没有违背自己的初衷，无论在校时还是毕业以后，他们想到的首先是国家的富强、祖国的繁荣。他们总是想着把自己学到的知识贡献给国家建设。当前，他们分布在祖国各地，有的已经离退休，有的仍在职工作。使他们颇感欣慰的是，这些同学大半生以来都是辛劳忘我地工作。他们希望有朝一日能恳谈话旧。他们盼望能有机会和散布世界各地的同窗再聚一堂，歌唱祖国繁荣昌盛。

四十年代的一枝文艺之花

——记西南联大文聚社的出版物

林　元

1941年"皖南事变"后，突然刮来一片黑云压在昆明西南联大上空。地下党和群社的部分骨干纷纷撤退。我也于二三月间离开学校。五个月后，形势略为缓和，有些同志陆续回来。我也于8月回校继续上学。这时校园显得一片荒凉、寂寞。昔日高昂的抗日歌声消失了，读书会、时事报告会、辩论会没有了，琳琅满目的墙报不见了……

我是读中文系的，平日爱学习写点散文、小说，不甘寂寞，便在10月间和马尔俄（蔡汉荣）、李典（李流丹）、马蹄（马杏垣）等商量办一个文学刊物。穆旦（查良铮）、杜运燮、刘北汜、田堃（王铁臣、王凝）、汪曾祺、辛代（方龄贵）、罗寄一（江瑞熙）、陈时（陈良时）等同学不但自己积极写稿支持，还出主意和帮助组织稿件，都成为文聚社的一分子了。这些人多数是群社社员，或参加过群社的活动。有的是冬青文艺社社员。马杏垣、王铁臣是地下党员（冬青社是群社的一个文学小组扩展成的，原属群社。马杏垣、王铁臣都是地下党员在群社或冬青社里的骨干分子。文聚社与冬青社、群社可以说是一脉相通的）。李流丹和马杏垣喜爱美术，学习版画，创刊号上就有他们的木刻创作。封面也是他们参加设计的。马尔俄是我的广东同乡，读的是经济系，但爱好文学、音乐，写些散文，英文不错，对西方文艺很感兴趣。他不问政治，但有是非感。办刊物要钱。当时有很多广东人在昆明做生意，有些我们认识。马尔俄还在昌生园当会计，他认识的生意人就更多，我们就通过这些人的关系，为《文聚》杂志拉广告。刊物是由广告养活的。

经费问题解决后，我们便向一些搞文学的老师请求支持。他们满口答应，都说昆明文坛太沉寂了，应该有一个刊物。《文聚》便以"昆明西南联大文聚社"的名义出版，于1942年问世。初为半月刊，24开本；后改为月刊，16开本；后改为不定期丛刊，32开本；到1945年我和马尔俄办《独立周报》(4开本)时，便成为该报副刊，刊头仍沿用期刊"文聚"二字的字体。

《文聚》从1942年出版到1946年这4年中，在《文聚》发表过文章的老师，有朱自清、冯至、沈从文、李广田、卞之琳、罗莘田（罗常培）、王了一（王力）、闻家驷、余冠英、吴晓铃、孙毓棠、王佐良、杨周翰等。而发表文章最多的是冯至，计有散文《一个消逝了的山村》《一棵老树》，小说《爱与死》《两姑母》，诗《十四行六首》《招魂》，译诗《里尔克诗十二首》《尼采诗七首》。其次是沈从文，计有小说《王嫂》《秋》（《长河》之一章）、《人与地》、《动静》、《芸庐纪事》，杂文《新废邮存底》（用上官碧笔名）。再次是李广田，计有散文《青城枝叶》《悔》《日边随笔》，小说《子午桥》《雾季》，诗《我听见有人控诉我》。卞之琳的文章，包括译作，亦发表不少。

在《文聚》上发表过文章的同学，除了上述文聚社的同人外，有流金（程应镠）、许若摩（许光锐）、黄丽生、赵全章、郑敏等。而发表作品最多的是穆旦（他当时已毕业当了助教，应该说也是老师了），计有诗《赞美》、《春的降临》、《诗》（八首）、《诗三章》、

《合唱二章》《线上》。杜运燮的诗也发表不少，计有《滇缅公路》《马来亚》《希望之歌》《恒河，欢迎雨季》《一个有名的士兵》等。

《文聚》虽然是"西南联大文聚社"出版的，虽然作者队伍是以联大师生为主，但它是一个走向社会、面向全国的刊物，有联大校外的作者，有昆明以外的国统区的作者和解放区的作者。如何其芳、方敬、高寒（楚图南）、魏荒弩、靳以、金克木、姚可昆、曹卣、杨刚、袁水拍、程鹤西、赵萝蕤、江篱、祖文等。楚图南的稿是我和马尔俄亲自去约来的。他当时在云南大学教书，为人厚朴，见面后说话不多。我们说明了来意，他就答应了。不久便寄来了一篇谈木刻的文章，记得是谈解放区古元、彦涵等人的木刻的。这对当时的国统区读者，仿佛吹来了一股艺术新风。

《文聚》创刊，我们就宣称这是一个"纯文学"的刊物，意思是说不是政治性的。之所以这么说，是由于当时革命正处在低潮，白色恐怖还隐藏在社会的阴湿角落，联大的三青团分子正在趾高气扬；还有一个原因，是当时的有些文艺，艺术性不强，特别是有些诗歌，就只有"冲呀""杀呀"的口号。这在抗战初期，是起过动员民众的历史作用的，到了抗战中后期，光是口号就不行了。我们认为应有艺术性较强的文学，再说人们的精神生活也需要艺术滋养，于是《文聚》便比较讲求艺术性。由于大多数作者都生活在"民主堡垒"里，而联大校外的作者，又大多数是进步和革命的作家，就当然离不开政治，于是政治性与艺术性的统一，则是我们追求的目标。

根据这个不很明确的办刊宗旨，我们出了创刊号。创刊号上的评论文章，有佩弦（朱自清）的《新诗杂话》。作者纵谈了抗战以来的新诗，横论了艾青、臧克家、卞之琳、何其芳、柯仲平、老舍等解放区和国统区诗人的新作，又从自由诗派谈到格律诗派，谈到象征诗派。他说："从格律诗以后，诗以抒情为主，回到了他的老家。从象征诗以后，诗只是抒情，纯粹的抒情，可以说是钻进了他的老家。可是这个时代是个散文的时代，中国如此，世界也如此，诗钻进了老家，访问的就少了。"他是主张诗要"明白和流畅"，诗要散文化的，要"民间化"的。为了强调他的这个观点，他又写了一篇《常识的诗》（用朱自清名，《文聚》2 卷 3 期）赞赏和翻译了美国著名诗人多罗色·巴尔克（Dorothy Parker）夫人的诗。他说："她的诗清朗是独具的、特殊的。诗都短，寥寥的几句日常的语言，简直像会话，所以容易懂，不像一般近代诗要去苦思。"创刊号上的散文，有李广田的《青城枝叶》，描写抗战中人民颠沛流离的生活和在大后方所看见的人世间的枝枝叶叶。这是一篇有李广田一贯风格的散文。此外，有马尔俄的散文《怀远三章》和沈从文的杂文《新废邮存底》。《新废邮存底》是作者写给一个小学教员的信。谈到联大被敌机轰炸时，"有几个同事险被活埋，有些同学住处全毁掉，第二天还是照常上课"。而另一面，社会上却有不少人抱着"无所谓"的人生观，打麻将、玩扑克牌，去"消耗他有用的生命"。谈到抗战后，作者说："打胜仗后要建国，打败仗后想翻身，都得每个人把所有智慧和能力黏附到'国家'上面去方有好结果的。你活下一天，就得好好尽职。……个人可死去，必死去，国家民族却决不能灭亡！"这一期的诗，有穆旦的《赞美》。穆旦是联大外文系毕业的，英文很好，能直接从西方文艺得到借鉴。他的诗显然是受西方现代诗歌的影响。他的有些诗是不容易读懂的，但《赞美》却是一首不难读懂的诗篇。诗人对祖国和人民倾泻了海一样深沉的感情，用无数象征性的事物诉说一个民族走过的贫穷、灾难、耻辱的道路。颜色虽然暗淡，调子虽然沉郁，但主旋律却是昂扬的——诗人看到人民"溶进"了抗日洪流，激情地一再欢呼：因为一个民族已经起来！诗人的才华当时还被埋在泥土里，我们决定把《赞美》

放在创刊号的"头条"。宝石出土，便放出耀眼的光辉，当时就受到不少读者赞美。此外，有杜运燮的《滇缅公路》。杜运燮和穆旦走着同一条艺术道路，读的也是外文系，都受西方现代诗歌的影响，但他的诗比穆旦的明朗、易读。《滇缅公路》是一首歌颂筑路工人，歌颂"给战斗疲倦的中国送鲜美的海风"的公路。当时我国漫长的海岸线被侵略者堵塞了，滇缅公路是通向海洋、通向世界的一个窗口。"整个民族在等待，需要他的负载。"这首诗发表后，朱自清先生曾在课堂上赞扬过。这期还有罗寄一的诗《一月一日》《角度》和陈时的散文诗，都有西方现代诗歌的诗风。《文聚》上发表的如穆旦的《赞美》、《诗》（八首），杜运燮的《滇缅公路》，罗寄一的《诗六首》（《文聚》2 卷 2 期）中的两首，后来都被闻一多先生收入他所编的《现代诗抄》。穆旦和杜运燮还是近年出版的引人注目的《九叶集》诗人中的两位。《九叶集·序》里首先举出穆旦的《赞美》作为例子来称赞。这期的小说，有汪曾祺的《待车》。这是一篇时空跳跃，淡化情节，没有故事，没有"人物"，用意识流手法受西方现代小说影响较大的作品。这是汪曾祺初期的小说，看得出他当时正在尝试，探索各种创作方法。他在《文聚》2 卷 3 期上发表的散文《花园》则是受沈从文先生作品的影响，用的是现实主义的手法了。此外，有我的一篇小说《王孙——大学生类型之二》。我的这篇小说和以后在《文聚》上发表的几篇小说习作，都是受现实主义影响，反映当时社会生活的。这是《文聚》创刊号的全部内容，它奠定了《文聚》的风格。

　　《文聚》是跟着时代的步伐前进的，当进行战斗或战斗激烈时，《文聚》就唱出高昂的歌声。1943 年德国法西斯疯狂地进攻莫斯科，全世界人民都怀着沉重的心情注目这座革命的灯塔，《文聚》一卷五、六期合刊"头条"便发了杨刚的一首长诗《我怀念你呀，莫斯科》。这首诗热情奔放，格调昂扬。这在反苏、反共、反人民的国民党反动派统治的大后方，真像一声巨雷。1945年12月1日，昆明学生为争自由、反内战，用鲜血染红了联大那两扇灰色木板大门，《独立周报》的《文聚》副刊出了"一二·一"运动特辑，其中有诗人卞之琳的散文诗《血说了话》；李广田的诗《我听见有人控诉我》，诗人"在受难者的身上，读到了仇恨的血誓"；声称不问政治的马尔俄也写了悼念四烈士的散文；我则用社论的形式写了篇质问蒋介石的文章：《对"一二·一"运动如何才是公平处置？》；在这个特辑里，还有一首著名的诗，那就是冯至的《招魂》。不管是《我怀念你呀，莫斯科》的长诗，或是悼念四烈士的《招魂》，都既有强烈的政治内容，又有灼热的思想感情和精湛的表现形式，所以至今还焕发出艺术和历史的光辉。1984年我回昆明凭吊"一二·一"四烈士墓，冯先生的《招魂》诗篇就刻在四烈士墓碑上。这使我想起当时联大最大的一座建筑物，用瓦片盖顶的图书馆（其他教室或宿舍则用铁皮或茅草盖的顶），馆里设着四烈士的灵堂，昆明市人民像洪流那样默默流进灵堂里。当这支洪流从灵堂流出，它咆哮了："正义，快快地回来！／自由，快快地回来！／光明，快快地回来！"（《招魂》）

《文聚》上很多文章都是从这个或那个侧面反映抗日战争和解放战争中沸腾的人民生活的。但人们的生活像黄河、长江之水，不是每时每刻都激扬沸腾，而更多的时候是平静地悠悠流去。读者也需要反映宁静生活的文学，需要在宁静中探索、反刍人生，需要艺术，需要美，需要美来滋润生机、丰富精神世界。《文聚》发表了不少美文，发表了不少有关自然景物和人类心灵的美文。有些美文，充满着人生的奥秘，蕴含着生活的哲理。这里举冯至《十四行六首》中的一首作为例子：

从一片泛滥无形的水里，

取水人取来椭圆的一瓶，

这点水就得到一个定形；

看，在秋风里飘扬的风旗，

它把住些把不住的事体，

让远方的光，远方的黑夜

和些远方的草木的荣谢，

还有个奔向无穷的心意，

都保留一些在这面旗上。

我们空空听过一夜风声，

空看了一天的草黄叶红，

向何处安排我们的思想？

但愿这些诗像一面风旗，

把住一些把不住的事体。

　　冯至先生的充满美感、哲理的十四行诗在《文聚》发表后，当时，后来，直至现在，都得到读者、诗的研究者的好评。1985年第 11 期《诗刊》"头条"有一篇《"诘"诗和"悟"诗》的理论文章，谈到"诘"诗和"悟"诗的关系时，就引用了冯先生的这首诗说："无形的东西要凭借有形的东西来把握。……诗的研究者会从这个充满哲学意味的形象中得到启发。固定着的旗杆也许就是我们借助于'诘'而获得的立足点，那飘忽着的风旗永远在追求着一种'悟感'！"

　　《文聚》上的文章，像每个人的脸孔一样虽然各自不同，各有各的艺术观，各有各的生活体验，各有各的思想感情，各有各的创作方法，各有各的表现形式，……但在这些文章中，却有一个共同点，共同追求着一种东西，一种美，一种理想和艺术统一的美，一种生活的美，一种美的生活，这就形成了《文聚》的风格。发表在《文聚》上的许多文章，至今还有可读性，原因或许正在这一点。

文聚社出版《文聚》杂志外，还出版《文聚丛书》。在1943年《文聚》一卷五、六期合刊上登出的《文聚丛书》的广告，一套共10本。计有小说集：沈从文的《长河》（长篇），冯至的《楚国的亡臣》（中篇），刘北汜的《阴湿》（短篇），林元的《大牛》（短篇），马尔俄的《风》（短篇）；散文集：李广田的《日边集》，赵萝蕤的《象牙的故事》，方敬的《记忆的弦》；诗集：穆旦的《探险队》，卞之琳译的《〈亨利第三〉与〈旗手〉》（福尔、里尔克著）。书中还有他的长《序》——《〈亨利第三〉与〈旗手〉的遇合》。这是一篇有独立价值的论文。穆旦的诗集《探险队》，记得于1943年出版，这是诗人的第一本诗集。《长河》于1945年1月出版，这是沈从文先生唯一的一部长篇小说，是继代表作《边城》后一部重要著作的初次出版，印数1000册，很快便售完了。1982年人民文学出版社出版的《沈从文小说选》（凌宇编）内附录的《沈从文主要著作年表》中，记述《长河》的出版日期却是"上海开明书店1948年8月初版"。这是失实的。这个年表中记述的沈从文的一些短篇小说如《芸庐纪事》的发表期刊日期"天津《益世报》'文学周刊'1947年2月1日—3月29日"也是失实的。这篇小说最早发表在1945年1月1日出版的《文聚》2卷2期上，众所周知，版本对于研究作家、作品是十分重要的。如果《沈从文小说选》再版，希望出版社能予以更正。文聚社出版的《长河》版本，我所存的早已遗失，三年前的一个偶然机会，在中国社会科学院文学研究所的一位研究沈从文著作的朋友处，发现了这个版本，据说是他们图书馆收藏的。《沈从文主要著作年表》之所以有此失误，想是编者没有看到文聚社的版本和1942—1946年出版的《文聚》杂志。

《文聚丛书》除上述三本已出版外，冯至的《楚国的亡臣》（即后来由上海文化生活出版社出版的《伍子胥》）已交稿，正要付排，抗日战争胜利了。在后方苦熬了八年的人们，纷纷复员回乡，《文聚丛书》的作者和编者，亦先后离开昆明，《文聚丛书》和《文聚》便停止出版了。

抗日战争中，国民党统治的大后方，有三大文化区，即重庆、桂林、昆明。昆明文化区以西南联大为核心。文艺阵地之一是"昆明西南联大文聚社"出版的《文聚》杂志和《文聚丛书》。文艺队伍则以联大师生为骨干。这个队伍，有显著的特质：西南联大是由北大、清华、南开三校联合成的，因而他们大多是受过"五四"—"一二·九"运动的思想熏陶，继承"五四"文学传统的；他们大多是怀着"千秋耻，终当雪"（联大校歌）的心情，体验了人民的痛苦，颠沛流离从四面八方汇集到西南边陲的，他们大多是揣着一颗赤心，通过自己的阅历和认识去探寻救国救民之道，追求正义、自由、光明的；他们大多是受过西方文艺影响的……联大校外的作者如方敬、何其芳等也大多有这种素质。在这样的阳光、雨露、空气、土壤中培育出来的这枝花朵，在20世纪40年代文艺的百花园中，自有它的独特风姿。这枝花是作出了贡献的。可惜解放后未作介绍，鲜为人知，这枝45年前开在西南边陲《文聚》这块土地上之花，被遗忘了。

关于《缪弘遗诗》

王景山

老校友萧荻在我家读到我保存的一些联大后期在昆明出版的《文艺新报》复印件，读到冯至先生写的《新的萌芽》一文，这是冯先生为联大文艺社社友缪弘的遗诗写的读后记。虽然已经字迹漶漫，他还是把它仔细抄录下来。他对我说："这也是研究联大校史的一份珍贵资料。它说明我们老一辈的教授和著名诗人，不仅在课堂里对我们谆谆教诲，对我们这些初入文学之门的后生，也是那么热情辅导和奖掖。当年的联大同学中，很有些在文艺创作上有一定成就的作家，我们不能忘却老师们对我们的影响和帮助。"他希望我能找到当年由联大文艺社出版的《缪弘遗诗》，并对这位在抗战即将胜利的时刻，不幸在战争中殉难的青年无名诗人作些介绍。

我是当年联大文艺社主办的《文艺新报》编辑之一，和缪弘都是联大外文系 1947 级的同学，也都是联大文艺社的社员。我们是在大学二年级时才相识的。时隔 40 余年，我只依稀记得他是个面貌清秀的小伙子，性格比较文静，经常穿一件黑色的皮夹克。他既写诗，也写散文，很有才华。但是不久，他就应征当了"翻译官"。又不久，调到伞兵部队。1945 年 7 月，他随伞兵部队空降到柳州后，于 8 月初向日寇侵占的丹竹机场冲锋时不幸牺牲。噩耗传来，同学们十分哀恸和惋惜，为他开了追悼会。文艺社的同学还从他的遗稿中选了一部分诗，印了《缪弘遗诗》，以作纪念。这本小册子我也参与了编印工作。当时，文艺社的社员是人手一册的，可是问了许多老友，都说是已在历次动乱中散失掉了。

我想到藏书家余时（姜德明）同志的《书边草》一书中有一篇《李广田序〈缪弘遗诗〉》，他想必会有，忙写信去问，数日后便收到他的复信和他珍藏的《缪弘遗诗》。他在回信中说："此系 20 世纪 60 年代初购于国子监者，当时不以为意，今竟成新古董，盖只印 500 册也。"这使我想起他在《书边草》里那篇文章中讲到他所以珍视这本"名不见经传"的作者的"看上去很不起眼"的小书，是因他从这本小书中看到"当时的院校有一种好风气，文学青年尊重教师，教师也乐于为学生们的处女作题序作跋"。因为这本 64 开本土纸印的薄薄的诗集是由早已蜚声文坛的李广田先生亲笔题签，并为诗集写了情真意挚的序言的。但余时同志还没看到冯至先生为诗集所写的评介。如余时同志所说，这确实代表当时联大的老师们和青年同学们之间的亲切情谊。不仅是李、冯两位先生，闻一多、朱自清、沈从文等等许多文坛老将，都曾热情地指导同学写作，甚至亲笔修改，推荐发表。有的还译介到海外去。闻一多先生亲自编选的《中国诗选》，曾由英籍教授白英（Roberf Pain）先生译成英文在海外出版，其中就收录了不少联大同学的习作。

重读《缪弘遗诗》如见故人，往事又浮现眼前。更巧的是余时同志 20 世纪 60 年代从国子监购到的这本小册子，原是联大文艺社社友赵少伟所藏，"少伟"两个红铅笔签名的字迹，仍很清晰。有些页上，还有他读诗后所作的眉批。诗集的题签无疑是广田先生的亲笔，"缪弘遗诗"四字下，衬以长条形硕叶和小花的图案，印在封面的左上方，显得清雅、朴素、大方。扉页上注明"文艺社选辑"。书为直排，共收录缪弘同学的诗作 22 首。广田先生是当年文艺社的指导教师，序作于 1945 年 8 月 19 日，时在日本帝国主义宣布投降后 4 天。这篇序文未见著录于广田先生的著作年表，想是因为只刊在《缪弘遗诗》集中，书的印数又少，流传不广，也是一篇弥足珍视的佚文了。

广田先生的序只有千余字，全录如下：

> 读过这些诗，我们认识了一个人，也认识了这个时代。
>
> 一味地忍受痛苦，当然没有多大意义，若只是凭空地希望，也将毫无所得。在痛苦中创造希望并努力把希望变成事实，这正是我们这一代人的道路。
>
> 生在这时代而尚不感到苦闷的，那一定是麻木不仁的人。缪弘君诗里所表现的苦闷，也正是我们大多数人所感到的苦闷。他在《赶快》一首中说："宁愿闭起双目，以免再看见人间的不平，宁愿堵住两耳，以免再听到壮烈的声音，而徒然鼓起热情。"其实，并不是怕看人间的不平，而是看了也无可奈何，也不是怕听壮烈的声音，而是徒然地有了热情却仍不能有什么行动。明明看见了道路却不能举足向前，这正是痛苦中的最大痛苦。不要相信诗人所说的可以听入世已深者的劝告而"紧闭着一只眼睛"，那正是无可奈何的哀呼；我们都应当听一听他的"祈求"，他在《闷郁》中"要求猛烈的刺激"。暴风雨来了，这正是他所要求的，可是他还祈求暴风雨后的"太阳"。在《挣脱》一首中，他所希望的乃是在山水湖沼与森林之上，"有自由的天空，可供我任意逍遥"，但是他不做浮云，却做了"落叶"，愿以自己的死亡，换取别人的新生。它"在最后一阵旋转后"就"躺在柔软的污泥里"。只希

望"明年会有一个勤劳的农夫,把我挖去肥田",然后,"有黄金的谷粒,会因我的滋润而生长"。缪弘君终于实践了他这预言,他做了译员,又做了伞兵,于民国三十四年(1945年)7月30日在桂林前方的天空落下来牺牲了。他做了他诗中所歌颂的那种所谓"傻子"的英雄。在他个人,可以说是"求仁而得仁"。他挣脱了他的苦闷,也不再感受痛苦。但今天我们读到这些诗,再对照一下我们这时代的变化,我们却感到了痛苦以上的痛苦。

在我们这时代中,到处充满了矛盾。不能克服这些矛盾,不能有绝对的肯定与绝对的否定,我们将不能作出任何不犯错误或是徒劳无功的事业,而且也无从知道牺牲者的血到底浇灌了蔷薇,抑或是滋养了荆棘?更有谁敢说暴风雨过后一定有诗人所祈求的"太阳"?缪弘君刚刚牺牲了不过几天,对日战争就莫名其妙地结束了。我们今天来纪念缪君,面对着对日战争结束以后的种种急切问题,我们将耻于再诉说我们的痛苦。和某些人的欢乐一样,其中都有不少可羞的成分。纪念死者,正是为了警惕生者。假如生者不能从死者获得教训,任何纪念将毫无意义。但愿我们有更清楚的认识与更确定的方向,有绝对的肯定与绝对的否定,然后才能善用我们的生命去克服矛盾,胜过痛苦,在痛苦中创造更高的希望,去实现这些希望。

广田先生这篇序对缪弘的为人和诗作了热情的肯定和深刻的分析。他指出"纪念死者,正是为了警惕生者"。因此,在序里,他也对处在那个时代的青年人的苦闷和向往,恳切、诚挚地指点了"迷津"。序文的最后几句更显示了广田先生追求理想"亦余心之所善兮,虽九死其犹未悔"的坚定信念。这些都无须细说了,至于关于缪弘的生平，则只能从冯至先生文中提到的那篇后记中的简略记述来补充介绍了。

《缪弘遗诗》的《后记》写于 1945 年 8 月 22 日，即为缪弘同学举行追悼会后 3 天。署名"文艺社"，大约是出于外文系 1947 级校友王楫（王季）的手笔。他和比我们高一级的程法伋、张源潜同为文艺社的总干事。《后记》里介绍说："缪弘君，江苏无锡人，生于民国十六年（1927）。关于他的童年，我们知道得很少。只知道他 4 岁丧母，是在继母抚养下长大的。抗战初期，他正读初中，曾在沦陷后的上海和北平读书，因为生活不安定先后换了好几个学校。终因不堪沦陷区生活的苦闷，也因对家庭的或种原因不能容忍，瞒着家庭逃到内地来，这是 1942 年 5 月初的事。广田先生序文中所引的《挣脱》一诗，就是这时写成的。同年 8 月底，缪弘进了重庆南开中学。1943 年夏，以高材生毕业于南开中学，考进西南联大外国语文学系。1944 年冬，国民党政府号召知识青年参加青年远征军，缪弘和他的哥哥缪中同时投军，却遭到某些别有用心的同学的猜忌，他才改考了译员训练班。为此，他受的刺激很大。广田先生序中所引的《赶快》和他同一时期写的另一些诗《倦》等，使我们从缪弘这个生机蓬勃的青年诗人的诗里，嗅到他强烈的悲观消极情绪。1945 年 4 月 9 日，缪弘入译训班受训，毕业后先后在岗头村、宜良等地服务，又入突击队受跳伞训练。7 月，国民党军队反攻桂林，伞兵第一次出动，30 日随机飞桂，降落在丹竹机场附近，当即在战斗中牺牲了，缪弘牺牲时还不足 19 周岁。噩耗传来，由联大学生自治会、外文系 1947 级级会、南开中学校友会联大分会、联大文艺社等 4 个团体在联大新校舍南区第八教室举行了追悼会。缪弘君在入译训班前，曾把他近三年的作品整理成三集，并在扉页写着'纪念亡母和我 18 岁的生日'。集子的总题作《十八年》，而诗集是在外的。缪弘的遗作以诗为最多，收集到的约 40 首。文艺社从中选辑了 22 首，由师长和同学集资编印出版作为纪念。"《后记》的结尾写道："他的诗是他最忠实的自我，看到它的教授和同学们也都称赞它，我们无须多说。然而缪弘这样一个有天才的青年诗人，竟来不及在人间遗留更丰富的果实，这是我们一致惋惜的。"关于缪弘，我们所能介绍的就只有这些了。

　　缪弘的名字，镌刻在"西南联合大学纪念碑"背面的《抗日战争时期从军同学题名录》之中——这座纪念碑如今仍然矗立在联大新校舍（今云南师范大学）"一二·一"四烈士墓园的西侧。至于那本只印过 500 册的"新古董"《缪弘遗诗》，大概是很难有机会重印的了。

　　我愿意为《缪弘遗诗》作如上的介绍，因为它使我回忆起当年联大师生之间的真挚情谊，也能触发起我们同时代的人思索我们各自的生活轨迹。

南湖诗社始末

刘兆吉

1938 年 4 月 28 日，西南联大湘、黔、滇旅行团到达昆明。5月初西南联大文法学院在蒙自开学上课。这就是为期仅半年的西南联大蒙自分校。闻一多、朱自清两先生指导的南湖诗社就诞生在这里。4 个月后，文法学院迁回昆明，南湖诗社也就自然结束了。有些社员参加了昆明本校的文艺社团。南湖诗社，是因蒙自分校靠近南湖而得名，既回昆明就不再以"南湖"命名了。诗社的诗人，写诗的志趣没有变，但"南湖诗社"就如昙花一现而消失了。因而有许多联大校友，不知南湖诗社这个文艺社团组织的始末及影响。

回忆南湖诗社的创建，首先要感谢向长清校友，是他首先提出来的，他付出的劳动最多。我写这篇介绍南湖诗社的短文，为表示对闻一多、朱自清两位热情的指导教师永远怀念外，也为悼念两年前才去世的向长清学长。

向长清是联大中文系 1940 级学生。我是 1939 级教育系学生，原来并不相识。在旅行团时，我们都编在第一大队第一班。我们班，有 13 人，是同行、同宿、同餐的生活集体。旅行团出发后几天工夫就非常熟悉了。青年学生自然免不了打打闹闹，但也无话不谈，各人的性格、气质、兴趣、爱好也暴露无遗了。旅行团出发之后，我与向长清就成了志趣相投的好朋友。他在行路休息或晚上入睡之前，经常拿着小本子写诗，有时还把得意的诗句读给我听，以后干脆把本子交给我，任我翻阅。我是学教育的，但自中学时代即喜欢文学，每天有记日记的习惯，也爱写不新、不旧、不古、不律的歪诗。由于我承担了在闻一多先生指导下采集民间歌谣的任务，常常与向长清一起写，一起讨论作诗、评论古今诗人的诗。现在想来非常可笑，俨然都以诗人自居了。有一天，向长清提出到达昆明后，约些爱写诗的同学组织诗社，出版诗刊。我完全同意。他知道指导我采风的闻一多先生是知名诗人，并早已读过他的诗集《红烛》和《死水》。我俩商量成立诗社要请闻先生当导师。

记得是在沅陵的住宿处，我俩在晚饭之后，拜访了闻一多先生。向长清提出到达昆明后请他指导我们组织诗社。闻先生很谦虚，首先说这些年他"改行"了，教古书（指《诗经》《楚辞》），不作新诗了。又说明他对新诗并未"绝缘"，有时还读读青年人写的诗，觉得比他的旧作《红烛》《死水》还好。我想闻先生说的是真心话。后来我们到达安顺。安顺中学的学生听说闻一多先生也徒步赴滇，便成群结队地来拜访这位文学家。我随便介绍："你们这样敬仰闻先生，读过他的著作吗？闻先生是有名诗人，读过他的《红烛》《死水》吗？没有读过的可以找来读读。"

学生们走后，闻先生很严肃地对我说："你多话了。《红烛》《死水》那样的诗过时了，我自己也不满意，所以这几年没有再写诗。现在，没有活力、没有革命气息的作品，不要介绍给青年人。"由这段话说明，他在沅陵说的话不完全是谦虚。我想闻一多先生从一位书斋学者走向革命战士的道路，思想的巨变已在这时萌芽了。

当晚，大概是1938年2月10日，沅陵落了雪，天气很冷，屋内没有取暖设备，我们坐在铺着稻草的地铺上，闻先生用被子盖着膝盖，畅谈有关诗的问题。闻先生坦率地发表了他的意见。我和向长清都详细记在日记本上。我的日记本在"文化大革命"中被抄走了。向长清的遗著中，不知还保存了这些宝贵的材料没有。闻先生讲话的内容，时过 50 年，当然记不清了。但总的印象是满意的。闻先生虽然很谦虚，但没拒绝担任诗社指导教师。向长清特别高兴，组织诗社的决心更大了。

文法学院迁到蒙自。一天我和向长清商量如何实现旅途中提出的成立诗社的计划。我们一起拜访了闻一多先生，同时想到朱自清教授也在蒙自分校，因而也请他为指导教师。两位教授欣然同意。我俩立即分头邀请同学加入诗社。因为在南岳时，曾多次出壁报，对于爱好写诗的人，已经心中有数，很快就组织了 20 多人的诗社，并同意命名为南湖诗社。同学们多来自沦陷区，经济困难，出诗刊没有经费，只好因陋就简，采用壁报的形式。投稿人把诗写在稿纸上，然后交给向长清或我。也没有明确谁是主编，就由我们两人，有时也请别的同学略加修改编排一下，贴在整张牛皮纸上，有时贴在旧报纸上，然后张贴在校舍的墙上。这些工作主要由向长清负责。有的稿件写得太潦草，或者字写得太大，占篇幅过多，与其他稿子不协调，退回去要作者重抄吧，又怕影响他的积极性，向长清就不厌其烦地代为抄写，有时熬到深夜。诗刊共出四期，形式虽然很简陋，但从内容分析，的确有许多好诗。有些诗篇达到了发表的水平。我们选了一部分给闻、朱两位指导教师过目，他俩也称赞是好诗。每次诗刊贴出，都有许多同学，也有老师围观，"诗人"们也受到鼓励，暗暗自喜。

商量出刊、审稿的小型会，或三五人的碰头会是经常开的。有指导教师参加的诗社全体社员座谈会，只开过两次。在我模糊的印象里，似乎谈及新诗的前途、动向问题，也谈到新旧诗对比问题，对新旧诗问题有过争论。我记得中文系即将毕业的刘绶松同学的发言，有重旧诗轻新诗的思想。给我印象最深的是他曾说，在儿童时代已背熟唐诗三百首。的确，他的律诗写得很好，但是绝大部分诗社成员的意见，连闻、朱两位指导教师在内，都主张南湖诗社以研究新诗、写新诗为主要方向。刘绶松也为诗刊写过稿子，仍然写的旧体诗。从旧体诗着眼，不失为好诗，但我们没有选用，当时他是不高兴的。1939—1943 年我俩同在重庆南开中学任教，我曾向他道歉，两人哈哈大笑。想来组织南湖诗社，到现在整整 50 年了。

可惜，仅开过两次的社员大会的会议内容都淡忘了。发言内容是很丰富的。两位指导教师都作了较长时间的指导性发言。还记得没有邀请而主动来参加会议的知名逻辑学教授沈有鼎先生，也作了很好的发言，引起了同学们极大的兴趣。这也是对诗社的支持。

南湖诗社虽然很短暂，但不失为一个有意义的文学组织。指导教师是全国第一流的专家教授，成员也是精英荟萃。根据我保留下来的部分社员的照片及回忆当时写诗的质量，其中不少是造诣很深的学者，如发起人向长清（1985 年 6 月去世）。他是北京戏曲研究所研究员，在戏曲研究、古典文学方面有重大贡献，正式出版的著作就在 100 万字以上。查良铮（笔名穆旦），去世前任南开大学教授，译著诗文甚多，1988 年 5 月北京诗歌界和联大旧友，曾举行穆旦逝世 10 周年哀思会，并由杜运燮校友等编辑出版了纪念文集。赵瑞蕻是南京大学知名教授，多次出国讲学，译著很多，他的贡献详见《中国文学家辞典》（现代第一分册）。刘绶松是武汉大学知名教授，他的著作如《中国现代文学史初稿》是有影响的著作。周定一，中国科学院语言研究所研究员，在语言文字学方面，颇多贡献。刘重德现任湖南师范大学教授，李敬亭是河南大学教授，都是译著等身的学者。林振舒（笔名林蒲）和陈三苏都在美国当教授，在 1980 年冬沈从文先生访问美国时，林蒲还曾和沈先生亲切晤面并写了《沈从文先生散记》，发表在《海内外》第 28 期上，讲述了对西南联大生活的怀念。至于我（刘兆吉），当时是教育系学生，是学教育心理学的。可算南湖诗社中唯一的外行。其他诗友是中文系和外文系学生，是学中国和外国文学的，算内行。我那时只是一个诗文爱好者。50 年过去了，我仍然是一个诗文爱好者。几十年来还是靠教心理学吃饭的。但是这些年来，我在研究文艺心理学和美育心理学方面稍有成绩，这与南湖诗社培养了我对文学的兴趣不无关系。总之，南湖诗社在培养文学兴趣和创作能力方面是起了良好作用的。西南联大校史上应记它一笔。

几年前赵瑞蕻校友，曾在来信中谈及诗社问题，并希望我写篇纪念南湖诗社的文章，我因为记忆力衰退，怕挂一漏万，多希望找到一别 45 年的向长清亲自执笔。没想到刚刚联系上不到一年，他就去世了。虽然在信中请求他写，但他已经无法完成此任务了。时至今日，我不得不承担这项任务，否则对不起曾热心指导过我们的好老师闻一多、朱自清先生和几位已经去世的诗友。

回忆半世纪以前的事，挂一漏万是难免的，希望尚健在的诗友们修正、补充，使南湖诗社史，日臻完善。

为了提高语文教学水平
——简介联大师院国文月刊社出版的《国文月刊》

张映庚

西南联合大学的教师大多数来自清华、北大、南开三校，人才荟萃，阵容强大，其中有不少知名学者；同时，继承了清华、北大、南开三校教学与科研并重的传统；学校负责人又十分注意提倡和鼓励学术研究，因而出现了浓厚的学术研究气氛。尽管当时处于战争环境之中，受到设备条件与政治、经济因素的影响，西南联大所属各院、系仍然在各个学术领域里不同程度地开展了研究工作，不论在理论探讨方面，或是实际应用方面，都取得了显著的成果。由西南联大师范学院国文月刊社编辑出版的《国文月刊》，就是当时国内仅有的指导国文教学和研究的定期刊物，影响很大。

一、应运而生

国文这一基本学科，在中学和大学的课程表里都占重要的位置。教育部及各省教育厅屡次表示对这一学科的注重，广大教师努力进行国文教学，可是，学生的国文成绩仍不理想。原因固然很多，例如国难方殷、生活贫困、师资缺乏，等等。但其中有一条不容忽视的，就是在 1940 年以前，国内没有一种致力于推进国文教学的刊物，国文教学和研究的开展和经验交流无法进行，青年学生得不到应有的辅导。西南联大师范学院国文学系的教师为了弥补这个缺憾，推动和指导国内的国文教学和研究，提高青年学生的国文程度，"愿意抽出教书及研究的余暇来办一份国文刊物，作为提倡"。1940年1月10日，联大师院国文学系浦江清教授邀集朱自清等教授举行茶会，会上提出并拟订了编辑《国文月刊》的计划，提交西南联大校务委员会研究。不久，西南联大校务会议议决，由师范学院筹编《国文月刊》，随即成立了"国立西南联合大学师范学院国文月刊社"，负责编辑、出版《国文月刊》。

编辑委员先后有浦江清、朱自清、罗庸、魏建功、余冠英、郑婴、彭仲铎、罗常培、王力、萧涤非、张清常、李广田等人。主编一职，先由浦江清担任，后由余冠英担任。

经过一段时间认真、紧张、艰苦的工作，《国文月刊》终于在同年6月16日创刊。它是由西南联大师院国文学系教师主编，同时邀请西南联大文学院中国文学系的教师，以及校外热心于国文教学的人士合力举办的。它既是群体的成果，也凝聚着每个热心人士的心血和智慧。

该刊物的宗旨是"促进国文教学以及补充青年学生自修国文的材料"，其性质与专门的国学杂志及普通的文艺刊物都有区别。《国文月刊》不刊登高深的学术研究论文，却欢迎国学专家为该刊写些深入浅出的文章，介绍中国语言文字及文学上的基本知识；不刊登文艺创作，却可以选登学生的作文及教师的范作；同时也欢迎作家谈写作方法的文章。读者对象是中等学校国文教师、普通大学和师范院校国文学系学生，以及自修国文者。

该刊物所刊登的文章主要可以分为四类：

（1）通论：包括讨论国文教学各种问题以及根据教学经验发表改进中学国文及大学基本国文的方案的文章。

（2）专著：包括关于文学史、文学批评、语言学、文字学、音韵学、修辞学、文法学等不太专门的短篇论文和札记等，并多予刊登。

（3）诗文选读：包括古典文学作品和现代文学作品，并附以详细的注释或说明。

（4）写作谬误示例：专门摘出学生作文中的误字谬句，类似"文章病院"之类。

此外，还有学生习作选录、书报评介、答问、通讯等。

《国文月刊》刊登的文章既便于教师交换意见，也能供教育工作者参考，还有利于学生自学钻研。正因为该刊物适应社会要求，切合读者需要，所以出版之后，深受读者欢迎，成为国文教师案头必备之书，对当时国内的国文教学和研究影响很大。

该刊由开明书店（在桂林）印刷、发行。开明书店在桂林、成都、重庆、昆明、贵阳、衡阳、金华等地都有发行所，发行遍及全国，有的读者在当地买不到该刊，也直接写信到国文月刊社要求函购。

该刊每月出一期，假期停刊，每年出 8 期，后来每年出 10 期；每 10 期为一卷。每期篇幅 5 万字。在办刊的过程中，遇到很多难题，以致时有脱期，但是，仍然坚持办到西南联大结束，清华、北大、南开三校复员北返之前，共出版了 40 期（即从创刊号到 1946 年 1 月的第 40 期）。从第 41 期起，则不再由联大师院"国文月刊社"编辑、出版，而改由夏丏尊、叶圣陶等先生编辑，由上海"国文月刊社"出版，上海开明书店印刷、发行。这一变动是因为 1946 年西南联大宣告结束，清华、北大、南开三大学北返复校，原来的编委人员分散，不复存在，所以改由开明书店接办。开明书店在接办时表示，"仍旧愿意维持本刊原有的精神"。它的精神确实是一脉相传，贯彻到该刊 1949 年最后一期的。

二、鲜明的特点

鲜明的宗旨，鲜明的内容，就使该刊物有鲜明的特点。主要有两点：

1. 指导性：当时，社会上一般人的看法是"青年学子国文程度的低落实为国家的隐忧"。看到1938年、1939年两届全国各大学统一招生国文试卷的国文教师，也感到"莫大的怅惘"。怎样提高中学生的国文程度，成了一个十分严重而又亟须解决的问题。针对这一问题，该刊刊登了一系列探讨性的文章。如创刊号的第一篇——朱自清的《中学生的国文程度》，就是谈对中学生国文程度的评价和提高的。

该文先摆出社会上一般人的看法："近年来中学生的国文程度低落了，而且……大学毕业生似乎也是如此。"更有教育部考选委员会副委员长说到的大学毕业生"国文之技术极劣，思路不清"。这"技术极劣，思路不清"正是对"低落"的说明。作者接着指出"低落"说法的不恰当。首先是这种说法的判断大致根据考卷、报告、文课、条告、书信等，而用以衡量的尺度大致是文言。其根据和尺度有其局限性，更不切时宜。其次，着重分析"低落"的具体内容。作者指出，1919年五四运动以前的中学生，背诵过古文，写作过窗课，费过几年工夫学古文，有些古文底子。教师又多是秀才、举人，对学生也有些影响，五四运动以后，这些因素逐渐消失，学生也不再费大工夫先学古文。若说应用文言程度的低落，是势所必然的。但是，"低落的只是文言的写作，白话尽管在这样情形之下，还是有长足的进展"；同时否定了"白话必须有文言作底子的观念"。文章充分肯定现在中学生的说话能力比从前的中学生增强了。即使现在的中学生中存在写不通文言的情形，也无碍中学生的成长。因为"现在是青年的时代，青年自然乐意用白话。文言的死亡，和白话的普遍运用，是势所必至，是计日可待的"。从这事实出发，他明确提出自己的主张："中等学校现在已经无须教学生学习文言的写作。"如果省下学习文言写作的时间和精力，全都用于学习白话写作，一般学生在中学毕业的时候，大概可以写出相当流畅的白话文了。

作者也谈到中学生写作的白话文中存在的很多毛病，其目的是矫正。矫正方法是，只要中学生不必分心学习文言的写作，白话文写作的毛病便可克服。具体做法在于多写、多改，教师多指点；同时，还得对句、段、篇多做分析练习，等等。并介绍傅东华编的复兴初中国文教科书以供使用，还建议教师抓练习、抓诵读等。最后，朱先生还提出一些很有启发的问题，例如：怎样诵读才能帮助思想和写作技巧提高？课内讲授和课外阅读怎样配合？等等。

这篇文章，既结合实际，又根据自己的教学经验来作分析，鞭辟入里，可看作阐述《国文月刊》编辑方针的代表作之一。该创刊号上所刊登的其他文章，也都同提高中学生的国文程度问题有关。有的论述中肯，有的评析精当；有积极的建议，也有耐心的引导。所谈至为重要，不乏真知灼见。

该刊作者，有大学教师，有中学教师，也有西南联大文学院中国文学系的学生。所写的文章对国文教学和研究联系密切，有的文章就是作者从事国文教学和研究的心得。例如：联大师院国文学系系主任罗庸的《论读专书》是他在联大国文学会举办的中国文学讲座所作第十二讲的讲稿，该系余冠英副教授的《坊间中学国文教科书中白话教材之批评》是他在师院国文系所开教材教法研究课的讲稿。作者中的知名学者，除列名编辑委员者外，尚有闻一多、叶圣陶、沈从文、吕叔湘、朱东润、老舍、郭绍虞、傅庚生、杨振声等。他们为该刊写的深入浅出的文章，有相当高的水平，在为人、为文上都有表率作用。

编者和读者也有密切联系。该刊发表的文章有几篇就是因读者询问而引出来的，例如：罗常培的《答汪洋君问》、余冠英的《七言诗起源新论》。读者和编者讨论问题，能使双方都受益。该刊积极提倡这种做法，也增强了指导作用。

2. 时代性：该刊物在提高青年学生国文程度问题上，重视检阅往皆，瞻望未来，引导读者和着时代的脉搏一起跳动。这在对待白话文的发展上表现得最为突出。1919 年五四运动以后，随着中国新文化运动的兴起，提倡和运用白话文已经成为历史潮流。但也绝非一帆风顺，仍有沉渣浮起，掘其泥而扬其波。1942 年教育部编订大学一年级国文读本时，未选录白话文。《国文月刊》很快刊登了几篇有针对性的文章，表明自己的态度和主张。例如：罗莘田（常培）的《中国文学的新陈代谢》，是 1942 年 7 月 1 日在昆明广播电台的演讲。文章首先回顾白话文运动的发展，在"五四运动时期到了顶点，这是革新运动中的一个项目"。五四运动以后，白话文的势力越发迅猛异常地发展着。有人估计，这一年里至少出版了 400 多种白话报纸。其后，在新文学运动中经过三次很激烈的抗争，即：（1）安福系的卫道；（2）学衡派的崇文；（3）甲寅派的挣扎。这三次抗争只不过给文学革命运动的潮流激起了几堆浪花，对于那奔腾澎湃、沛然莫御的巨流是遏止不住的。从此，新文学运动发展到了建设和创作时期。其中，关于白话文取代文言文作为书面语言这个问题，已经没有人再提起了。西南联大是坚持选用白话文的，所用的大一国文课本由自己编选，经过三次改编，最后的一本包含 15 篇文言文、11 篇语体文、44 首诗、1 篇附录。罗先生对此选本给予充分肯定，接着十分感慨地说道："没想到最近教育部召集的大一国文读本编订委员会只选了50 篇文言文，4 首诗，经史子集色色具备：却把语体文删得连影儿都没有了。"作者还尖锐地指出："这不是一件小事，这正是新旧文学消长的枢机：……难道教育当局倒要反其道而行？难道曾经想'打倒国语运动的拦路虎'的小将和曾经参加过新文学运动的作家反倒妥协了？"又如杨振声的《文言文与语体文》中，旗帜鲜明地宣告："我们整个国家民族迫切的要求，是一种为整个人民接受知识的工具，为整个人民传情达意的工具——记载我们语言的语体文。"何等有气魄！

　　该期的《编辑后记》中，表明了编发这两篇文章的意图：罗、杨两先生的议论皆为教育部编订大学一年级国文读本一事而发。还谈到，从前中学国文课本最初加入语体文的时候曾有争论，现在这种讨论又为大学国文读本的编选而引起，并明确表示："我们相信社会不乏注意此种问题的人士，倘有宏论付本刊发表，万分欢迎。"以后又刊登了不少充满时代精神的文章。总观《国文月刊》是汇入了历史潮流而奔腾向前的。

　　《国文月刊》的其他特点，就不一一备述了。

三、在艰苦中办刊

　　《国文月刊》在创办之时，编辑委员都不敢期望能坚持多久，因为预料可能遇到的困难是很多的。在起初两年中遇到的困难确是不少，最初是稿子缺乏、经费不足，后来又加上印刷困难。稿子的困难到第 2 卷开始的时候已不大了，从第 3 卷开始就不成问题了。经费问题自创刊时就很困难，开初是不能给作者送稿酬，编辑还须自己贴出邮票、纸张等费用。后来得到联大师院院长黄钰生先生的赞助，从联大师院划拨得一些经费；此后又从开明书店得到一些补助，才给作者赠送少数纸墨费。起先是每千字 3 元，后来增加到 5 元，又加到 8 元。1943 年再蒙开明书店慨赠补助费，之后稿费增到 10 元至 25 元。这个数目是远比不上一般杂志的稿费，更何况当时货币贬值，物价腾涨呢。尽管在这种境况之中，但由于编辑同心协力，作者予以谅解和支持，而得以渡过难关。

印刷的困难从 1942 年 3 月 16 日第 12 期开始，到 1943 年 4 月第 21 期尚未完全解决。这问题经开明书店努力得到解决，后来就不再时常脱期。

《国文月刊》创刊之时，编委对于该刊能收多大的实效"是不可知的"，但由于该刊质量高，适应社会需要，赢得广大读者和各方面的支持，发行数不断上升。这种充满希望的趋势，激励着编辑。编辑部曾就此表示："我们决定无论遭遇何种困难，绝不使本刊停顿。"他们确实坚持办了下去，给读者很大帮助，产生了很好的社会效果。

阳光美术社回忆

赵宝煦

一

1944 年春天，正是大西南民主运动开始高涨的时候。昆明西南联合大学内的进步学生社团蓬勃发展，如雨后春笋相继建立。当时影响较大、起重要作用的有六大社团，即文艺社、剧艺社、新诗社、阳光美术社、高声唱歌咏队和悠悠体育会等。

1944 年 4 月 9 日，我和何孝达（后改名何达）、康现、黄福海（后改名黄海）和沈叔平等 10 余名同学，到昆明郊外的司家营，找到住家在那里的闻一多先生，成立了新诗社。新诗社的壁报开始为《诗与画》，我是编辑人之一。第一期的刊头是沈季平画的。

沈季平是沈叔平的弟弟，当时只有 16 岁，我们都喜欢他，亲昵地叫他"细佬"。他当时是联大先修班的学生，后改名闻山，成为著名的诗人、散文作家和书法家。他的速写也画得不错。因为当时的形势还比较平稳，所以新诗社第一期壁报的火药味还不甚浓。

这一期中记得有何达的速写和秦光荣（笔名秦泥，著名诗人，后从事国际宣传工作）的诗《没有鲜花的农村》等。其中也刊出了我的一首诗《夜色》(署名"白鹄")。关于"新诗社"的问题，因为有专文论述，我这里就不多谈了。

在参加新诗社的许多同学中有不少人也喜欢绘画，所以我们贴出的第一期壁报就标名为《诗与画》。但新诗社中更多的人只写诗不画画，因此，我们许多绘画的活动，如集体写生、画速写等就不好安排。后来其中一些也喜欢画画的同学，记得有陈月开、季寿鸿、朱振方、吴达志、沈季平、叶传华(后改名叶华)、狄源沧和我等，商量另外组织一个画社。当时叶传华说：社名要明快、易懂，不要咬文嚼字。于是他写了一首诗，题目是《阳光，倾泻下来了……》。诗的大意说：阳光，是公正无私的，既照到富人的厅堂，也照到穷人的草屋，它给普天下以同样的光明和温暖。他这首诗，一下子就赢得了大家的赞同。于是"阳光美术社"就宣告成立。闻一多先生是中文系古典文学教授，他开的课有《诗经》《楚辞》等。但他到美国留学4年，前两年是学绘画，后两年是学舞台设计。在北大、清华、南开三校南迁，从湖南到云南的一段徒步旅程中，他画了不少很有质量的速写。那时他已是"新诗社"的导师，于是我们就顺理成章地请他也担任"阳光美术社"的导师。

"阳光美术社"的建立，当时我最积极。向各方联系、到训导处登记都是我去做，后来一切活动也就由我负责安排并承担责任。

在筹组过程中，又有工学院的吕彦斌来，吕又介绍校外画家林聆来，他是赣南人，红军撤走后，父母都被返乡地主杀死，所以他自小是个改名换姓、逃亡在外的孤儿。因为林聆的绘画水平比我们这些同学高出一大截，所以我们就请他当阳光社的技术指导，不把他当作一般社员。此外我们还另有一位技术指导，名杨祖述，他是昆明译员训练班的教官。身为国民党军官，他表示不能给我们画漫画，但赞成我们的爱国行动。他除去在绘画技巧上指导我们外，斗争激烈时也设计一两幅漫画稿偷偷送给我们。

阳光美术社的活动是学习与战斗：

（一）学习方面是定期组织社员进行一些绘画技巧方面的基本功练习。

有时是到野外画风景写生，有时就找模特儿练习素描。我们当时是穷学生，哪里请得起专业模特儿，我们的办法是找街上的"挑夫"。当时昆明街头，常有一些贫苦青壮年汉子（俗称苦力），手持扁担和绳索，等待雇主找他们搬运东西，挣两个辛苦钱。因为靠卖力气为生，所以大都肌肉发达。我们找他们来，讲明 3 小时坐在那里不动，按他在街上替人挑 3 小时东西的所得来付钱。这些挑夫觉得不卖力气，可以挣卖力气的钱，自然愿意坐下让我们画。当然，我们不能希望画全裸人体，那是惊世骇俗、绝不可能的。我们只让他们脱了背心，光着脊梁坐在那里让我们画半身。因为知道联大注册科办公室中有个石膏人头像，于是就有人去借来，供我们画石膏头像练习。机械系的吕彦斌因为受过一些正规西画训练，所以阳光社的技巧练习，他出的点子多些。

（二）战斗方面，平时主要是出版漫画壁报，用犀利的画笔向反动势力投枪。

西南联大学生自治会编辑出版的《联大八年》中对阳光社的活动有这样的报道：阳光是联大一个画画的团体，其实里面的分子不尽是联大的，有云大的，有别的学校的，有社会上的。总之他们是热心民主而又爱好艺术的。

阳光的活动分工作和学习两方面。注意，他们是把工作放到首位的。工作方面最重要的工具是漫画。往往当学校中某一问题惹起"墙头论战"时，"阳光"也以它犀利的姿态出现，毫不容情地，将反动者的狰狞面目描绘出来。

有一次因为讽刺得过火，弄得反动者恼羞成怒，演成所谓

"阳光事件"，险些演出一场全武行（见该书第248-249页）。当时"文艺社"的张源潜同学在日记中记载了那时联大民主墙上的战况。我全部抄录如下：

> 这两天来，两个"集团"的斗争越来越尖锐了。起先我对这些事并没在意，只是觉得他们（反民主的）还没死掉而已。近来（他们）却活跃起来了。他们本来计划有个壁报出来，后来有《学苑》《青年》《火炬》《野火》《诛伐》《独立》《人群》《前进》《新春秋》《政风》《民主》《森林》等出现。由政治系1946级出了一个"正风运动"的启事，于是各方"土地"纷纷出启事响应，出特刊……像煞有介事似的。结果，正好被围剿。《春雷》先发动，《冬青》出了三版。今天《阳光》和《人民》也站出来了。《阳光》全是漫画，题为《三民主义的世界》，内容深刻，技巧也相当纯熟。尤其是描写"检查官扣信"和"黑色幻想曲"的最好。甚至不比张文元的差。感动人的力量要比文章大得多。痛快地指出《民主》《政风》《森林》《人群》等是狐群狗党的一套把戏。《人民》上有驳《政风》的三点，另外有一篇《两个政党两个纲领》很吸引人。

下面我说一下所谓"阳光事件"：

1946年2月25日，在西南联大由三青团中的骨干分子主持了一次"东北问题演讲会"，会后，又组织了一次"反苏大游行"。针对这一活动，阳光社出了一版漫画。其中有一幅是我画的，叫作《人的悲哀》，描绘一个演讲会的情景，台上有人有"狗"，台下有人有"狗"（狗都是穿人服的），人惊异地望着"狗"，好像在问自己："我怎么能和它为伍？！"

因为民主墙上贴出了《人的悲哀》这幅漫画，使当时校内一些铁杆儿反动派恼羞成怒，阴谋要把我拉到学校北门外野地里去教训一番。那天中午，我吃饭稍晚。吃完饭时，同学们都早回宿舍去午休了。当我从膳厅（大草棚）一个人慢慢往宿舍走时，突然面前出来几个打手（当然也是联大同学），不容分说，拉胳膊扯腿，就往北门外拖我。我死命挣扎。正在这时，被一位进步同学看见，就忙跑回宿舍喊人，一下子来了一大帮进步同学（好多人我并不认识），大家七手八脚就把我夺了回来。那几位劫持我的"哥儿们"，一见寡不敌众，就抱头鼠窜而去。这天下午联大民主墙上贴满抗议校园内出现"劫匪"的大字报，召开了好几个座谈会，让我讲事件发生经过，然后又贴大字报声讨。

对方自知理亏，记得他们并未还击。

二

回想起那些火热的战斗日子，当时在校内校外，正是革命与反革命两军对垒、斗争激烈的时候。多少个黄昏和夜晚，我和陈月开、朱振芳等几个年轻同学，在空阔的校园里，在低矮的草棚宿舍里，激动地议论着校内外斗争形势的新发展，绞尽脑汁地设计、安排着明天要刊出的漫画号外的内容。讨论结束后，往往是半夜或一夜奋战，第二天早上，一颗"漫画炮弹"就在民主墙上对准反动势力开火了。

1944 年 5 月 4 日是西南联大学生运动新高潮的起点。同学们当时说这一天是"民主精神复兴的一天"。5 月 3 日晚上在南区10 号教室举办了历史晚会，会场极为拥挤，发言人纷纷要求"行动起来，争取民主"。5 月 4 日民主墙上贴出几十种壁报，这一期《阳光》壁报，由我设计的版式，用一张大红纸，外形剪成一团火焰。在红纸中间，排列新诗、漫画。这一下惹恼了当时西南联大三民主义青年团的负责人。他在三青团的一次全体会上说:"他们出的壁报是一团火焰。目的不是很明显吗?他们要把西南联大烧掉。"

阳光美术社这天除去出版漫画壁报外,还借教室举办了一次阳光画展,展出几幅很有水平的油画、木雕、水粉、水彩等。闻一多先生也来参观画展。他穿一件灰色长袍,嘴里叼着烟斗,面带微笑,认真地一幅一幅看下去。这次画展使许多人大吃一惊,他们想不到惯于画讽刺漫画的阳光社,竟还能拿出这样水平的油画和木刻来。

在这里,我要提一下后来壮烈牺牲的陈月开同学,寄托我难以忘怀的哀思。在阳光社的社员中,陈月开同学是少有的熟悉西洋美术史和美术理论的人。他画水彩,也刻木刻,画风粗犷有力。他特别喜爱鲁迅介绍过的德国女木刻家凯绥·柯勒惠支的作品。我曾经保留着他的一幅木刻,后来捐赠给云南的烈士纪念馆了。那幅木刻题名《坟场》,画面上展现无产者群众对一位死难战友的深切悼念。革命群众低头默哀。粗略几笔勾画出一张张苦难而充满仇恨、燃烧着怒火的面容;几只垂下来的粗壮大手,刚健有力。这是砸烂旧世界的大手,给人以明天美好希望的大手。深刻的构思,朴实的画笔。这幅木刻,非常近似凯绥·柯勒惠支的作品。

这样有才华的年轻画家,在那狂风暴雨的时代,响应火热的革命斗争召唤,离开学校,丢下画笔拿起枪杆子,打游击去了。后来在快解放时牺牲于战场。

阳光美术社成立时,只有十几个人,后来发展到50多人,包括校外的成员,如中学教师等。这是因为当时西南联大的学生社团,都是采取公开征求社员的办法,往往在一次群众活动之后,即由群众自行登记入社。有的人一时激动,签名登记入社,事后他忙别的去了,看到墙上有活动通知,他也不来了。在这种自行签名入社的方式中，有个别坏人混进来，也在所难免。但是这种混进来别有用心的人，在当时那种激烈斗争中，很容易就暴露出来，被革命的洪流冲洗掉。当时在阳光社的50多人中，实际日以继夜坚持用画笔战斗的，只有二十几个人。

1945年12月1日，昆明发生了国民党武装军人及暴徒杀害潘琰、于再、李鲁连、张华昌等四名大中学校师生的惨案，并由此引发了在全国有很大影响的反内战、争民主的"一二·一"运动。为了抗议这一暴行，昆明全市大中学校学生举行总罢课。罢课期间，同学们组织大批宣传队到街头、工厂、农村进行反内战宣传。阳光美术社采取拉洋片的形式，画出大幅时事特写，并配词宣讲。

"一二·一"四烈士的遗体被安放在联大新校舍图书馆大阅览室内。四口棺木上面悬着四烈士大画像，横幅标语写着："你们走了，还有我们，我们决不退下！"那时许多漫画和标语都凝结着阳光社社员的仇恨和悲愤。不少社员一大清早就钻进那间当作赶制宣传画室的草棚教室里，埋首写字、作画直到深夜。到罢委会办公室报名参加街头宣传的同学越来越多，我们画的漫画和写的标语渐渐供不应求。而且领宣传品的宣传人员最有兴趣的就是要几张漫画，因为最受群众欢迎的就是漫画。我们低头不断地画，没有新题材，就把前几天画过的再复制出来。画画的人手不够，但我们发现有些不认识的同学，甚至是社会上的青年人，也参加进来。他们进入教室，一般就是找我们的画稿，照猫画虎，很快就完成一幅。

在四烈士灵堂中挂的挽联、漫画、标语……密密麻麻用绳子挂起来，隔成一条条窄小的"胡同"。每天从早到晚各色人等都来灵堂，穿行在这样的小"胡同"里，阅读着，抄写着。新诗社兼阳光社的社员何孝达写了一首诗："图书馆作了灵堂，灵堂也就是图书馆。……千万人来阅读，来抄写……这是最真实的教育，这是最强烈的政治。""这是为反内战而死的烈士的棺材，这是为争民主而流的血。"非常真切地反映了这一现实。

罢课、宣传，同学们与反动派们曲折复杂的斗争，一直持续了3个多月，到了1946年3月17日为四烈士出殡那一天，人山人海、万人空巷。在游行队伍中几幅醒目的美术字横标，就出自阳光社社员朱振芳同学的手笔。

阳光社的社员们在斗争的烈火中成长起来了。他们是热爱绘画、手拿画笔的，但他们从斗争中得到的锻炼，主要是懂得了如何做人。他们成长起来了，首先是懂得了做人的原则。正如阳光社的导师闻一多先生所教导的：学习作诗、画画，首先要学做人！

铁马体育会二三事

何　宇

　　在西南联大学生自愿组合的社团中，铁马体育会如果不是"寿命"最长者，也是较长者中的一个，因为它早在1940年10月就成立了。为什么铁马能存在很长久呢？第一个原因是大家志同道合。铁马是一群爱玩的青年人自愿组合起来的。"玩"的范围是打球、爬山、游泳、野营等，多少带些体育性质的活动，铁马每年都要举办两三次各种联欢会、晚会之类的活动。主持晚会、出节目的"活宝"们和兴高采烈的热情观众们也都是少不了的，这是铁马能玩起来的条件、能存在的原因，也是所有自愿组合的社团的必备条件。第二个原因就是有一个虽没有公开在说，但却一直存在的"铁马精神"，这是铁马与众不同的能长久存在的原因。大家愿意参加铁马的活动，是因为它能给同学们带来欢乐，在过去那种物资十分匮乏的环境中，给大家贡献些精神食粮，与"贷金"有同等价值。铁马与西南联大有着共同的命运，铁马可以称为西南联大文体活动的一支尖兵。

　　每年暑假开学后，新同学进入拓东路工学院，铁马就开始每年一次有组织地招收新会员。每年都举行一次迎新会，多半是采取迎新晚会的形式，除了迎新还有文艺活动。新会员要经过"老马"在全体大会上提名介绍，大家讨论通过。新会员当然应是爱玩的，有特长的更欢迎，但最重视的是要问："人头怎么样了？ ci 不 ci？"这源自那时的平津学生用语，ci 可以写作"次"，就是"低级"，如自私、贪便宜，只顾自己不顾同学和公众的利益等，也可以写作"刺"，以自我为中心，碰不得、惹不得，难以合群。"人头太次郎"是铁马不敢奉请为会员的，即使是颇有特长，也难以获得"老马"的提名。

这套办法有其特殊条件，就是工学院的同学绝大多数都住在一座宿舍里。两进二层楼的四合院，楼上楼下，一个食堂，一起吃饭，有条件让大家互相了解。而在联大校本部的"新校舍"里，不仅各幢"筒子"平房之间，就是一幢筒子平房内，10 个用双层床和床单隔成的 4 人间之间也颇有"老死不相往来"的。出入相遇，不知道其系别和姓名的，也是常事，更说不上对"人头"的了解了。

所以，铁马的"球星"决不会有"大款"习气，赢了球，大家高兴，不会居功自傲，输了球也不会被人抨击，互相埋怨。球赛或练习的准备事务，都有积极分子出头，何时需要人手帮忙，招呼一声，就有人来。打完球，大家高高兴兴地抱着东西一起从拓东体育场回盐行宿舍。

铁马的活动，每年两大重头戏——寒假去石林，暑假去阳宗海。去阳宗海，借住在庙里，向当地老乡借一批搭床的门板、板凳和做饭、吃饭的炊具，有时借不到只能一切从简了，有时能请到当地老乡帮助和指导做饭、挑水。我们坐火车去，下车后还要走一大段路。所以各人的行李卷就集中起来上火车托运，到站后再雇用老乡的牛车。提到牛车，能回忆到 60 年前云南的农村情景，木制车轮的形状有的是迁就材料，并不完全是圆的，常有一个轮子高、一个轮子矮、一个转、一个不转，但是车仍然能往前走。坐在车上的人经常会被颠下车来，这刹那间能恍然大悟，原来"使牛劲"这个词是这么个道理。拉到庙里，回来时自然也是如此办理。这些事都由办事稳妥可靠、积极肯干的小伙子承担，这在铁马里是不乏其人的。每当快到放假时，就要研究这次都有谁去，从中选出积极分子组织起一个班子来筹备。这个夏令营不仅在工学院贴出海报，也接纳新校舍的同学，尤其欢迎南院能来几位女同学，改变工学院的单调色彩。那时，到了假期，各人都有自己的事要做。经济困难的要找"兼差"，有家的要回家，但是铁马搞的活动还是热闹的。这是因为铁马办事周到，大事各有所司，临时需要人办的，如行李上下车、打扫打扫住处，铁马们自会上前，不须惊动客人们。当然也欢迎"人头高"的同学一起动手，使参加这个夏令营的同学们都可以轻松愉快地度过这10天。

每年暑假，我都回四川家里，阳宗海夏令营自然去不成了。最后一暑假，要离开前后待了6年的昆明，就恋恋不舍地去了一次阳宗海。这时，虽然最熟悉的铁马会友多已离校，但是铁马精神长存。给我印象最深的是负责生活的"大鼻子"钟泉周勤勤恳恳地为大家的伙食操劳。常听见人说："大鼻子，有什么事我替你做，你赶快趁天晴也下海去游一次吧！"他的认真精神是众所周知的。（3年后，他在上海任电力厂工会主席，被"特刑庭"杀害了。）

铁马的几任会长都是关心集体、顾大局、好（去声）说话的，也大都是恂恂君子，只有马旦（沈元寿）是能蹦能跳，兼善于主持活动的。参加工作的人也都是自愿的，几个能手，再招呼上几个打下手的，什么事都解决了。我无一技之长，又不住在盐行会馆，即使打下手的事也很少安排到我的头上，只得在活动上积极参加，当啦啦队，凑热闹。用现在的话说，丰富"人气"，为铁马"造势"，几乎每次不落下。但往往还是坐享其成，只能在现场的零星事上搭把手。干活的人从无居功自傲的，也未闻埋怨其他人不干活的。我未参加干活，所以也不知具体都是谁干的，但是几个积极能干的，却是大家都看在眼里的。铁马精神其实就是集体主义精神。

1943 年暑假开学时，却得到一个作贡献的机会。工学院学生会决定将合作社发包，好像是承包一月可得一定的报酬（所以这不是真正的承包，那时不懂经济，也没有人在乎这个）。铁马决定承包一届，期望能为不缺人但缺钱的铁马增加点活动经费。我就自告奋勇地参加了。后来好像又延长一届。继承下来的合作社有两大"拳头"商品——点心和香肠。点心是从金碧路的冠生园批发来的，香肠大概也是。（那时还不知梅师母和几位教授太太制作点心拿到冠生园去卖；否则我们就上门去求合作，无须付冠生园的中间利润了。）其他商品，好像有一些，但销路都很少。点心无须加工，香肠煮熟就按每根大小分类定价出售，所以工作量还不算大。这两大商品的销路立足于我们的伙食制度，住在这宿舍里的同学基本上都在食堂包饭。每月的贷金都交了饭费，还要再补交一点。真正的"暗补"是政府允许学生买的"公米"，其来源就是向农民征来的。按造册名单，每人大约可买 2 斗 1 升，有 30 余斤。购买价是固定的"官价"，在那政府大印钞票、物价飞涨时期，只不过值几张面值虽高、实值极微、不值一提的纸票。这批米领出来后，就在米仓门口按市价卖一部分给拥挤在那里的米贩子。以所得补充副食费用，以维持伙食团的经营，剩下的米自己吃。所以这伙食是还不致饿死，但也难得吃好的。

吃饭的规律是第一碗要"少盛快吃"，再赶快去把第二碗尽量装满，所以很快就听见刮饭桶底的声音了。几碗蔬菜自然早已吃光了。于是众人纷纷端着碗走出已无可留恋的饭厅。许多同学都是从沦陷区来，难以得到家庭的经济支持，即使能得到一些，也不是经常的。有了兼差收入，或家庭寄款的，就可补充些营养，既解馋，也可为身体健康增加些本钱。最高级的是出盐行会馆门向右到马路拐角的贵彩园来个回锅肉。这可是天价，能偶尔去吃一次的人所占百分比极低，但还有家在"大后方"，多少能得家中支持的。所以，几百同学中每天也会有一些人去。其次就是到合作社来买一根香肠，慢慢地就着饭吃。至于没有钱的人，只能捧着饭碗回寝室去喝存留的食堂的"蒸锅水"来下饭了。现在每从报上看到介绍特困生生活和照片的报道时，听听他们吃的，看看他们穿的，就感到记者们也太年轻，不了解过去。当年的联大工学院学生中，就是衣食无忧的，和现在的特困生比，也是只低不高的。特困的小师弟、小师妹们用不着自卑。你们教授的老师的老师当年在大学，箪食瓢饮、破衣烂衫，却还是豪气凌云呢。

至于上午第三、四堂没有课，早回宿舍来的同学们，如有闲钱，偶尔买一块点心也可解馋。这就是我们的拳头商品的出路。

不久，盐行宿舍的门道里来了一个卖卤煮豆腐的挑子。一块豆腐不比一根香肠贵，分量却大得多，所以生意极好。这对我们合作社的生意难免影响，于是几个人商量，我们也煮豆腐卖，不怕工作量大。否则，学生会都得不到利润，铁马怎么好意思拿报酬。

但是我们付的代价也不小。需求越来越大，一早就要炸豆腐，还都卖光。中午卖的时候，铁马们都会来帮忙。但上午制作炸豆腐就必须"刷"课。工学院二、三年级是关键，一门课不及格就得多念一年。我在四年级，化工系又是工学院 5 个系中比较宽松的，所以理应"刷"课最多。还有一个原因是，8 年前，我进入查良钊师办的道尔顿制的北京艺文中学。这个中学只有几十个学生，没有班级教室，只有专科室。每月领来各科作业，自己每天订计划，到专科教室去做。作业时间多，讲课时间少，老师坐在专科教室的小房间里等着各班学生质疑。一个月的作业都做完了，并经老师验收，就可领下一个月的作业，所以学生们的进度也可以不一样，走到老师讲课进度的前面了，就要靠自学。从此就养成一个自学习惯，能自己嚼得动的，就不想吃别人嚼过的馍。最后连系主任的化工原理，我们看家本事的课都"刷"了。好在那时系主任也在外面忙（他的拳头产品之一是墨水），就让大师兄（最资深助教，新升任教员）替他讲课。在一次期中测验，我交了卷子后，正要收拾东西走时，他叫我过去。只见他眼看着卷子，嘴里小声说：这是怎么回事？等到我走到他跟前，等候他说话时，他忽然说，这也行，没事，你走吧。原来，在推导公式时，我不记得书上的做法，在关系式积分时选用的主变数和书上用的不同，其结果是一样的，但看上去好像是面目全非。他大概担心我这不上课的，把题做错了，考垮了就难以挽回，想叫我把卷子拿去再想想，但接着就看出来了也行，就放我回宿舍炸豆腐去了。我很感激大师兄善意的关心和宽容。

现在想，大学生不上课去炸豆腐，以无须工资的低成本将小贩挤走，实在不足为法。此事岂可常做，还是应当把小贩请回来，使大家能经常吃到卤煮炸豆腐以增加廉价的营养，是双赢的事。他的价格略高是因为里面必须包括他一家的生活费嘛，岂可同我们光棍相比？这件事也体现铁马成员关心集体、团结合作的精神。

忆工学院铁马体育会

方　复

　　抗战时期，昆明的西南联合大学是北大、清华、南开三所知名的大学联合成立的。这三所大学都有各自的悠久历史，因而也都有各自的传统和校风。当然，联合成立一个学校，原来的传统和校风会很自然地交汇、融合，形成联大的校风。但是工学院独处东城，与地处西郊的联大校本部距离较远，与其他各学院接触较少，所以除了联大校风的共性之外，还有由于特殊条件和特殊背景影响形成的工学院独有的传统和风气。工学院体育活动的蓬勃开展，就是最适当的例证。

　　从工学院条件看，由于工科必修课程多、分量重，每天作业成堆，周周有考试，再加上各种试验和实验课程，学习非常紧张，每天晚自习的工作量都很大。所以，一般下午课余到晚餐前短短的间隙，就显得十分珍贵，非常需要活动一下，求得脑力和体力的调剂。每周体育课也变成十分重要，生怕荒废掉可惜；这就是工学院相当一部分同学爱好体育活动的一个原因。

　　再从背景上看，联大工学院教授、设备、小教学体系等等，基本上都是战前清华大学的老底子，因此，联大工学院的风气中，很自然地带有不少清华老校风的痕迹，同学们重视体育课和建立体育会，就是这个"痕迹"中很重要的一个方面。

体育老师常说："清华是体育起家的。"这句形象的话，确也有几分道理。回顾清华的历史，在清华建校初期，自 1914 年至 1918 年五年间，学校为了大力提倡体育运动，规定下午 4 点钟下课铃响过以后，图书馆大门就上锁，宿舍的门也关闭，学生只能去操场或体育馆，一年四季一律如此。那时，不管你是否喜爱体育活动，都只好脱下外衣，去跑跑跳跳。经过了一些年头的"强迫运动"，逐渐形成了爱好和重视体育的习惯和风气。原来的一些强制性措施，已无必要了。此后在清华园里，重视体育运动成风。例如在抗战前的一年里，清华代表队获得华北足球赛冠军，消息传到学校，当时一篇报道说："全园像大海里的波涛似的不安，每个人内心都是炽热的愉快的火焰在燃烧着……"那些日子，校园内到处贴了各种表达兴奋心情的标语，如"朕与你脱靴！""我要快乐得打滚"，他们简直疯狂了。那时学校每年要选 10 个荣誉生，常有一半是运动员。他们不仅体育好，功课也都呱呱叫。这个传统的校风，自然也渗入联大工学院里。院部规定，体育课不及格不能毕业，促使同学重视体育课。当年在昆明，穷学生居多数，同学大多是背井离乡只身到联大念书，常没有经济来源，仅仅依靠只够交两顿饭费的"贷金"维持生活。记得当时，能买得起新鞋的人极少，更谈不上买运动鞋了。多数同学是到旧货集市里用贱价买美军的旧军用大皮鞋，但是，他们穿了这种鞋，在体育课上，照样生龙活虎，踢起球来也是毫不含糊的。

在这个背景下，1940 年 10 月 2 日，工学院一些热爱运动的同学便正式组成了铁马体育会。这个体育会的前身，是工学院的"牛马狗鸡"足球队，仅仅从这个活泼的命名，就可以想象到队员们都是一群爱闹爱玩的精力充沛的青年人，连他们自己也相互间戏称是"活宝"。在这个足球队的基础上，人员和运动项目加以扩大，就成立了"正规"的体育会。

关于铁马体育会的宗旨和特色，现借用 40 年代中后期一篇报道的描述来说明："铁马一贯精神是'自由''活泼''努力'。他们是一群意气相投、性情相合的同学自然的结合。他们的背景是青山蓝天；他们的舞台是操场、郊外；他们的目的是德、智、体三育并进，用集体观摩切磋的方法，使大家身心两方面都健康。以这康乐的身心，准备替国家服务。"

这段描述是很贴切的。在昆明时，每学期球赛，至少总要"远征"到新校舍、电工厂及云南纺织厂各一次。每年暑假必有夏令营，昆明湖畔、宗海边，常充满了他们的欢笑。每届寒假总要组织石林旅行，路南的老乡见到他们，就会热情招呼："你家又来了咯……"

铁马有一种很可贵的精神，就是办事认真，一丝不苟为公众服务。最著名的一例就是铁马膳团，它在同学中享有较高的声誉。当年仅靠一点贷金办伙食，学校让同学自己办。在工学院，根据不同要求、爱好，自由组合办了好几个膳团。铁马办的膳团，精打细算，有计划地到远郊区选购价廉物美的副食品，膳团还常备有十分费事、被认为吃力不讨好的多种小菜，做到了物美价廉，与其他膳团相比，最受同学欢迎。复员到清华后，铁马这个服务项目一直坚持下去。那时，想新加入铁马膳团是十分困难的。

对于国家大事，铁马会员都有各自的认识，体育会从不强求统一。重大事件在眼底下发生了，会员就会各自根据自己的见解判断是非并表态。例如，1945 年底，在反内战活动中昆明当局用手榴弹和刺刀杀死了四名爱国师生，从而爆发了"一二·一"运动。在运动中，工学院一批身强力壮的同学组织成立了纠察队，在同学进行街头反内战宣传时，纠察队随同上街混在市民群众中暗中保护宣传队同学的安全。这个纠察队的骨干，不少都是铁马成员。他们中间有些人平时并不关心政治，但在血案面前，事实把他们惹火了，正义感促使他们挺身而出，投入到运动的浪潮中去。

铁马体育会在 1940 年刚成立时，开"会"元勋是 34 名，后来逐年发展，一直延续到抗战胜利，工学院复员回清华大学，直至 1948 年，铁马的会员累计已有 270 余名。每年从学校毕业的会员，对铁马都有深厚的感情，因而在会员多的地方，就自动组成铁马体育分会。截至 1948 年，就组成了上海、北平、天津、昆明、南开大学和美国六个分会。在昆明的西南联大时期，体育会为了联络校内外会员的信息，办了一份《马嘶通讯》，每年至少出版一期，报道各地会员动态。回清华后，由于实际需要，改为《马嘶月》，所以会员虽散处各地，但仍一直保持着密切的联系。

铁马体育会当年成立时抱定的宗旨以及逐年形成的铁马精神，现在回顾起来确已大多兑现了。在 50 年代开始以后，国内各条工业或工程战线上，许多"铁马"成员基于学识功底深厚，体格健康，为国服务一丝不苟，发挥了重要作用，成为国家建设的骨干力量。有些早年在国外定居的会员，也在各国的领域内获得了很好成绩，为人类科技进步作出贡献，为华人争得荣誉。这都不能不说和当年在青年时期的大学生活中，和铁马精神多年感染有关。

虽然已过去了 40 多年，铁马的活动仍然记忆犹新，回想起来，仍然极为怀念。

忆一次多灾多难的话剧演出

翟国瑾

一、序曲

在联大迁至昆明之初，昆明的话剧运动并不十分活跃。当时比较轰动的演出，如民国二十九年（1940）1月1日起，白杨等演出的《塞上风云》，卖座似乎也不太理想，远不如滇剧之可做持久性的演出。票价较高，可能也是原因之一。

联大在昆明安定下来之后，话剧与国剧组织，如联大剧团、南开校友剧社、联大戏剧研究社、北平八校（八个教会中学：汇文、慕贞、崇实、崇慈、贝满、潞河、培华、翊教）（编者按：翊教不是教会中学，文中缺育英）等，立即纷纷成立，相继演出。由于地方人士对联大的任何活动都给予最高的评价，加以新闻界的宣扬赞助，推波助澜，立即在战时的春城掀起了话剧的热潮。当然，最主要的原因，还是演员的演技精湛。即以八校演出的《雷雨》而言，姜桂侬的繁漪，汪雨的周朴园，刘同声的周萍，姚念华的四凤，刘雷的鲁贵，邹斯颐的周冲，李佩琦的侍萍（编者按：《雷雨》曾由联大剧团演出，地点在昆明大逸乐电影院，时间在1940年10月。饰繁漪的为许令德、四凤为姚念华、侍萍为张定华、周萍为劳元干、周冲为邹斯颐、鲁大海为高小文、周朴园为汪雨、鲁贵为刘雷）俱为一时之极选，有非常精彩的表演。后来我在东北军中服务时，所属军中剧团，也曾演出过不知多少场，女演员中且尚包括"满映"（满州映画会社）一些年轻貌美的女星在内，但在感情之表达、声音的控制方面，都不及当年的繁漪和四凤远甚，虽竭尽心机，也未能使其达到应有的水准。是知舞台艺术与演员的基本学识具有十分密切之关联。学识肤浅的演员，只适宜于搬演内容浮浅的剧本，像《雷雨》之类具有深度的剧本，便不能胜任。

以上略述抗战期间昆明的剧运，只能算是本文的序曲。

二、国民剧社

且说民国三十年（1941）春，联大的戏剧团体，业已呈现壁垒分明之势。联大剧团在某几个群社分子退出后，有一个时期，曾被目为"右派"，和群社处于对立地位。（编者按：群社同学并未退出联大剧团，只是另组织了联大戏剧研究社。虽然以群社社员为主，但社长则是贺蕴章。联大戏剧研究社演出《阿Q正传》时，高小文担任舞台监督，陈誉则是舞台装置组的负责人之一，翟国瑾学长亦参加了舞台装置工作。现有当年演出此剧时的节目单和演职员表为证。）

就在此一时期，青年团的"青年剧社"也应运而生，但以该社社长汪雨，和他的几个盟兄弟（弟兄八人，老大贺蕴章以及刘雷、汪雨、陈誉、唐培源等），不知何故，一时意见不合，哥儿们决心另组剧团，以资对抗。于是乃有筹组"国民剧社"之议。

民国三十年（1941）5月的一个星期六的夜晚，国民剧社在我的住处——竹安巷6号宣告成立。这天下午整整忙了三四个小时，将我的床、桌、器物，统统搬出，放在后院里。临时租来了六张方桌，拼成了一个长条，上面蒙了白床单，摆了几瓶玫瑰花和几盆点心，又煮了一大壶咖啡。门口及签名台子上也蒙了一块红丝绒台布，放上一盆玫瑰花，看来气派不小。当时中央党部组织部总干事周慕文先生和云南省党部赵书记长都曾亲自莅临指导，也算得相当隆重了。

成立大会由7点钟一直延续到10点钟，临时公推我担任主席，制定社章。最后进行选举，选出了社长翟国瑾，副社长贺蕴章，总干事陈誉，副总干事唐培源。以下分设8部，每部设主任1人（组织规模之大，令人惊叹），现在只记得剧务部主任是陈毓善，舞台工作部主任是高小文，舞台设计主任是刘育才（刘雷），宣传部主任是严达（中央或云南日报记者），此外还有总务部、交际部、文书部、会计部等。

组织建立之后，首先决定要在暑假期间举行一次盛大的演出。其后不久，我即由竹安巷6号迁居翠湖东路9号楼上（系钱大钧先生房产，由一位欧阳夫人负责租出，每月租金120元），卧室面对翠湖，风景极美，客厅铺花砖，备钢琴，面积甚大，适于作排戏之用。大考过去之后，在我的新居经过几度会议，乃作了以下决定：

1. 剧本——采用陈铨教授新著《野玫瑰》（注：美化国民党特务抗日，后遭到批判。——责编注）。

2. 导演——请孙毓棠先生担任。

3. 演员——请姜桂侬、姚念华等担任。

4. 场地——昆明大戏院。

5. 日期——8月初。

一切都决定了。一切都一厢情愿地决定了。只不过"八"字差一撇，离实现计划还差得远呢。首先讲到剧本，陈教授的《野玫瑰》，此时才完成初稿。还没有定稿，而且青年剧团的汪雨，以及另外的一个剧团，也已向陈教授洽商在先了，要想取得这一剧本，势必采取特殊手段不可。经设计委员会数次商讨之后，乃采取人海战术，大家一齐涌至陈教授寓所，请他将剧本手稿拿出来给大家瞧瞧。然后又在一阵乱哄哄的局面中，乘其无备，由一位同学将剧本揣起来，先行告别，余下的人再陆续散去。写文章的人，大都有点迷糊，直到我们已经赶写了油印本，前去通知他时，他才知道自己的作品已经"出版"了。不过他看到老同学如此重视他的大作，而且又听说将由当时昆明最优秀的演员演出，也非常高兴，一再对我说"求之不得"。于是便决定将此剧交由我们演出。

其次，谈到导演问题。当时联大各剧团演出，多请孙毓棠先生导演，此时他早已决定为青年剧团导演一剧，时间颇难分配。嗣经我们和陈铨教授在家庭食堂宴请他，他最后也答应了。

然后又讨论解决演员问题。此剧演员共 7 人，我们当时所排的 Cast 是：

艳　华……姜桂侬

王曼丽……姚念华

王立民……劳元干

王　安……陈　誉

刘云樵……李文伟（校外人士）

王　妈……孙观华

警察厅长……高小文

在这些演员中，男主角都没有问题，第二女主角姚念华，经一再商请后，也已经答应了。最大的问题是第一女主角姜桂侬，因为她已经答应在同一时期帮汪雨演出《权与死》，不能分身再为我们演戏。——当时演戏都是赔钱演戏，根本没有报酬，而且排演时永远乱糟糟的，要浪费很多时间。为此，我们往她的住所（这时她已任联大助教，和她的先生方矩成卜居于翠湖南路）不知跑了多少次，情形已近乎当时日机的疲劳轰炸。姜助教在不堪其扰之余，最后终于答应了。不过她在看到剧本之后，又认为对白生涩（陈铨教授不会国语，讲的是四川话），而且剧情夸张之处不少，格调不够高雅，非得从头到尾彻底修改不可。于是我和孙毓棠、姜桂侬又用了几天时间，进行剧本的修订精简。

人事安排确定后，便开始解决场地问题，这是在演出中面临的一个最困难的问题。因为当时昆明的新式剧院，只有南屏和昆明大戏院两家。南屏舞台较小，而且采取铝质反射银幕，制置不易，且系商营，与美国公司订有合约，不能外借演戏。所以可供使用者，便只有昆明大戏院一家。它是昆明市政府所经营者，虽然也与美国公司订有合同，但系公营，总有商量余地。而最大的问题，则在于青年剧社的从中阻挠。说起来青年团与国民党原属一个系统，而且青年剧社社长汪雨和我还是北平汇文同班同学——联大戏剧研究社社长贺蕴章、联大剧团理事刘雷、联大国剧社社长邹震、台柱谭派须生刘昆潮先生乃至前几年在台北以编导《龙门客栈》成名的胡金铨，也都是汇文的。汇文在"游于艺"方面的表现于此可见。论理应该互相支援才对。其实不然，两个剧团一直都处于互相对立、剧烈竞争的局面之下。而昆明大戏院既然是昆明市政府的财产，昆明市裴市长与刘主任秘书，也正是云南青年团的主管，青年剧社又是青年团自己的剧团，所以在场地方面，要想和青年团竞争，我们显然处于劣势，注定非"执输"不可。为此，当我第一次去见昆明大戏院经理蒋伯英时，他很坦白地告诉我，"上边"已经交代下来，剧场不准外借。迨至我拿了省党部所具公函再次去看他时，他又推说，必须等青年剧社确定演出日期之后，他才能决定我们演出的日期。

果然不出我们所料，青年剧社立志非"整垮"我们不可。原来当时话剧观众有限，一次演出，为期5～7天，顶多头三天能卖七八成座，后三天能卖六成已经很不错了。除了跟戏院四六或五五分账外，收入大多不敷开销。唯一的补救办法，便是推销100元一张的荣誉券。其余被推销的对象总归是那几个人。一连几次公演，忍痛输将，难免感到厌烦，甚至将"唱话戏"目为公害，荣誉券的出路已经日益困难了。何况前此不久，凤子刚在昆明大戏院演出一次《娜拉》（即《傀儡家庭》），现在紧接着又是两次公演，荣誉券推销之难，概可想见。因此，青年剧社拿定主意要演在我们前面，使我们的荣誉券推销不出去，而我们要想不被"整垮"，就非得在青年剧社之前演出，给他来个"反整垮"不可。

形势如此，真教人进退两难，经过了终夜苦思，黎明前始思得一计：声东击西。对外发布消息，扬言《野玫瑰》已在开始筹备中，预定在 8 月 10 日左右可以上演。另一方面又不断到青年剧社去打听做布景的阿大的消息，使人确信我们刚开始筹备，甚至8 月 10 日也未必能够演出。

正如我们所想象的，当我在两天之后，到昆明大戏院找蒋伯英洽商戏院时，他拿出一张合同给我看，说是 8 月 10 日至 15 日，戏院已经租给青年剧社演出《权与死》（编者按：应为《前夜》）。"贵社演出，如果在 8 月 15 日以后，或是 8 月 10 日以前，我都可以照办，现在就可以签合同。"他随即拿出两张印好的合同，说："只需填上甲方、日期，再盖上图章就成了。"

这当然又是青年剧社设计的，因为他们确知我们此时（7 月22 日）还没有开始做布景，一切都还没有着手筹备，要演出，只能在 8 月 15 日以后，那正是他们所希望的。

于是我便质问蒋经理，8 月 10 日至 15 日，原是我们要用的日期，为什么租给青年剧社？

"你只不过随便讲了一声，为什么不在当时就签订合同？如今人家已经签好了合同，叫我有什么办法？现在你就签 8 月 15 日以后的日期，还不是一样吗？"

"可是我们有的演员还要去参加夏令营，8 月 15 日以后，来不及了。"

"那就签 8 月 10 日以前好了。"

"时间太短，恐怕来不及。要不我们就先签上 8 月 2 日到 8 日。实在赶不及，回头再改，怎么样？"

"你签 8 月 2 日到 8 日，我倒可以照办。不过你要拿定主意，合同一经签字盖章，就不好改了。"

"好吧！"我犹豫了一会儿说，"试试看吧！"

我随即在两份合同上填上日期"民国三十年（1941）8 月 2 日至 8 日"，又盖上了剧社的关防和我的私章，合同就算成立了。在我将合同折好，放进衣袋时，蒋经理还忠告我："如果到时候上不了戏，还要赔偿剧院的损失，数目不小，至少五成座的 50% 再乘 7 天。不是开玩笑的。"

"谢谢你的关照。"我和他握手告辞，"试试看吧！"

我回到翠湖东路 9 号，向大家报告经过，取出合同给他们看。演出日期："中华民国三十年八月二日至八日。"恰好在《权与死》演出之前，那正是我们最理想的日期。所有的人都鼓掌欢呼了。

三、"打闷棒"记

既然是"唱话戏"的，人不分男女老幼，事无论轻重大小，都难免染上一些戏剧色彩。即以此时我们跟青年剧社诸君子之间的来往而言，那便纯粹是在"唱话戏"。八位哥儿们见面时，照常笑容可掬，握手寒暄；照常一块儿打扑克、灌老酒，别提多亲热，实际上却在互相耍手腕，"打闷棒"。

所谓"打闷棒"，其实应该说"打闷棍"才对，也即暗下无常之意。据说在四川有一种劫路的，就专"打闷棍"。按说中国传统的强盗，都有一点绿林豪侠的义气，即使在作案的时候，也彬彬有礼，先礼后兵，至少也要先念四句定场诗："此山是我开，此树是我栽。人要打此过，留下买路财。"然后说："跟你借几两盘缠，成不成啊？"你不给他，他再给你动横的。这已是绿林传统，不容破坏。然而四川的"棒客"（或"棒老二"）等却不如此，他们根本懒得跟人家费这种口舌。他们一向采取另一种十分干脆的手法，看见人不管三七二十一，先给他一棒子再说；将人放倒之后，再搜他的腰包，岂非简捷了当。证诸当时戏剧圈内种种出奇制胜、暗下无常的手段，与"打闷棒"颇为类似，而称之为"打闷棒"，则只不过修辞方面的美化而已。

也正是在此互相"打闷棒"的情况下，竞争的双方，都无端增加了不少麻烦，甚至弄得一无所成、两败俱伤。

这时双方都在找阿大。阿大是上海明星电影厂专门做舞台布景的工人。他是上海人，所以在喊他的时候，都习于上海方言发音，称之为"阿赌"。此人工作熟练、交货迅速，在当时的昆明，只此一家，别无分号。我们的剧社为了控制演出时间，由高小文出主意，将一堂 12 片一丈一高的布景，以 5000 元给阿大，格外还多发酒钱，唯一的条件，是他到武成路一家民房中去做；在话剧上演以前，对外保密，不得出大门一步。但为了要做戏，所以每次见到青年剧社中人时，照例要向他们打听阿大在什么地方，使对方相信我们的布景还没有做，甚至连工人也还没有找着，到时绝对上不了戏。

而青年剧社也在找阿大，则并不是做戏，是真的着急。不过后来青年剧社在接着上演时，布景也已做好了。是找谁做的，对方不说，我们也不好去问，我怀疑是阿大派了学徒去包的，听说出的价钱比我们还高。"鹬蚌相争，渔翁得利"，想不到在这次双方对抗中，真正的受益人，却是这位阿大。

四、拮据的演出经费

《野玫瑰》的演出经费，初步预算需 14000 元左右。大家都是学生，无力负担。此时省党部正在响应蒋夫人的"草鞋劳军"，爱以《野玫瑰》的演出作为募捐劳军专款的活动之一。然而党部方面，却未能垫出 10000 多元的演出经费，临时由书记长写了一封信，由我到富滇银行去找缪云台先生借用 5000 元，条件是演出结束的第二天即全部归还。而且演出收入，除必要开支外，必须点滴归公，充作劳军专款。实际上这 5000 元在付了 5000 元布景费后，一分钱剩余也没有，其他所有开销如灯光、道具、化妆、宣传、搬运、餐费等仍须自行设法，从此我的书桌上，账单之累积，乃日益升高，成为我的心腹之患。我自己能垫出的钱，为数有限，所以在我的卧室中，便不断有陌生面孔出现，都是要账的。

剧本修改完成后，在 7 月 20 日开始排演，孙毓棠先生、陈铨先生以及各位演员，全都准时出席，在我所住的大厅中，先用粉笔画出了舞台面，演员走台步，场记做笔记，一切进行得非常顺利。排完戏之后，便到家庭食堂吃饭。这家食堂是云大教授朱驭欧等所经营，掌柜的姓吴，北平人，其人颇为风趣，还会唱京戏。因为我在玉龙堆、北门街、竹安巷和翠湖东路居住时，大部分日子都是在这里吃午饭和晚饭（他们的炒猪肝、回锅肉、青辣子剁鸡做得都非常之好），所以同他极为熟悉，乃特准国民剧社挂账吃饭，极为"畀面"。后来我又弄了一些纸条，上面盖了国民剧社图章和我的私章，发给排戏工作人员，凭条到家庭食堂吃饭，等于现在的流行餐券。排练了几天之后，已排完了第二幕，大家正在高兴，却突然得到一个出乎意外的消息：孙观华不干了。

五、上演前夕换演员

起初我们还不相信，一连跑了几趟南院，直到晚上9点来钟才找到了她。大家以散步方式，一同到翠湖去谈判。在翠湖，她亲自证实所传非虚，她不干了。

"演得好好的，为什么忽然不演了？"

"人家立场不同嘛。"

"既然立场不同，当初就别演，干吗还参加排戏？"

"人家本来是想演嘛！"

"既然想演，干吗又不演了呢？"

"人家立场不同嘛！

"既然立场不同，为什么……"

说着说着，又说回去了。在翠湖谈判了半个钟头，翻来覆去，老是这两句话。她的态度极为坚决，毫无通融余地。看样儿该女学长已然是"吃了秤砣铁了心"，事已至此，多谈无益，反而不如好聚好散，就此分手算了。

"天这么黑，我们胆小，不送你回去了。再见吧！"

说完，回头拔脚就跑。虽然听她在后面急得哇哇大叫，也懒得再理她。理由很简单，受了感染，也"吃了秤砣铁了心"，立场不同，我们也不干了。

我和老大一起回到我的住所，跌坐在沙发上，形容枯槁，面目憔悴，两眼散光，万念俱灰，已接近精神崩溃的边缘，气得不知说什么好。然而真正生气的日子还在后头呢！不多一会儿，陈毓善冒冒失失地冲进来了，铁青着脸，跌坐在沙发上，形容枯槁，面目憔悴，表情加倍难看。

我们原以为他也是为了孙观华的事生气的，在我们本身最需要安慰之际，当然也没有精神去安慰他，难兄难弟，相对无言。

不料他带来的却是一个"叫人非死不可"的消息：姚念华不

辞而别，飞成都啦！

　　这个消息对我们的打击实在太大，任何人听了都非得精神分裂不可。所以贺蕴章首先作瘫痪状。他念了《阿 Q 正传》中九斤老太的一句台词："上了年岁的人，顶不住。"

　　此时我也想起周朴园的一句话："天意好像很奇怪——今天晚上使我忽然想到，人生太冒险，太荒唐。"

　　这回我们当真彻底崩溃了。

　　这时陈毓善才告诉我们姚念华出走的真相。原来她由一位友人的介绍，带她到一家人家去担任家庭教师。当时她总觉着情形有点不对。在她将经过告诉我们时，我们社中的一个昆明人李文伟立即断定这个人就是在云南颇有势力的"某三"，这个地方去不得，再去可能会引出意外事件。她一听也感到事态严重，乃机密地订了飞机座位，立即飞到成都去了。

　　我们虽然非常同情她的处境，然而戏马上要上演了，却临时跑掉了女主角，这件事太不平凡了。

　　我却一向不服气，不甘心被困难打倒，每次遇到困难，我便会振作起来，坚强对抗。事已至此，骑虎难下，我用电壶煮了一壶浓咖啡，大家打起精神，共商对策。算算日期，离上演只有一个星期了，演员问题，非得马上解决不可。关于什么人可以接替姚念华，当时我所想到的是向云休，可是大家又觉得"型"不对。陈毓善说，他已经想到一个人，不是联大的，不过外形极美，而且在汉口演过戏，非常出名。现在先不说明，明天去找找看。至于什么人接替孙观华，贺蕴章说，他可以去找找王远定。"她的心肠很软，如今我们有困难去求她，她一定会拔刀相助。"

　　在联大时期的王远定，乃是唯一的国剧、话剧双栖演员。她和刘昆潮唱的《坐宫》，已达到极高的水准。要她在《野玫瑰》

中演一个次要的角色，未免大材小用。所幸在我们一再恳请之下，她也终于答应了。接过剧本，回去背了一阵，下午便参加排戏，这个角色的问题，总算解决了。至于另外一个角色，陈毓善也有精彩的表演，正如他所说："没两把刷子，敢跑到这儿来当剧务吗？"当天下午，他跑到巡津街，请到了当时颇以美艳著称的少女型演员汪灼峰。虽然此时她已结婚，但看来还像是一个高中学生，很适合扮演王曼丽这个角色。

"山重水复疑无路，柳暗花明又一村。"王远定和汪灼峰的加入，使大家在绝望中又获得了勇气，精神为之一振。

六、荣誉券

当排戏在加紧进行时，荣誉券的推销也同时展开。我个人除了由我家运输公司的会计先生给推销了十几张百元券，又向张西林和缪云台二位推销了4张之外，便再也想不起什么人还会花100元买一张"话戏"票了。所幸此时认识了一位谢楚琳小姐。她是昆明人，对当地情形极为熟悉。这天坐在我的书桌前面略微想了一下，便拟出一张名单，人数很不少，两张打字纸都写满了。有些人是当地军政工商界人士，有些人是她自己的亲戚，按图索骥，在上演之前，为剧社推销了100多张荣誉券，为此次的演出收入奠定了最低限度的基础。我个人只不过在南屏餐厅请她吃过两次饭而已——甚至连交通费都是由她自己负担，其热忱真令人由衷感激，钦佩之至。

这次演出，大致说起来，是极为成功的。因为演员阵容、剧本主题及故事路线都已达到最高的水准，而富丽堂皇的布景、豪华优美的道具，在当时都是前所未见，属于第一流的。加以经过彻底修改之后的台词，格调高雅风趣，而且都是纯粹的北平话，听起来非常悦耳，所以在8月8日最后一场演出时，观众不但不曾减少，反而较前几场为多，实为罕有的现象。只以合同所限，未能延期。否则也许还能再延长几天。当时在昆明演戏有一个极为奇怪的现象，每次演出的说明书上，除了本事、演出职员和演员名单外，还要刊登一个"顾问"名单。我们这次演出的顾问名单，更是洋洋大观，几乎将云南党政军警宪和学界要人，尽皆网罗其中，无非虚张声势而已，实际上这些人我们大都素昧平生，根本不认识。有一天，某"顾问"派他的女儿来要票，说了半天我始终想不起是什么人，后来谢楚琳来了，才知道她父亲是我们的顾问。谢当即很慷慨地给了她4张票，但却又请她捐了400元，事实上等于没送。不过这位小姐可能并不在乎这400块钱，所以还是很高兴地走了，而且后来还又找我拿了一些荣誉券去推销。

七、陈誉的无妄之灾

唯一遗憾的是在这次演出之前，发生了一次意外的风波。在装置舞台时，因为昆明大戏院的一个工友不肯合作，处处阻挠，影响工作进度。后来阿大告诉我们，是因为没有先发赏钱所致。我们本来准备演出后再发赏钱的，但阿大说这方法不适用，在这里必须先发"铜钿"才成，否则演完戏一走了之，去跟什么人要赏钱。身为舞台监督的贺蕴章，一气之下，难免用手在那工友脸上拍了两下。却不料他怀恨在心，去找了几个同事，回来报复。此时贺老大已去吃饭，他们竟张冠李戴，将陈誉按在舞台上，拳足交加暴打一顿。这还不算，据阿大说，他们还等在门外，要找贺老大算账。我去找蒋伯英。他却说，首先动手打人的是你们，不能怪他的工友，况且他的工友都是上海帮会中人，他也约束不了。我们只好到近日楼警察局去报警。可是那位警官懒洋洋的，根本不发生兴趣，他只管自己看报纸，头都不抬地问我们："现在可还打？"

"不打啦！"

"不打就算啦嘛，讲哪样？渣筋！"

"请你派几个警察去调查是什么人打人，我们有人受了伤，必须处理，况且听说他们还要来打。"

"好啦，好啦！再打再说啦！"

他挥了挥手，便起身走进另一个房间去了。后来还是谢小姐打了一个电话，也不知到哪里去搬来了一批云南大兵，一进门不由分说，揪住戏院经理就要带走。直到戏院将领头打人的工友交出来带走，风波才告平息。陈誉也带伤登台演他的王安。不过阿大又来警告我们，散场时要大家一起走，听说他们还要找麻烦，而且还带着家伙。所以一连几天，我们都由大门集体走出。并且还在我借来给"警察厅长"高小文用的左轮枪中装了六颗子弹，扣着扳机，作预备放式以防万一。当时气氛极为紧张。所以，高小文在路上很感慨地说："你说咱们这几块料，在昆明算干吗的？都快1点啦，还不能睡觉，在大街上溜达着，还得提防人家打黑枪。这简直是玩儿命嘛！别瞧我在舞台上，每天晚上都换一枪，那是假的。他要来真格的，我一下也禁不住，那要躺下了，可就起不来了。明天这个厅长也甭干啦！"

幸亏谢小姐又叫阿大去告诉对方，不要再惹事，他们的名单和地址，都已经登记有案，再出事谁也跑不了。他们一听这事不简单，这才没有同我们短兵相接。不过到最后还是暗地里害了我们一下，把我一堂5000元的布景偷走了。因为这一次的演出收入，党部首先提了5000元还给富滇银行，又提了10000元劳军，已是所余无几。而所有4家报纸的广告费，10000张说明书的印刷费，家庭食堂1000多元的餐费等，都还没有付款。当时也没有想到先结账，再捐款，原以为党部会将全部账单付清不成问题了；

况且还有一堂布景，阿大说可以负责至少卖 5000 元。倘若党部不付账，卖布景的钱也尽够还债了。却不料要账的都是过了很久才来要，已是事过境迁，而且党部方面因为我们事前不曾和会计取得协调，没有科目可以出账，不肯付款。这时才想起那堂布景还扔在昆明大戏院，不妨卖了还账，可是带了阿大去看时，布景上所有的布都已被拿走，而且连木架子也大都被拿走了。去问戏院经理吧，他们说从来不负责保管布景。既然说是给他的工人弄走了，尽可派兵去抓他们，他决不阻拦。同时又说，他那个被关起来的工友，最近才保出来，这次演戏给他们带来这么多灾难，希望别再来找麻烦了。话已如此，只好兴辞而退。

然而这一来，我们自己的麻烦可就大了。因为我胡乱盖私章的结果，所有的债主都唯我是问，就像苍蝇似的，挥之不去，赶都赶不走。后来我搬到金岚花园我家公司去住，要账的还是天天来找。这时家父正在重庆，我向公司会计先生费尽唇舌，方请他先垫付一部分欠款。家庭食堂方面，似乎还有一小部分始终没有付清。民国三十七年（1948）我在北平警备总部工作时，家庭食堂的吴掌柜也回到北平。有一天，他在报纸上看到我的名字，立即打电话约我到他东城宽街的家中吃饭。我去的时候，他已迎候在门口，见面时，我还双手抱拳，很恭敬地说："债主请了。"他也很豪爽地大笑道："镖客请讲。"

可知那时他还是我的债主。不过为了减轻心理上的负债，筵席间我还坚持加倍还清欠账，要给他 1000 元法币。他却很诚恳地说："多少年以前的事啦，还提它干吗？何况饭也是大家吃的，账也不是你欠的，而且损失是东家的，也不是我的。咱们都是局外人，别提啦！"

不过最主要的还是当时法币已经贬值到等于废纸的程度，就算给他 1000 元，在当时的北平，也许还不够发一封信。再说那时是不是还有千元小钞也是问题。这点小钱还有什么用，所以人家倒不如干脆不要算了。

八、后遗症

此外，还有两件使我最感遗憾的后遗症。其一是管道具的同学到翠湖东路我的房中拿书桌和花瓶时，恰巧我不在家，乃破门而入。房东为此非常生气，彼此闹得很不愉快，以致我终于不得不离开这个坐在书桌上，便可俯瞰翠湖风景的房间。其二是我的一件深蓝印度绸长袍——抗战前高中毕业时，以30多元的代价在北平中南公司做的——一向珍惜得不肯拿出来穿。这次被陈誉借去在舞台上穿，还给我时，却在下摆上划了很长一个口子，不能再穿了。

事后检讨得失，除去捐给10000元劳军捐款，可以说对抗战不无小补之外，所有剧中人都牺牲了不少宝贵的时间和精神，我个人更失去了一个最美丽的房间，陈誉还不明不白地挨了一阵暴打，真可谓损失惨重。

美国演员常说："One for money，two for the show." 然则我们这帮"唱话戏"的人，此次演出，究竟"what for"乎？质诸剧社诸君子，答案颇不一致。或曰"好玩"，或曰"有瘾"，但以我个人的情形而言，则最恰当的答案，厥为"自寻烦恼"。

至于青年剧社诸公，则尤为集"自寻烦恼"之大成。因为他们刚一上演，就赶上昆明的大轰炸，烟筒乱响，敌机逞凶，死伤枕藉，血肉横飞，电源断绝，道路阻塞，人心惶惶，不可终日。此唯救死而恐不瞻，奚暇看"话戏"哉！其演出之结果，乃不问而可知矣。

自此以后，联大剧运亦日趋衰落，不复当年"打闷棒"时之盛况矣。

正是：

Varsity 里逍遥游，

Make trouble 只为 show，

借问 Silly 何处有？

同窗遥指 I 和 You。

——追溯往事，感慨万分，口占一绝，遥赠国民剧社诸学长。

昆明的联大剧团

张定华

　　联大剧团，原名"昆明西南联合大学话剧团"，由于它演出的剧目产生了强烈的影响，校内、校外提到它时都管叫它"联大剧团"，于是这个简称，就在抗日战争的后方昆明传播开了。

　　抗日战争开始后，原在北平、天津的清华、北大、南开三所大学南迁，联合组成"长沙临时大学"。1938 年 4 月，长沙临时大学迁到云南昆明，改名为"国立西南联合大学"（简称西南联大）。

　　西南联大的学生中，除去随学校由长沙迁来的外，又增加了大批由平津或其他战区来后方求学的青年。

　　当时，昆明虽离前线较远，但时遭日寇飞机轰炸，报上登载的也尽是日寇进逼、国土沦丧的噩耗。同学们怀着对日本帝国主义血腥侵略的仇恨，对国家民族危亡的忧虑和高昂的爱国热情，在这个大后方的小城积极开展了抗日救亡的宣传活动。

　　1938 年 12 月 1 日开学之前，联大的地下党员和中华民族解放先锋队队员已和"云南抗先"一起进行歌咏和戏剧活动，参加李家鼎领导的民众歌咏团，学唱抗日救亡革命歌曲；参加金马剧社，演出了《黑地狱》（石凌鹤编剧）等抗日救亡的话剧。开学后，联大地下党员和民先队员就分头与从长沙"临大"来的、从平津来的爱好戏剧的同学联系，酝酿演出宣传抗日救国的话剧。这一倡议得到学校教师的赞许和支持，闻一多、孙毓棠等老师更给予具体指导和帮助。12月里，同学们积极准备排练多幕话剧《祖国》。该剧是根据一个外国剧本改编的，剧本描写在日寇占领下的某个城市里，一位大学教授不顾个人安危、不计个人恩怨，和他的学生与工人们一起，向日寇、汉奸进行顽强的斗争，为祖国英勇牺牲的故事。这个戏由孙毓棠老师担任导演，闻一多老师指导舞台设计和制作。剧中的女主角教授夫人则由当时在昆明工作的凤子（同学们称她封先生）担任。其他角色由同学们分别担任：汪雨演教授，刘雷演教授的学生，高小文演日伪警察局长，劳元干演打钟的老工人，我演教授夫人的婢女小云。

我们白天上课，只能夜晚排戏。没有排练场，就借用人家的客厅，老师和同学们的热情都很高，排演工作严肃认真。孙毓棠先生带领同学们分析剧本、研究角色，排戏时对于一个动作、一句台词也不轻易放过，耐心给予指导和示范。闻先生、封先生也在一旁看排演，给同学们出主意、提意见。同学们感到排练场也是接受爱国主义教育、学习戏剧艺术的课堂。

在《祖国》剧组的地下党员和"民先"队员，有些人担任演员，更多的人则积极主动地担任组织、宣传、总务和舞台美术等项工作。这些幕后英雄给排演创造条件，为演出积极进行准备。他们认真负责、埋头苦干的工作作风，团结互助、任劳任怨的工作精神，受到老师和同学们的信任和重视，很自然地形成戏剧组的骨干。

当时，联大地下党领导人之一的王亚文考虑，如果将《祖国》剧组发展成为一个长期性的有组织的社团，对团结广大同学，开展抗日救国的宣传活动更为有利。经组织研究后，由剧组中的地下党员张遵骧、汤一雄、徐贤议、张定华，"民先"队员黄宣、李善甫、孙观华等分头和同学们串联，建议成立一个话剧团。这个建议是符合同学们为抗日救亡尽到一份责任的愿望，很快地推选出了发起人，分头邀请老师担任剧团导师，积极进行筹备。1938年底的一天，我们在联大一间大教室里召开联大话剧团的成立大会。

成立大会十分隆重，《祖国》剧组的成员早早来到，兴高采烈地布置会场，闻一多先生等诸位导师也都到得很早，另外，有些爱好戏剧的同学也纷纷前来参加。教室内课椅排成一层层圆圈，60余人围坐一起，发起人说明成立话剧团的宗旨和筹备经过后，老师和同学们踊跃发言。

闻一多先生说："成立话剧团，开展戏剧活动是一项有意义的工作，但是想到前方在抗战，同胞们在敌人的铁蹄下受苦难，你们能来后方上大学是很不容易的。剧团成员要演戏，但不能荒疏学业，一定要认真读书。"

孙毓棠先生讲话时提醒同学，参加剧团，开展爱国的戏剧活动，不仅要认真演戏，首先要认真做人。老师们语重心长的教导，给同学们以深刻的教育。

会上，选举了团长和工作人员。剧团成立之后，除去排戏外，又组织了歌咏团和读书会，练唱抗日救亡歌曲，学习《大众哲学》等进步书籍和中外戏剧名著等项活动。

1939年1月，《祖国》一剧在昆明市内的新滇大舞台上演了，演出非常成功。从上演第一天起，就出现了令人振奋的盛况，剧中人物的台词时常引起观众的笑声或慨叹，剧场不断响起掌声。当剧中人英勇就义高呼"打倒日本帝国主义！""中华民族万岁！"时，观众随着高呼口号，台上台下打成一片，洋溢着高昂的爱国热情。这出以抗日救国为内容的戏，深深吸引、打动了观众的心扉，演出场场客满。报纸连续发表消息和评论，称赞演出完整、艺术精湛、意义深刻、振奋人心，轰动了昆明，《祖国》成了人们谈话的中心话题。重庆的报纸刊登了《祖国》上演的消息和通讯，上海的画报也刊出了《祖国》的剧照和介绍文章。

《祖国》一剧演出时，前台的气氛热烈紧张，后台的空气却是严肃静谧的。担任化妆、服装、灯光、道具、效果等项工作的同学，专心致志、有条不紊地进行工作。

当时日寇占据了大部分国土，交通不便，物资缺乏，剧团又没有经费，团里的演出用品，有些是同学们集资购置的；服装、灯光用具、舞台上的家具是借来的；更大量的用品是同学们精心巧手自制的。演出时，他们细心地使用、保管，认真而又负责。演员不分角色轻重，早早化好妆，安静地候场，一时无事的人就抓紧时间准备功课，复习笔记，解答习题和作业。

有一天历史系皮名举先生来看戏，到了后台，看到我正在后台角落里做他讲授的《西洋通史》课的作业，笑着对一位老师说："她的作业字迹潦草，我准备在考试成绩中扣她 10 分，原来是在这里做的，不扣了。"

剧团的几位导师，也和同学们一样，早早来到剧场，闻先生带领同学安置布景、道具；孙先生检查同学们的化妆、服装；封先生当时已是全国知名的话剧演员，丝毫没有架子，根据观众的反应，帮助同学们说戏，研究台词。有一天，她发高烧，在后台披着大衣，还冷得发抖，上台去却照样精神抖擞、一丝不苟地演出。老师们严肃认真的精神，给同学们树立了良好的榜样，留下深远的影响。

剧场在昆明市内，学校在西郊，每天晚上演出之后，老师和同学们步行回学校，要穿过翠湖公园。昆明四季如春，月光下的翠湖，碧水、绿树、青草，空气是温馨的，师生们谈着演出的效果、观众的反应，有的同学哼着《毕业歌》："同学们，大家起来，担负起天下的兴亡……"内心充满了圆满完成宣传任务的振奋和豪情。《祖国》演出结束，临近春节，老师和同学们一起聚餐。同学们纷纷向老师祝酒，闻先生举杯邀大家共祝抗战早日胜利！并说抗战胜利的那一天，他就要剃去自己的飘然长髯。封先生不善饮酒，难却同学们的敬意，她只好少喝了一点，却已满面通红，大有醉意。有位同学请她在纪念册上题字留念，她写了一句："众人皆醉我独醒！"引得同学们哈哈大笑。聚餐会上，师生相约要为抗日救亡演出更多的好戏。

《祖国》演出后，同学们热情很高，又在学校里演出了一些独幕剧，为了更广泛深入地开展抗日救国的宣传活动，地下党建议剧团下乡宣传。这个建议在剧团内部产生了分歧，个别人主张继续搞大戏，不同意下乡宣传。经过讨论，剧团里绝大部分同学，赞成这个建议，于是决定下乡宣传。第一步先到昆明近郊的农村，同学们积极排演了以抗日救亡为内容的《放下你的鞭子》《三江好》《最后一计》等独幕剧，以及一个用云南话演出的方言话剧下乡演出。另外，还有演讲员和歌咏队配合宣传。

1939 年 3 月的一天，学校放春假时，剧团同学带着行李坐着学校的卡车去昆明附近的杨林。大家对下乡进行抗日救国的宣传活动，情绪饱满，态度认真。卡车行进中，有人练唱歌；有人用云南话对台词；有人默诵讲稿，还在为搞好这次下乡宣传积极准备。不幸在将近杨林的中途，卡车忽然翻了，整个车身从公路上翻到路旁的田野里。有人被抛出车外，有人被扣在车下，多数的同学受了伤，有的人伤势严重。这次下乡宣传的主要倡导者与组织者地下党员张遵骧，摔成脑震荡，昏迷不醒；"民先"队员黄宣当时正在背台词，咬断了舌头；"民先"队员孙观华等摔得昏厥过去。下午，学校闻讯派车把大家接回昆明。重伤的同学送进医院，黄宣的舌头经过手术，不久痊愈。张遵骧受伤过重，两三年后，脑力才恢复正常。

当时，在抗战的后方，潜藏的汉奸和国民党特务，对学生的抗日救亡活动，一向是破坏与阻挠的，同学们对这次突然翻车的意外事件极为愤怒，要求学校当局调查。学校调查后说是因司机检查不慎，螺丝松扣，造成车轮脱落，因而翻车。翻车事件就不了了之了。但广大群众对同学们下乡进行抗日救亡宣传活动的"翻车事件"都非常重视。当受伤的同学住在医院时，剧团内外的同学纷纷前来探望、陪护。剧团的导师们多次来医院慰问。曾昭抢老师不是剧团的导师，但他对剧团的抗日救国宣传活动一直是关心和支持的。听到同学们因翻车受伤，他一天两次从西郊的学校步行进城到医院探望同学，询问治疗情况。当时，云南省主席龙云的夫人也曾到医院来慰问受伤同学。许多素不交往、从不相识的人来医院询问病情，写信慰问，赞扬同学们下乡宣传抗日救亡的爱国行动，对受伤的同学表示由衷的关怀。

张遵骧受伤脑病未愈，不久，另一位地下党员汤一雄，为筹备下一个戏的演出辛勤地奔忙，感到腹痛，没有及时治疗，病势严重才去医院。医生诊断是盲肠炎，进行手术，但因为时过晚，不幸去世。

战争时期环境日益艰苦，面对着国民党特务的破坏，斗争尖锐复杂，工作中困难和挫折多，同学们的死和伤也使大家心情沉郁。但这一切没有影响大家的斗志，却更进一步激励起坚持开展抗日救亡戏剧活动的决心。剧团内多数成员的工作热情很高，在共产党的领导下，继续进行下乡宣传和市内演出。利用节假日或星期天去黑林铺和郊区的工厂、部队演出不少独幕剧，在昆明市内演了多幕话剧《夜光杯》。

1939 年暑假前，曹禺先生由四川来到昆明，联大剧团的同学热烈欢迎这位话剧艺术家的到来，希望演他的剧本，希望能在他指导下排戏、演戏。认为曹禺的到来，可以发动昆明戏剧界的大联合，使昆明的进步戏剧运动更进一步展开，使昆明的抗日救国宣传活动开展得更加广泛深入。于是由联大剧团发起，与金马剧社、云南艺专等单位举行联合公演。上演的剧目是宋之的、老舍等剧作家集体创作的多幕剧《黑字二十八》（又名《全民总动员》）和曹禺的剧作《原野》。

联合演出的规模庞大，演员和前后台工作人员将近百人，又是来自不同的单位，因此，筹备、组织、排练、演出的任务都很繁重。中共地下组织进行了缜密的安排，除去联大剧团原有的党员和"民先"队员外，又增加了新的力量来协助工作。由于党的正确领导和参加联合公演的演员们的共同努力，两个戏终于胜利上演了。

《黑字二十八》是描写各阶层人民怀着抗战到底的决心向日寇、汉奸进行斗争的故事。这是一出有四五十人上场的大戏。由曹禺、孙毓棠和金马剧社、"艺专"的王旦东、陈豫源先生等组成导演组集体导演。各团体来参加演出的演员不分角色大小都很认真。

凤子在剧中扮演富商的女儿，云南艺专校长陈豫源扮演富商，孙毓棠扮演被人叫作"陈疯子"的爱国人士，金马剧社的马金良扮演潜藏的大汉奸，曹禺先生扮演一个受威胁欺骗而当汉奸的小职员，郝诒诒同学扮演进行抗日救国活动的女学生，陈福英同学扮演被汉奸利用的社会名媛；我在剧中扮演小职员的女儿。曹禺扮演受胁迫当了汉奸爪牙的小职员，最后终于鼓起勇气揭穿敌人而挣脱魔掌。

有一场戏，父女二人在公园里举行的慰问抗日将士义卖会上相遇，父亲是受了大汉奸的指使去安放炸弹，破坏会场制造事故；

女儿是来会场进行卖花捐款，如果炸弹爆炸，他不但是国家民族的罪人，也是杀害亲生女儿的凶手。曹禺先生真实地表现出人物惊惧、焦急、惶惑、惭愧的复杂心情，使扮演他女儿的我，由衷地为他的痛苦而忐忑不安、潸然泪下。每逢演到这场，常有同学在幕旁看戏，被他精湛的表演所吸引。同学们钦佩地说："万先生（曹禺原名万家宝，联大剧团的同学都称他万先生）是名剧作家，也是好演员！"

《原野》主要由联大剧团演出，有其他单位的演员和工作人员参加。曹禺先生担任导演，女主角金子由凤子扮演。常五伯由孙毓棠先生扮演，仇虎由汪雨扮演，焦大妈由樊筑扮演，白傻子由黄辉实扮演，焦大星由李文伟扮演。闻一多先生担任《原野》的舞美设计，亲自带领并指导制作布景，置备服装。闻先生为突出剧中人物仇虎的性格，亲自带领同学在昆明市内各处奔走选购衣料，为仇虎做了一件黑缎红里的大袍。孙先生扮演常五，有一场戏，夜晚常五要到焦大星家中去，上场之前，做效果的劳无干同学学着由远到近的狗叫声，跟在孙先生的身后，"汪汪……"地叫着，而孙先生边走边做轰狗的声音和动作走上台来，师生认真的创作态度，逼真地表现出乡村夜深人静的规定情境。

在这两个戏里，联大剧团成员担任演员，并负责演出前后的各项工作，不少人都是身兼数职。他们日夜奔忙，上演前，有人为赶制服装或道具等通夜不眠，而在舞台布景和照料演出用品的夜晚就睡在舞台上。《原野》和《黑字二十八》的演出盛况空前，昆明戏剧界的大联合把云南抗日救国的进步戏剧运动推向高潮，产生了巨大的影响，在那年的暑假，这两个戏的演出活动成为震动春城的大事。

在这次大规模的演出活动后，联大剧团又演出了以抗日救国为内容的大型剧目《夜未央》。

《原野》演出之后，联大剧团内部的分化日益明显。原来剧团的成员思想上就有差异。这时有些人脱离政治、脱离现实的倾向更加明显。他们不愿演抗日救国的剧目，主张演古装戏、外国戏，并且提倡明星制，只愿演主角，不肯当群众演员或负担演出中的舞台工作。他们的主张与作风是和剧团成立时的宗旨与一贯作风相违背的，遭到多数同学的反对与抵制。

两方面的思想矛盾日益明显。这时国民党顽固派派遣三青团分子向联大校内的进步社团伸手。三青团分子拉拢这些人，密谋在联大剧团改选时，控制选举，夺取领导权。改选那天会场气氛紧张，双方辩论剧烈，在剧团的工作计划、剧目方针上，他们的言论站不住脚，但是由于三青团派了大批人来，控制会场，会议主席缺乏经验，三青团分子和靠拢他们的人当上了剧团的负责人，妄图把联大剧团变成他们的御用工具。

地下党组织研究了联大剧团改选后的情况，为更好地团结广大同学，进一步开展抗日救国的进步戏剧运动，采取新的措施。一方面以"群社"的社员和联大剧团中的一部分团员为骨干，吸收更多的爱好戏剧的同学成立联大戏剧研究社。另一方面决定一部分地下党员和进步同学仍留在联大剧团，与国民党、三青团分子进行合法的斗争，坚持这块阵地，继续开展进步的戏剧活动。

三青团分子与靠拢他们的一些人掌握了联大剧团的领导权后，演出的剧目不受群众欢迎，在同学中建立不起威信，开展不了戏剧活动。三青团又成立了青年剧社，把这些人拉入青年剧社作为骨干和三青团团员们一起活动，另谋发展。联大剧团中的地下党员团结广大同学继续开展活动，排演思想内容进步的剧目，使剧团按照成立时的目标坚持工作。

1940年暑假，联大的三个剧团先后在昆明市内演出：联大戏剧研究社演出了田汉编剧的《阿Q正传》，青年剧社演出了《前夜》，联大剧团演出了《雷雨》。

当时演出的《雷雨》，按照原剧本有序幕和尾声，后来在演出时删去了。罗宏孝和安美生同学在《雷雨》中扮演医院的修女，许令德演繁漪，汪雨演周朴园，劳元干演周萍，邹斯颐演周冲，孙令仁演四凤，高小文演鲁大海，刘育才演鲁贵，张定华演鲁妈。戏剧研究社的肖荻、冯家楷来协助我们做舞台工作。

1941年春，"皖南事变"发生，联大的地下党员和进步同学，遵照党的指示和安排进行转移，离开昆明，联大剧团一度中断了戏剧活动。当时昆明剧坛比较沉寂，联大校内也很少有戏剧活动，三青团组织的青年剧社在市内演出了陈铨歌颂国民党特务的《野玫瑰》，影响恶劣。当即受到昆明文化界人士的批判和谴责。

为了开展进步的戏剧运动，我们与"皖南事变"后来联大上学的进步同学一起，组织联大剧团的团员，联系当地其他剧团的演员，约请孙毓棠先生担任导演，运用当地的社会关系，上演了宋之的编写的反映抗日斗争、揭露国民党顽固派的多幕话剧《雾重庆》。王松声演老父，沈长泰演沙大千，樊筠演交际花，劳元干演以算命糊口的江湖术士，马金良演发国难财的奸商，张定华演林绠妤，孙观华演林绠妤的妹妹，徐京华、黄伯申同学担任群众演员。

后来，为联大教授子女募集清寒助学金，又上演了揭露国民党顽固派反动统治的剧目《刑》（宋之的编剧）。1944年春，当年因"皖南事变"疏散下乡的部分同学回联大复学，在学校里还演了陈白尘的剧作《草木皆兵》。参加演出的有肖荻、王松声、温功智、丛硕文、杨毓琨等同学和张定华。另外还演了《镀金》等一些独幕剧。

这些进步剧目的演出，深受群众欢迎。联大剧团自从成立以来，先后演出了《祖国》《黑字二十八》《原野》《夜光杯》《夜未央》《雷雨》《雾重庆》《刑》等许多宣传抗日救国的大型话剧和独幕剧。当时的昆明，国民党、三青团的势力十分猖獗，情况复杂，戏剧工作常常要在第一线与他们直接斗争。每一个进步剧目的演出，都是要经过相当尖锐复杂的斗争。这些进步的抗日的剧目在昆明公开演出，受到了广大观众的欢迎，对于广泛团结联大的老师、同学和校外爱好戏剧工作的人们，对于昆明进步戏剧运动的开展和戏剧艺术水平的提高起了很大的推动作用。

当时，昆明与重庆不同，没有专业话剧团体，偶有外地团体来演出，时间也很短。联大剧团是一个学生团体，能够做这样大规模的演出，坚持开展进步的戏剧运动，工作中的困难是不少的，取得的成绩是值得珍视的。这些成绩的取得是经过全体队员和师生共同努力的结果。这其中，特别是已经逝世的闻一多老师和地下党员张遵骧、汤一雄同志所作的贡献是令人难忘的。

时间过去 40 多年了，这里只就回忆所及，把联大剧团作了一个轮廓叙述。徐萱同学由美国回国探亲，与我和观华见了面，后来又见到 40 余年未通音的侯肃华老大姐，"三萱三华"（黄宣、徐萱、肖庆萱，侯肃华、孙观华、张定华）是联大剧团最早的女团员，大家见面首先谈到的就是当年联大剧团的活动，都认为应当把这段珍贵的岁月用文字记录下来。时光流逝，资料缺乏，疏漏、错误，尚祈参加和关心过联大剧团的同学、老师指正、补充。

联大文艺社始末

张源潜

一、从《文艺》壁报开始

1941 年"皖南事变"以后，国民党反动派掀起了第二次反共高潮，也加紧了对学生运动的压迫。继承了"五四""一二·九"精神的西南联大，不可避免地受到反动势力的冲击。学生运动的骨干和大批进步学生被迫离校，空旷的校园变成一片荒漠。

1943 年秋季开学后不久，新校舍北区的围墙上出现了一份名叫《耕耘》的壁报，它在"招领""寻物""征求""出让"一类启事的海洋里，显得十分突出，也给沉默了两年多的校园稍稍增添一些生气，因此吸引了不少的同学驻足观看。看到壁报这一形式竟有如此巨大的吸引力，我不禁动了心，也跃跃欲试。那时，我刚升入外文系二年级，就找同班同学程法伋商量，一谈之后，他也觉得可以一试，就分头再找一些同学共同筹划。我找了在大一时同住一间宿舍的王汉斌、林清泉，法伋找了杨淑嘉、何孝达，都是二年级学生，也是文艺爱好者。我们在茶馆里碰过一次头，确定办一个文艺性质的壁报，名字干脆叫《文艺》，刊头借用当时《大公报》"文艺"副刊的两个字，放大了用红纸剪贴就成。创刊号的稿件，临时凑合一下，好在大家在大一时都有几篇现成的作文可供选用。学校训导处规定，出版壁报先得去登记，写出负责人（规定要两个）的名字，还要请一位教授做导师，我们不能不照办。既然壁报是我和法伋发起的，自该由我们两个出面负责。至于导师，法伋想到了教他们大一国文的李广田先生，李先生曾介绍法伋发表过文章，对他印象不错，关系也较密切。当法伋提出要办《文艺》壁报，想请他担任导师，他就欣然应允，还热情鼓励，叫我们好好办下去。筹备工作进行得比较顺利，过不了几天，大概是10月1日吧，一份抄写工整、编排醒目的《文艺》壁报，就出现在《耕耘》的旁边，同样引来了许多读者。

《文艺》壁报就这样匆匆忙忙地诞生了，我们心中自然有说不出的高兴。互相勉励，听李先生的话，好好办下去。我们决定半个月出版一期，像个文艺刊物的样子，每期要有小说、散文、诗歌、文艺评论等栏，20000字左右。法伋（马亚）写评论文章，何孝达（何达）专门写诗，王汉斌提供一些杂文的稿件，我则用"方非"的笔名写点小说、散文，另外再向一些熟识的同学约稿。不久，我在高中的同学王楫从重庆来联大读外文系，刚到校就投入了壁报工作，他用王季的笔名写小说和散文。他还写得一手好字，因此，壁报的抄写就更多地由他担任，保证了字体的美观。至于编排装帧，我们也认真对待，力求醒目、新颖、大方、美观，这些渐渐地形成了这一壁报的特色。

对文艺的社会作用问题，开始时我们并不十分明确。但我们看到《耕耘》壁报上的那种带着唯美主义的作品（主要是诗歌），总感到不是味儿，这分明是"为艺术而艺术"的具体体现。我们多读了一点鲁迅的书，一向认为文艺是应该"为人生"的。不记得是法伋还是何达提出的，我们可以在自己的园地上发表看法，同他们展开讨论嘛！大家都赞成，经过几次讨论，我们写了几篇批评《耕耘》的那种唯美主义象征手法和颓废情绪的作品的文章，展开一场"为人生"还是"为艺术而艺术"的论争。李广田先生是支持我们的主张的。《耕耘》自然有反响，他们认为（《文艺》）壁报上的诗歌，充满了标语口号，根本算不上诗。论争持续了两三期，我们的主张得到了其他壁报的支持。虽然当时没有作出结论，却推动了我们进一步去学习文艺理论，逐步明确了写作方向。由于这场论争，《文艺》壁报赢得了更多的读者，为以后成立文艺社打下了基础。

不久以后，另一些爱好诗画的同学办起《诗与画》的壁报。在此基础上成立了新诗社和阳光美术社。新诗社经常举行诗歌朗诵会、讨论会，相当活跃，我也几乎每会必到。以后又有一些爱好戏剧的同学成立了剧艺社，办起《剧艺》壁报。这对我们成立文艺社也是相当大的一个动力。

二、"五四"文艺晚会

《文艺》壁报每月两期，一般都能在 1 日、15 日出版，给读者较好的印象。同《耕耘》的论争，又扩大了我们壁报的影响。给我们写稿的人多了，稿件有选择的余地，壁报质量也不断提高，这样一来，《文艺》壁报在群众中有了一定的威望。因此，1944年纪念"五四"活动时，我们才敢以《文艺》壁报社的名义，筹备一次文艺晚会。我们先同李广田先生商量，确定晚会（实际上是晚上举行的报告会）的中心是"五四"以来新文学成就的回顾。我们邀请朱自清、李广田先生讲"五四"以来的散文，闻一多、冯至、卞之琳先生讲"五四"以来的诗歌，杨振声、沈从文先生讲"五四"以来的小说，另外请罗常培先生讲"五四"新文学运动的总貌。每人发言半小时，围绕中心就一个方面谈谈自己的看法或想法，各抒己见。我们分头跟八位教授联系，他们都乐于承担。李广田先生是我们的导师，晚会就请他主持。时间定在 5 月

4日晚7时，地点在南区10号教室（5月3日晚上历史学会主办的时事晚会也准备在那里举行）。海报贴出，轰动全校，因为聚这些著名诗人、散文家、小说家于一堂，进行一次纪念或学习活动，在联大好像还是第一次。但第一次会由于我们事先未组织好，教室坐不下，同学们因要不要换会场争论不休和有人捣乱而流产了。我们在闻一多、罗常培先生的鼓励下，决定组织第二次纪念会。这个会定在5月8日晚间举行，仍叫文艺晚会，由国文学会主办。为了容纳更多的听众，地点改在图书馆前面大草坪上。讲演的除原先邀请的八位教授之外，还请闻家驷先生讲"五四"以来的翻译，孙毓棠先生讲"五四"以来的戏剧。事先由国文学会出面贴了海报，到会群众更加踊跃，上千人席地而坐，秩序特别好。虽然没有扩音器，但是，即使像沈从文先生那样的轻声细语，基本上也还能让群众听清楚，会场上没有一点儿骚动。那晚上月光皎洁，罗先生在讲话中风趣地谈了一些月亮象征团圆、团结一类的话，闻先生在讲话时更激动地说："同学们，你们看，月亮升起来了，黑暗过去了，光明在望，但是乌云还等在旁边，随时会把月亮盖住！我们要特别注意。记住上次我们这个晚会是怎样被人阴谋破坏过的。当然，不用害怕，破坏了，我们还要开，事实上这次我们开了一个比'五四'晚上大了许多倍的大会。这大概是那些'人'做梦也想不到的吧！朋友们，'五四'的任务没有完成，我们还要努力。我们还要科学，要民主，要冲破孔家店，要打倒封建势力和帝国主义！"闻先生的这番话激起了会场上经久不息的掌声。

三、文艺社的成立和它的活动

《文艺》壁报继续按期出版，作者队伍逐渐扩大，李明、邱从乙、叶传华、刘晶雯、刘治中等经常给我们写稿。原先办《新苗》

的王景山、赵少伟也停下自己的壁报，加入了我们的行列。为了进一步发挥互相切磋的作用，我们决定成立文艺社。1945年3月26日晚间举行了包括壁报的发起者和写稿者（23人）的茶话会就是文艺社的成立大会。大家商定把10月1日（《文艺》创刊号出版日期）作为"社庆"。会上选举程法伋、王楫和我为总干事，由法伋抓总。王楫抓《文艺》壁报的出版，我分工研究。另外，还推选许宛乐为总务干事，何孝达、叶传华为研究干事，王景山、赵少伟、廖文仲为出版干事。虽然屋外下着毛毛雨，室内的气氛却极其热烈，大家为这个新团体的诞生而欢呼，并且表示都愿意在这个团体中学习，提高自己、充实自己。

在几个干事的努力和全体社员的支持下，研究工作逐步展开，讨论作家和作品成为文艺社的一项经常活动。1945年上半年，就讨论过法国作家纪德的作品（那一年里纪德的许多作品相继翻译出版，有人称为"纪德年"），着重研究生活、写作与世界观的关系问题。讨论会的记录刊在《文艺》壁报第28期（5月15日出版）上。就是在暑假中，各项活动（除出版壁报外）也没有停止过。8月12日晚间举行鲁迅讨论会，参加者35人，由谭作人、杜定远、李维翰等作中心发言，李何林先生（当时任昆明文协的常务理事）出席指导，并对鲁迅小说发表了独到的见解，给我们很大的启发。8月26日晚举行斯坦培克讨论会，由赵少伟作《愤怒的葡萄》的读书报告，内容丰富，讲得也很生动。参加者各自谈了自己读斯坦培克作品的体会，最后由何孝达作了小结发言。

除了讨论作家作品，我们还把自己写的习作拿来交流和讨论。我们根据各人写作的兴趣，成立了小说、散文（包括杂文）、诗歌、理论（包括书评）四个小组，每个社员自由参加一至两个小组，各小组每月开会一次，交换阅读习作，提出修改意见，推荐质量好的给《文艺》壁报。这样做，既能提高大家写作的兴趣，丰富了壁报的稿源，也为以后创办铅印的《文艺新报》准备了条件。

文艺社有不少社员参加了文协昆明分会，我们的活动也常常得到文协的支持，也和文协联合举办过文学讲座（请董每战教授讲过一次《中国戏剧史话》）。

1945 年 4 月 22 日晚上在联大昆北食堂举行的追悼罗曼·罗兰和阿·托尔斯泰的大会，也是昆明文协和联大文艺社、冬青社联合举办的。文协负责邀请知名人士作报告，我们负责布置会场邀请合唱队、组织朗诵节目等工作。追悼会由冬青社的袁成源主持，简短致辞后，接着唱挽歌，宣读文化界对阿·托尔斯泰逝世的唁电和全国文协悼念罗曼·罗兰的散文诗。然后由楚图南先生报告两氏创作的时代背景以及他们人生观、世界观的转变过程，号召大家学习他们为人类服务的精神。闻家驷、白澄两位先生分别介绍两氏的生平和创作，其间穿插一些朗诵节目，如齐亮朗诵郭老为罗曼·罗兰写的悼词《宏大的轮船停泊到安全的港口》，何孝达朗诵罗氏的《向全世界的良心控诉》，等等，最后是李何林先生讲话。散会已是夜间 11 时以后，次日《云南日报》专门发了这一消息。

这年的纪念"五四"活动由学生自治会主办，各社团分工准备。活动内容丰富多彩，有诗歌朗诵晚会、歌咏晚会、时事讨论会、文艺晚会、营火会，等等，从 5 月 1 日开始，持续一个星期，称为"五四"周。原先计划文艺晚会由文艺社筹备，我们为此在 4 月 27 日晚举行过一次干事会，讨论这一工作。会上决定晚会的中心是"五四"以来有成就的作家的评述，准备请李何林先生讲讲鲁迅、周钢鸣先生讲讲茅盾、闻一多先生讲讲田间、李广田先生讲讲艾青、孙毓棠先生讲讲曹禺。可是，不记得是什么缘故（也许是内容太多，一个晚上讲不了；也许是时间太短，讲演者来不及准备；也许是跟"五四"周总的气氛不调……），这个计划没有实现，文艺晚会改由国文学会和外文学会主持，约请李广田、闻家驷等先生作了报告，在 5 月 5 日晚间举行。

秋季开学，我们贴出启事，公开征求社员，在大一新生中吸收了一批爱好文艺的青年。彭琳云、孙蔼芬等就是这时参加文艺社的，文艺社的社员达 60 余人，成为联大当时最大的学生社团之一，也是壁报联合会的负责者之一。

"社庆"（10 月 1 日）到来了，为了庆祝《文艺》壁报创刊两周年，我们出了一期扩大号的壁报，刊登了两个短篇（刘晶雯的《我的生活》、李维翰的《逃兵》）、8 首诗（袁可嘉的《墓碑》《无题》、叶传华的《文》《马死》、刘海梁的《胡琴声里》等等），还有几篇散文（邱从乙的《新与旧》等）。

壁报是 9 月 30 日一大早出版的，晚上举行高尔基讨论会，参加者 40 余人，由何孝达主持。10 月 1 日晚间举行文艺社成立两周年纪念晚会，中心是抗战八年以来的文艺的总检讨，邀请孟超先生讲杂文、闻一多先生讲诗歌、李广田先生讲小说、李何林先生讲文艺理论。此外，在会上自由发言的还有田汉、尚钺、黄药眠等先生。李何林先生在发言中介绍了毛泽东同志对文艺问题的看法，阐述了《在延安文艺座谈会上的讲话》的基本精神。这给广大的爱好文艺的青年带来了新的精神食粮，给大家留下了难忘的印象。到会的除文艺社社员之外，还有新诗社、剧艺社的许多朋友，共 100 多人。

在开学前后，我们曾印过一本《缪弘遗诗》（64 开本）。缪弘是外文系 1947 级学生，喜欢写诗，也是文艺社的成员之一。在国民党政府号召知识青年从军时他与其兄缪中（也是联大学生）一起参加译员训练班，毕业后任美军翻译。1945 年 8 月 7 日，他跟伞兵部队在桂林附近丹竹机场空降时，不幸牺牲，当时还不满 19 岁。为了悼念这位年轻的社员，《文艺》壁报曾把他的部分遗诗出了一个纪念专号（第 31 期，8 月 18 日出版），以后又请李广田先生从中挑选一部分，作序、题签，印了 500 本分赠文艺社的社员和缪弘的生前友好，这本小小的诗集在一定范围内产生过影响。冯至先生写过一篇《新的萌芽——读〈缪弘遗诗〉》发表在昆明的《中央日报》国庆纪念刊上，以后，《文艺新报》第二期曾全文转载。冯至先生写道："我从头到尾把其中的诗读了一遍，意料不到，每一行都闪给我一些微光，一些希望，一个萌芽，使人从它每个微小的部分都可以预先想象到它的将来的生长。"他给这些小诗作出了相当高的评价。

缪弘追悼会是 8 月 19 日上午在南区 8 号教室举行的，学校校委会、学生自治会、级会都有代表参加。缪弘是南开中学毕业的，母校校友也送了花圈。译员训练班也给缪弘等举行过追悼会，文艺社也送了挽联和花圈。

四、《文艺新报》的出版与"一二·一"运动

在文艺社成立两周年的时候，出过一期扩大号的《文艺》壁报，虽然有 4 万字的篇幅，有的稿件还是容纳不下。大家希望扩大我们的园地，办一种铅印的期刊，这样，还可以把我们的声音扩大到社会上去。我们印过《缪弘遗诗》，同印刷厂打过交道，也有一些经验，因此，经过短时期的筹划，社员们凑了一些钱，一张 4 开的《文艺新报》在 1945 年 11 月 1 日送到了读者手里。刊头是请沈从文先生题的，因为我们了解到《文艺》壁报的"文艺"二字，原是沈先生的手笔，这样就更有意思。小报分 4 版，第 1 版是文艺评论，刊登李广田先生的论文《人民自己的文学》，代替发刊词，文章开始就论述了文学的目的。李先生说："文学本来就不是自己玩耍的东西，而是用它来和别人结合、融通或唤醒别人，鼓舞别人，使大家联合起来，向着恶的进攻，向着更好的道路前进的一种工具。"这和毛泽东同志提出的"团结人民，教育人民，打击敌人，消灭敌人"的精神完全一致，我们也在实际斗争中逐

渐认识这个道理。第2、3版是散文和杂文，第4版是小说和诗歌，格局同《文艺》壁报相仿。半个月出版一期，编辑工作由王楫负责，王景山、刘晶雯也参加，以发表社员自己的作品为主。每期售价150元，向当局依"法"呈请登记，可以在书店里公开出售。

1945年11月26日昆明大中学生为了抗议头一天国民党反动派破坏联大的时事晚会，纷纷罢课抗议。为了响应全市的学生运动，《文艺新报》第3期作为"号外"提前在11月29日出版。这一期的"新报"上，除了按计划刊出李广田先生的《关于高尔基》一文外，还发表了《我们反对内战》的宣言，其余版都是反对内战，支持罢课，揭露反动派的谎言，抨击反动政府暴行的杂文。由于我们配合了学生的斗争，反动当局禁止《文艺新报》出版，我们干脆像《罢委会通讯》和《学生报》一样，直接由同学拿到街头叫卖。把"新报"改为对内刊物，不送书店公开发售，这样，就更能发挥文艺的战斗作用，也更有力地配合了学生的正义斗争。

西南联大成立了罢课委员会，程法仅参加了罢委会工作，王楫、王景山、赵少伟担任了《罢委会通讯》的编辑工作。《通讯》是罢联的机关刊物，每天出版16开两版，铅印。文艺社的研究、学习等经常活动，暂时停止，就是《文艺》壁报，也无暇顾及，大家全力以赴地投入同国民党反动派的斗争。

《罢委会通讯》第1期出版之际，发生了震惊全国的"一二·一"惨案，四烈士的遇难，将斗争推向高潮。《文艺新报》第4期（12月16日出版）出了"一二·一"殉难四烈士纪念专号。头版发表了联大文艺社、新诗社、剧艺社、冬青社、阳光美术社、高声唱歌咏队公祭四烈士的祭文，还有李广田先生的《不是为了纪念》的散文。其余各版上发表了悼念四烈士和投向国民党反动派的匕首的诗文。文艺作为武器，在"一二·一"运动中发挥了自己的作用。

　　"一二·一"运动后期，文艺社还举行过一次座谈会，专门检讨在"一二·一"运动中文学各部门的表现，对运用各种形式的文学体裁从事战斗的作用作了集体性的总结，联系两年前同《耕耘》壁报展开的关于"为人生"还是"为艺术而艺术"的论争，可以清楚地看到这些青年不断成长进步的历程。

　　"一二·一"运动结束了。不久，迎来了又一个"五四"，联大宣布结束，同学们忙着准备复员北上，迎接新的战斗，纪念"五四"的活动重点转移到云大。联大民主墙上的壁报虽然不多，可是《文艺》壁报还是出版了纪念"五四"的第36期，也是最后的一期。《文艺新报》大约出了七八期，因经费拮据而停刊了，那时已离学校复员北上不远了。

　　作为两年多来共同学习、战斗的结束，文艺社全体社员举行最后一次集会。李广田先生在会上勉励大家，他说，文艺的目的是变革现实和改造社会，在实际斗争中有许多事比文艺更重要，更能有效地达到这一目的。因此，对于文艺青年来说，要投身于现实斗争中，必要时应该割掉"文艺爱好"的尾巴，从事更直接的实际斗争。导师的临别赠言，给了我们很大的启示，鼓舞我们走上正确的人生道路，锲而不舍地在各自的工作岗位上，为人民的事业作出应有的贡献。李广田先生逝世已有10多年了，我们永远怀念他！